U1015966

阅读成就梦想……

Read to Achieve

THE BUSINESS OF SHARING

Making It In the New Sharing Economy

共享经济商业模式

重新定义商业的未来

【英】亚历克斯·斯特凡尼（Alex Stephany） 著
郝娟娟 杨源 张敏 译

中国人民大学出版社
·北京·

图书在版编目（CTP）数据

共享经济商业模式：重新定义商业的未来 /（英）斯特凡尼（Stephany，A.）著；郝娟娟，杨源，张敏译 .— 北京 : 中国人民大学出版社 , 2016.1

书名原文：The Business of Sharing：Making it in the New Sharing Economy
ISBN 978-7-300-22145-8

Ⅰ . ①共… Ⅱ . ①斯… ②郝… ③杨… ④张… Ⅲ . ①商业模式—研究 Ⅳ . ① F71

中国版本图书馆 CIP 数据核字 (2015) 第 282004 号

共享经济商业模式：重新定义商业的未来
［英］亚历克斯 • 斯特凡尼　著
郝娟娟　杨　源　张　敏　译
Gongxiang Jingji Shangye Moshi：Chongxin Dingyi Shangye de Weilai

出版发行	中国人民大学出版社		
社　　址	北京中关村大街 31 号	邮政编码	100080
电　　话	010-62511242（总编室）		010-62511770（质管部）
	010-82501766（邮购部）		010-62514148（门市部）
	010-62515195（发行公司）		010-62515275（盗版举报）
网　　址	http://www.crup.com.cn		
	http://www.ttrnet.com（人大教研网）		
经　　销	新华书店		
印　　刷	北京联兴盛业印刷股份有限公司		
规　　格	170mm × 230mm　16 开本	版　　次	2016 年 1 月第 1 版
印　　张	15.75 插页 2	印　　次	2016 年 1 月第 1 次印刷
字　　数	276 000	定　　价	59.00 元

THE BUSINESS OF SHARING

Making It in the New Sharing Economy

推荐序一

过不了多久，全球绝大多数的人都可以上网了。我们已经目睹了互联网对人们的生活方式以及管理方式的影响。你只需留意智能手机和社交媒体在各行各业中的应用，就能明白互联网是如何塑造这个世界的，以及知道互联网的组织原则：规模、透明度和速度，进而明白互联网的实质——连通性。这个全球的、移动且社会性的连通，思想领袖们称之为“共享经济”。

在世界媒体的支撑下，这一经济促使人们进行商品及服务的交易，并使他们从自身的资产和时间中获得更多。事实上，共享经济对人们消费方式的影响和对经济增长的推动能力，也许正是互联网给世界带来的最深刻变化。这就是亚历克斯·斯特凡尼此书及时面世的原因。

伴随着消费而来的是工作问题。我们正处于“这份工作由谁来做、怎么做”这一重大重组的起步阶段。最近十年，全球互联网公司蓬勃发展，富人得以从中获益。未来 20 年，全球积极参与互联网领域的人可能会获得更大的回报。同时，拥有专业技术技能的人们也能够参与全球性项目。那些家中拥有闲置空间或者车辆的人，抑或是闲来无事、为邻居送些物品的人们，如今都面临新的机遇。《共享经济商业模式》这本书就是有关这一经济及社会变革的重要著作。

最重要的是，本书作者亚历克斯就是共享商业这一领域的从事者。

作为英国最著名的共享经济企业之一的总裁，面对这日新月异的经济发展模式，亚历克斯对人们所面临的机遇与挑战给出了其独到的见解。

亚历克斯作为共享商业领域中的内行，将带领读者从硅谷最著名的风险投资公司——红杉资本到英国首相的府邸以及唐宁街等去开始一段共享经济的精彩旅程。

本书为读者全面介绍了在共享经济领域产生或多或少影响的创始人、投资人、大财团、工人以及各类政府。亚历克斯将逐章介绍这一领域的一些领军人物。读者也可根据自身的职业和爱好对部分章节进行细致研读。

我的职业主要涉及两个相关的领域：我曾是两家初创公司的创始人，现在是一位风险投资人，因此能够从不同视角去看待商业问题。在《共享经济商业模式》一书中，亚历克斯全方位地审视这一新型经济模式。不仅如此，本书通过简单地描述特定经济对每个人产生的影响，从而引出共享经济中各种复杂的协作与冲突。例如，一位单亲妈妈需出售婴儿车，以支付房租，或者有关综合性大企业所面临的各种问题。

此书并非在为该商业模式进行片面宣传。亚历克斯还讨论了随着这一商业模式的发展而产生的一系列风险。正如他所指出的，一旦自愿无偿的行为被冠以货币价值，可能就会削弱人们的道德观念。同时，亚历克斯讲述了政府该如何对拥有一切的特殊利益集团与需要这些东西的群体之间的冲突进行有效的干预。

倘若你对该领域几乎一无所知，最好能够认真研读这本书，明白手机、社交网络以及协同经济等将会如何影响你或者你的孩子的生活。因为这种影响不仅仅是关系到充满技术和初创企业的世界，更关系到生活在这个世界上的每一个人。

读完《共享经济商业模式》，我甚是感动。感谢亚历克斯·斯特凡尼为我们呈现了如此精彩的著作。

马克·苏斯特（Mark Suster）
Upfront 风险投资公司 合伙人

THE BUSINESS OF SHARING

Making It in the New Sharing Economy

推荐序二

在这个全球互联网的时代背景下，催生出很多让人“意想不到”的经济模式，而“共享经济”就是其中之一。我非常高兴有机会向大家推荐这本亚历克斯·斯特凡尼的《共享经济商业模式》。作为英国最著名的共享经济企业之一的总裁，亚历克斯向读者全面解读了共享经济模式的现在和未来。身为中国共享经济代表之一——住百家的创始人，我十分认同“共享经济”模式是未来的全球趋势的看法。根据 Vision Critical 数据，2015 年北美共享经济的参与者已经超过 1.1 亿人次；而根据哈瓦斯（Havas）的调研结果，在美国 16~54 岁的受访者中，超过 50% 的人愿意在未来参与共享经济。这种颠覆传统商业模式的新型商业业态，讲给我们每个人的生活方式带来革命性的变化。我深信全球共享的未来，充满了无限的机遇和想象空间。

中国市场正处在从“计划经济”到“社会主义市场经济”的渐进改革之中。社会主义市场经济是实现资源优化配置的一种有效形式，而这恰恰与“共享经济”模式的原理殊途同归。正如亚历克斯·斯特凡尼在书中所说，“共享经济的价值，在于能使社会团体通过互联网利用未充分利用的资本，进而减少对这类资本所有权的需求。”在欧美，数据已经反映了这一现状：超过 86% 的用户表示共享使其生活成本降低，同时也更加便利和高效。这也正是包括我在内的每一位中国互联网创业者一直为之努力的目标。

中国作为全球人口最大、智能手机用户最多的国家，随着互联网、社交媒体的日益发达，中国老百姓越来越多地开始关注如何将手中的闲置资产——存款、车子、房子等，通过互联网共享平台进行充分利用。2015年普华永道的调查显示，43%的消费者认为在分享模式盛行的今天，拥有某个资产或事物，在某种意义上其实变成了一种负担。人们已经厌倦了独自占有，就像作者在文中提到的，“幸福研究表明，物质带给我们的意义与成就感远不及经历来的长久，买个新沙发不如出去度假。”

我创建住百家的初心，正是想普及一种共享出行、分享世界的理念，结合海外已然成熟的房源市场教育和分享短租消费模式，打造出一款真正适合中国人出行的产品。作为中国本土“共享经济”的代表之一，我们致力于充分运用境内外的优势资源，以共享的模式，引领海内外的中国用户享受这种自由的出境旅游体验。

我相信共享模式带给每个参与者的不仅仅是成本的节约，更多的是一种别样的人生体验。如果你已经是共享平台的一份子，这本书能让你对共享模式有个更全面清晰的了解；如果你对这个领域还一知半解，那么我相信它会是你最好的启蒙老师，也许从此之后你也能成为共享经济中的一员。

共享到底能不能使人们感动幸福，至少我个人的答案是肯定的。

张亨德

住百家 CEO

THE BUSINESS OF SHARING

Making It in the New Sharing Economy

推荐序三

2014年的初春，在上海静安区的一个小小的创业园区里面，我开始了加入优步后的第一场司机培训演讲。这是一间装修简陋的会议室，一屋子八个司机局地坐成一圈，他们眼神里的飘忽告诉我，他们并不知道这个连名字都读不好的软件是什么，也并不在意加入这个平台会给他们带来多大改变。果然，在接下来的培训里，司机开始连番问我，为什么我要把自己的车子拿出来给别人坐，为什么我要放着好好的工不去打，而要把自己的时间打散，来一单一单地去接这些零单。在接下里的半年时间里，我主持了上百场的司机培训，解释这个问题几乎是每一场的焦点。

彼时的我和这群司机都没有料到，中国的共享经济，就在这一个小屋子、这一个个懵懂的提问里萌芽了。数月之后，逐渐提高的效率和业务量让司机和乘客意识到，优步是一个具有极大意义的新事物。一年半以后的今天，共享经济已经深深地渗透进中国人民生活的点点滴滴。优步、滴滴、Airbnb为代表的众多共享经济的企业，实现了数以亿计的用户数和千万级的日单量，极大地改变了中国人的生活。国人对共享经济的接受过程也越来越快，我离开优步以后的新创业项目“回家吃饭”，仅用了三个月时间，就从默默无闻，到一炮而红。

和我一样，中国也出现了众多共享经济的创业者，从城市出行到旅行住宿，从二手物品到衣物礼服，其中不乏模式创新者，回家吃饭就是完全一个创新于中国的共享经济的业务模式，我和我的合伙人们，基于对中国国情和消费者的深刻理解，开创出一套国外不曾产生过的业务模式。但是，共享经济在中国还是一个新生的孩童，无论是创业者、参与者，还是政府、媒体，都在摸索着去认识、去实践这个新生的事物。本书的作者是共享经济的商业领袖，在共享经济领域已经有了多年的企业实战经验和广泛的人脉积累，他以非常务实的口吻，从创业公司、投资人、企业、政府等角度，全方位解读了共享经济涉及的几个重要要素，为中国的共享经济参与者提供了一个非常好的教材。

难能可贵的是，书中有大量的实战经验和案例总结：如何寻找正确的市场切入点？如何建立信任？如何通过创新的方式突破现有的商业模式？如何看待政府监管？对于这些共享经济创业者必然会面临的问题，本书都提供了非常宝贵的先行者经验。

有经济学家曾经预言，21 世纪的下半页，共享经济有可能取代资本主义，成为全球的主要经济模式，对于这样一个即将深刻改变我们的经济形态，你没有理由不去了解它，而本书正是一个全面了解共享经济方方面面的切入点。

如果你已经准备好，那就翻开第一页吧。

谈婧

家庭厨房共享平台“回家吃饭 APP”的联合创始人、COO

THE BUSINESS OF SHARING

Making It in the New Sharing Economy

前言

价值 10 亿的粉红色胡须

正值旧金山当地时间上午 2 点，身着皮上衣的时髦人士一窝蜂似得去马路下面一个酒吧买墨西哥煎玉米卷，我可以清晰地听到酒吧里传来滚筒滚动的声音。这时，我看见一个系着毛茸茸粉红色胡须标志的车向我缓缓驶来。

等到车停稳，我绕到司机一侧的车旁，见他摇下了车窗。他与照片上一样，乌黑的头发，且带着一丝紧张的微笑。毫无疑问，就是他了。

“你就是亚历克斯？”他问我。我点了点头，与他相视而笑，随即上了副驾驶座。

早在四分钟之前，我在自己的 iPhone 上打开了一个名为 Lyft 的打车应用软件，这是美国发展最为迅速的技术新创平台之一。主屏幕上有一个任务区地图，可以显示遍布于打车人周围的汽车图标。我按了一下绿色按钮，屏幕上就出现了司机埃迪（Eddie）的缩略图。还没等我反应过来，司机开着车就从街道远处向我驶来，汽车图标也在我的手机屏幕上缓缓移动。

Lyft 是一个点对点出租车服务，人们可以利用其提供的软件注册为出租车司机。该服务平台会对注册人进行相关背景调查，一旦通过，这些司机就可在自己的智能手机上运营出租车业务。Lyft 还会为每一位司机发放一个大型粉红色胡须，系在车前。Lyft 的司队伍包括退休人员、博士研究生以及演员。那么，开办这一新型公司的又是些什么人呢？肯定不是安全玻璃背后麻木的人们。不妨想想那些毕业于斯坦福大学的“数据科学家”，他们大多数时间都在白板上推演运算法则，只是偶尔利用休闲时间打打乒乓球。

Lyft 只是此类新型企业中的一个，正是这类公司使“共享经济”蓬勃发展起来。共享经济建立在人们共享自己已经拥有的资产之上。共享使那些闲置资产创造了价值。Lyft 主要瞄准了两类闲置资产：每天闲置 23 小时的汽车以及车主的闲暇时间。共享经济下，人们不仅仅将汽车与陌生人共享。如今，辛苦挣来的钱、昂贵的公寓甚至心爱的狗狗都可以用来共享。据估计，共享经济一年可创收 150 亿美元。发展迅速，势不可挡。

当然，租用物品抑或共享资产并不是一件新奇的事情。如公共公园、公共体育馆以及公共交通等，城市的人们都早已习以为常。那么“新”到底体现在什么地方？那就是技术在传统以及新型消费中的应用。互联网以及智能手机刺激了庞大且具有流动性的在线市场的发展。共享市场是共享资产及其物主赖以发展的地方。在这些线上市场以及无数满腔热血创业者的努力下，共享经济全面发展了起来。

我所经营的平台——车位分享平台 JustPark，使业主能够共享他们的车位。在互联网出现之前，倘若运动场附近碰巧有一个理想的停车位，有些人甚至会站在他们的车道上，手里举着出租车位的牌子。十年前，让全球上百万人将自己的车停在他人的停车道上是一件不可思议的事情。20 世纪 60 年代，出现了分时享用度假别墅，使得这类昂贵且不经常使用的资产得以共享。如今，我们能够将建造房屋使用的钻头以及锤子这类不值钱的物品货币化。

埃迪将其 iPod 递给我说：“想听什么自己选。”爱迪是一名急救人员，利用下班时间为 Lyft 开车，赚点外快。貌似他觉得开车载人颇为新奇有趣。

毕竟，与那些在急救过程中在他背上悄然死去的人相比，这些乘客让人舒服多了。而对于我来说，一个载我回家的陌生人竟然会关心我，即便是细微的关心，也足以让我震惊。

“你是英国人？”埃迪问我。“是的，我来自伦敦。”我告诉他。“太好了！我今年正想去伦敦，第一次去，您有没有什么可以推荐的？”他说。“你对哪些东西比较感兴趣？比如说剧院？博物馆？伦敦有数以百计的画廊，而且……”我下车后意识到，我的建议相比他在 Trip Advicer 以及 Yelp 这类大众点评网站上找到的信息可能差很多，而且与成千上万强大的在线社区集体智慧相比，我的这点建议又算什么。

我们把车停在卡拉（Cara）的公寓外面，相比埃迪，我对卡拉的了解稍微多一点。我居住在时髦的旧金山市场街南区（South of Market，SoMa）旁边的复式公寓里。这个街区原本是一些血汗工厂的聚集地，现如今新创公司云集于此。我是通过共享经济“时尚的典范”旅游租房网站 Airbnb 租到了卡拉的房子。在别人家度假，这样就不是独自一个人了。已经有 1 700 万名旅客通过 Airbnb 预订了陌生人家的空房或者公寓居住。Airbnb 建立于 2008 年，目前估值超过 100 亿美元。

因此，相较住宾馆向前台服务员取房间钥匙，我只需要掏出卡拉给我的备用钥匙打开房间的前门。我瘫坐在卡拉家的沙发上，心里想着 JustPark 是否也能达到 Airbnb 如此大的规模。是否会拥有 1 000 万名用户 ?1 000 万？想到这点，我的头有点眩晕。除了笔记本电脑，白色书写板，以及一个远程控制的巨轮卡车，我们一无所有，难道这样也能成为一个市值数十亿的公司？创造出与 Airbnb 一样的价值？那天早上，卡拉给我讲了她的工作时间缩减后，如何利用 Airbnb 出租房屋所获得的收入为其写书提供了经济支撑。她说：“我很感激 Airbnb。”

随着这些新创公司的吸引力逐渐加大，可观的收入也就随之而来。Lyft 始创立于 2012 年，但在硅谷这片“沃土”之上，很快就筹集了 3.3 亿美元的风险资本，市值超过 10 亿美元。一个价值 10 亿的粉红色胡须。可以吗？英国人固有的怀疑个性在此刻显露了出来。要是 Lyft 像其商标上的绿色气球一样，空空如也，那可能吗？毕竟 Lyft 只是一个小公司。旧金山还有一个出租车新创公司，那就是广为人知的打车软件优步（Uber），其筹资估值 400 亿美元。几个星期之后，其中一个筹资者詹姆斯·索罗维基（James Surowiecki），他也是《群体的智慧》（*The Wisdom of Crowds*）一书的作者，写道："大量资金涌入这个新型商业模式之中，就像一个不断变大的小气泡。"

我哥哥保罗（Paul），直白一点说，是伦敦金融城的一位基金经理。他已经投资了一些高盈利或拥有几十年尖端研发经验的公司。这让我想到了美国教科书租赁网站 Chegg，它是美国成功 D 共享经济商业模式的传奇之一。若您研究过其招股说明书，就能够发现许多共享经济市场所存在的风险以及弱点。招股说明书上写着："我们有过损失（确切地说是 1.704 亿），而且也无法确保未来一直盈利……" 2013 年，Chegg 估值 10 多亿美元上市。目前，其股票以其上市价格的一半进行交易。网上租车公司 Zipcar，由于其几乎从来没有盈利过，被阿维斯预算集团（Avis Budget）以共享经济有史以来最高价收购，其收购价为 5 亿美元，但与其上市价格相比，不足二分之一。

除却共享经济模式中的一些成功典范，也有许多共享经济公司发展中途就没落了。Loosecubes 是一个闲置办公空间交易平台，风险投资公司 Accel Partners 是其强大的后盾。2012 年，Loosecubes 彻底倒闭。一年后，英国一家私家车共享服务平台 WhipCar 也随之倒闭。虽海报贴满了伦敦地下铁道，但仍无法增加收入。这类商业模式有一定的逻辑，难道是因为他们太超前了吗？通常，我们不愿让陌生人开我们的车或居住在我们的家中。其中有不同程度的表现，我称之为"金凤花姑娘情节"：想到陌生人喝自己煮的粥，睡在自家床上或者使用自己的物品，就浑身不自在。这几乎符合每一个试图维护金凤花姑娘情节公司的利益。因为这些公司每年大约花费 5 000 亿美元来营销，目的是让人们进行买卖交易，而不是共享。

诚然，由于人为原因，共享商业模式在硅谷形成了高涨的"回音室"（即在一个封闭的环境下交流想法和信息）效应。如马库斯·沃尔森（Marcus

Wohlsen）在美国著名网络电子杂志《连线》中写道："数字乌托邦主义如不断流入密西西比河的水一样，贯穿硅谷内部。"但当技术行家开始谈论共享经济时，比喻中这一状态达到了更高的水平。英国作家卡罗尔·卡德瓦拉德（Carole Cadwalladr）在英国《卫报》上写道："在旧金山，Airbnb 是新创公司聚集地其中的一颗闪耀的明星……""共享经济"使我们产生了共享"免费馅饼"的共鸣。

我现在就住在硅谷这个共享经济的集中地。这里，成千上万的福音派共享者坚信，这一新型商业模式将会胜过基金管理人以及证券交易所，为世界创造更大的价值。对于这些人而言，共享可以将由一个个独立个体构成的城市变为一个社区大网络。可以减少对自然资源的破坏以及过度消费。可以剔除将我们带向全球金融灾难边缘的唯物主义和贪婪。对于这些人而言，共享经济完美无缺，是社会、环境以及经济的救世主。

2011 年时我尚未加入 JustPark，当时它还只是共享经济中的一个小公司，仅由 3 人组成。后来加入 JustPark 是因为我认为，我们一起可以解决一个大问题：大城市的车位共享。三年后，我发现自己开始了一个不同以往的征程：探究共享经济是否真如坊间宣扬的那般无可挑剔。在这个过程中，我目睹了狂热者和犬儒派每天在博客、Twitter 以及几近世界半数报纸上的互相抨击。在《共享经济商业模式》一书中，我想让读者自己评判共享经济到底是真实发展的经济模式，还是媒体炒作；是非凡的事物，还是毫无根据的大话？

如今，共享经济已经风靡全球。在写这本书时，我与许多来自菲律宾或比利时的创业者、硅谷和以色列的风险投资者以及伦敦和首尔的政要都有过交流。最重要的是，我遇到了许多挤在共享经济大伞之下的客户：在巴塞罗那，人们会邀请陌生人在自家厨房享用晚餐以及保加利亚人们开办的众筹农场。有些人大胆勇敢，也有些人拥有远见卓识。但我想，绝大多数人都与各位读者并无太大差异。

明天早上，我还与一位共享经济领域的创业者有约，因此，我要抓紧时间多睡 15 分钟。反正随时都可以用 Lyft 打车。

THE BUSINESS OF SHARING

Making It in the New Sharing Economy

目录

THE BUSINESS OF SHARING

Making It in the New Sharing Economy

第1章 新兴经济的缔造者

我当时正在旧金山轮渡大厦排队等候客轮。在清晨阳光的照耀下，海湾上波光粼粼，海鸥在空中盘旋。看着周末购物的人们逛着有机农贸市场，我也兴奋地计划着客轮到岸后，与丽莎·甘斯基（Lisa Gansky）的午餐之约。

甘斯基是一位成功的企业家，已有两个创业项目：其一，在 1993 年，她与合伙人共同创立了全球网络导航器——第一个提供可点击广告的网站，并将其出售给了美国在线服务公司；其二，她创立了照片共享服务网站 Ofoto，几乎成为这一领域的领军人物。2001 年，她将 Ofoto 出售给了伊士曼柯达公司，在这之前，她已将其发展成为拥有 5 000 万用户的网站。我曾在《快公司》中了解到，甘斯基在这两项创业中获得了价值数千万美元的财富。

而今，她似乎想通过共享经济来拯救整个世界。她在共享经济领域所有的天使投资对象，包括让人们能够互相租用汽车的共享服务网站 RelayRides、摩托车租赁服务网站 Scoot Networks、网上租车公司 Zipcar，也有帮助研究者预订共享实验室进行实验的科研实验外包平台 Science Exchange。但是，我与甘斯基会面，是为了与其谈论她那本充满远见卓识的书——《聚联网：商业的未来》（*The Mesh: Why the Future of Business is Sharing*）。我想，她会在正午时分骑着电动蝙蝠车，到我下客轮的地方——瓦列霍与我会面。我提前 45 分钟就到达了轮渡大厦，一定可以赶上轮渡。

宁可事先谨慎有余，不要事后追悔莫及。于是，我向排在我前面的小伙子核对了一下客轮班次，看看我排的队伍是否正确。

“瓦列霍？”他脱口说道，“那就是去瓦列霍的客轮。”我顺着他的目光望去，一艘白色客轮正缓缓离开码头。我下意识地喊了一声：“天哪！”

人们围过来安慰我这个苦恼万分的外国人。下一班开往瓦列霍的客轮要等到傍晚才出发，那就错过了我与甘斯基约定的会面时间。我从伦敦乘飞机到达这里，就是为了与甘斯基见面。想到这里，我感到一阵眩晕。

有人向我建议道：“赶快去41号码头，驶往瓦列霍的那艘客轮会在41号码头接载乘客。”

根据谷歌地图，需步行31分钟才能到达41号码头，目前只剩14分钟，无论是打车应用Lyft还是优步都已经无济于事了。海滨路正交通堵塞。因此，我沿着内河码头跑了2.4公里，到达41号码头时，已是汗流浃背。在一块标有“索萨利托”（SAUSALITO）的指示牌下面，一位客轮工作人员站在跳板前面，我走过去交费。

“请问是开往瓦列霍的客轮吗？”我气喘吁吁地问道。他点点头，指着我们前面的一艘正准备离岸的白色客轮。“我要乘那艘客轮！”我喊道。

“不好意思，我已经把指示牌摘了。”“算我求你了，我拼命跑过来……”

客轮引擎的轰鸣声突然停止，驶出几米后又缓缓驶回，停靠码头。我想他们肯定是认出了我。

“我从未见过发生这样的事情，今天一定是你的幸运日。”那位客轮工作人员低语道。

待他除去港口入口的锁链，我匆忙跑到跳板上，庆幸又感激。引擎再次发动，客轮的门被用力关上，我瘫坐在客轮的甲板上。很快，旧金山高高耸立的摩天大楼以及横亘绵延的海岸大桥就消失在天际。我们途经恶魔岛（Alcatraz Islan）——用钢筋水泥建造的恶魔岛联邦监狱就曾设立在那里，如同庞然大物，顽固不化。想到曾经饱受独居监禁之苦的人们，我的脊背不由颤抖起来。回首过往，我仿佛从未如此自由过，也从未像现在这样，因能为世界的连接奉献自己的一份力量而万分感激。

什么是共享经济

我去了一所学校，那里有人告诉我若想了解某些事物，可去陈列在学校图书馆的厚重的牛津英语词典中寻求答案，找出那个词语、概念或词典尾页的思高牌胶带（英国人称之为塑料胶带）。然而，牛津英语词典中没有共享经济的定义。这些天，我又在维基百科中查找。事实上，维基百科本身就是由维基用户广泛参与共建且迭代式开发的协作计划，其相对于牛津英语词典的集中式权威而言，就如同共享经济与传统经济的区别。至少截至目前，维基百科将共享经济定义如下：

> 围绕人力资产和实物资产共享而建立起来的可持续经济体系，包括不同人及不同组织之间就创造、生产、分配、贸易、商品及服务消费等方面的共享。这些体系形式各异，但都利用信息技术为个人、公司、非营利机构以及政府提供信息，促使商品及劳务的分配、共享及过剩产能再利用。

我权且将共享经济定义如下：

> 共享经济的价值在于能使社会团体通过互联网利用未充分利用的资本，进而减少对这类资本所有权的需求。

更粗略地说，共享经济价值在于为社会团体重新分配过剩产能，即“放松束缚”。这个定义主要有以下五个层面。

价值

共享经济平台创造互惠的经济价值。通常，这类平台是创收电商网站，或者至少拥有创收的潜力。有时，这种收益动机的出现具有偶然性，抑或其存在只为保持服务的可持续性。例如，人们可以自由地在图书交换网站 BookMooch 上面交换书籍。使用者通过将书邮寄给需要的人获得相应的点数，并用这个点数，兑换别人的书。尽管 BookMooch 无法在此过程中获益，但若顾客想要搜索二手书，点击亚马逊网站联盟链接后没有相应的结果，就会转向 BookMooch。因此，BookMooch 可通过其网站访问量获取收益。

有时，共享经济中的商品及服务通过礼物经济进行转手。在旧货分享平台 yerdle 上，人们将闲置物品相互赠送。过后，使用者大多会通过购买积分的方式将物品货币化。正如本书书名所示，本书着眼于共享经济的商业模式。相比“齐心协力，防治癌症”（TeamUp! Against Cancer）这一非营利组织的善意倡议——将癌症病人与当地志愿者连接起来，我将会着眼于详细分析跑腿外包（TaskRabbit）这类网站，在此网站上，人们可以通过处理琐碎业务获得报酬，而网站本身可从中获取佣金。

未充分利用的资产

在共享经济的平台上，可能有各类资产，如游艇、婴儿服，甚至狗。BorrowMyDoggy 是由英国启动的一家宠物借用平台，用以将养犬人与缺少犬的爱犬人士进行匹配，并要求双方每年支付会费。养犬人可借此机会从照顾犬的事务中解脱出来。而不养犬人士可从中体验养犬的乐趣。尽管不常见，但对于溺爱宠物的宠物主人而言，即便是狗也可被视为资产。通常，如修剪草坪或者帮忙建立博客这类共享经济服务，也是时间或专业知识这类无形资产的结果。

所有这些资产的价值在于其闲置产能，即在一定时段可从这些资产中获取的附加值。闲置产能这一概念在工业生产背景下首次得以系统研究并被定义。共享经济将如何有效管理铝冶炼厂这一粗放逻辑应用于所有资产。也就是说将资产的停工期转化为收益期，无论这一资产是一辆自行车，还是某人骑这辆自行车派送包裹的时间。

网络易访问性

为增加利用率，这些资产应能够便于人们使用。在共享经济背景下，“共享”已成为“能够访问”的简约表达，一旦有资产在网络上公布，人们就有机会加以利用。“能够访问”也可解释为通过知名购物网站易趣的销售行为，易趣是 P2P 电子商务的先驱以及共享经济的鼻祖。同时，也可解释为通过旅游租房网站 Airbnb 的租赁行为，或是通过之前提过的旧货分享平台 yerdle 的赠送甚至是交换行为。在英国最大交换网站 Swapz 上，人们会发现只需为自己喜爱的 DJ 维修其座驾，就可以交换到 DJ 的免费演奏。

社群

仅仅让人们能够访问而未充分利用资产是不够的：这些资产需要在社群内部流动。社群不止意味着供需。在成功的共享经济商业模式下，社群用户之间的往来超出了其交易所需，他们互相信任。正如我们将会看到的，他们以价值为基础，保护这些价值不受内部威胁，并可抵御外部威胁。通常，这类社群建立在利益群体之上。在房屋交换网站 Sabbaticalhomes.com 上，交换房屋的人们都是大学学者。宠物寄养平台，如 Dogvacay，是一个由爱犬人士组成的非正式社群媒体，在此平台上，养犬人士会将其宠物狗寄养在普通人家，而非让其呆在狗舍里。

社群也是共享经济商业区别于传统租赁经济的关键，比如，世界最大的家具租赁供应商 CORT。尽管，CORT 具有经营共享经济商业模式的潜力，但却没有社群意识：无法为用户提供各种反馈信息、资料、技能或者客户案例，以帮助用户之间进行信息交流。租赁家具的人或小企业实际上是看不见的。CORT 作为沃伦 • 巴菲特的伯克希尔 • 哈撒韦公司旗下的子公司，其所有者需将先前的家具租赁客户视为其二手货出路的负面提醒，而非将其视为需要发挥的优势。

所有权需求下降

若人们能够在社群内使用某些资产，就会降低独自拥有这些资产的需求。人们可以通过电子商务网站 Rise Art 租用艺术品。对于经常搬家或者不愿看到家里的艺术品一成不变的人们而言，租用绘画作品有其实用之处。又或者如网上租车公司 Zipcar，每一辆共享的 Zipcar 车可以替代 17 辆私家车。这使 Zipcar 从根本上区别于如爱路美（Alamo）这样的传统汽车租赁公司。爱路美公司的核心业务是在机场为自驾旅行者提供机场租车服务。而 Zipcar 的汽车遍布城市各地，从一开始就降低了人们独自拥有汽车的需求。这一商业模式产生的结果之一就是将物品转化为服务。如纽约大学斯特恩商学院教授以及共享经济学术领军人物阿伦•桑达拉贾（Arun Sundararajan）指出："在膳宿、交通运输、家用设备以及高档衣服等各种领域内，共享经济商业正在产生一系列新的服务型商业模式。"

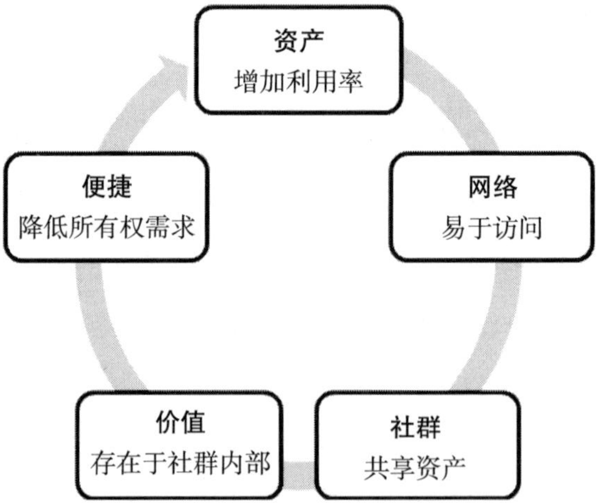

图 1—1　共享经济：使资产利用最大化

两种共享模式

若终端用户对这些物品仅仅有使用权，那这些物品归谁所有？共享经济企业有两种类型：一种是商家对客户型（B2C）公司，另一种是点对点（P2P）公司。就 Zipcar 的商业模式与另一汽车共享服务网站 RelayRides 的商业模式的区别而言，Zipcar 就是 B2C 商业模式，其买进一些新车，并对其进行保养，以供汽车司机租用。而共享服务网站 RelayRides 是 P2P 市场，个人可将自己的车辆租给其他司机。尽管两种模式的目的相似——方便用户使用汽车，但方式却不同。在 P2P 市场上，库存物品已然存在，且服务提供者不是公司，而是个人，这使得 RelayRides 成为更具竞争力的商业模式。若预定的 Zipcar 出现问题，人们会联系 Zipcar 客服团队。若预定的 RelayRides 车出现问题，人们会首先打电话给车主。

这并不是说，相对 B2C 商业模式而言，P2P 商业模式缺乏专业性。在 P2P 商业模式平台上，卖方并不是如人们所想的股份公司，而是微型企业家，精于运营这种商业模式。他们在个人资料页面着重打造个人的品牌，而不是强调公司品牌。如果是前往市区，那相对于黄色计程车，我会租艾迪的车。而相对于希尔顿酒店，我会选择卡拉的家。随着对艾迪和卡拉的了解，我体验到买方作为客户，并非总处于被动地位。我们会看到，在共享经济模式下，用户也可成为出借人或投资人。因此，每当谈及 P2P 市场时，我对“消费者对消费者”（C2C）这种说法比较排斥。B2C 型共享经济企业能够产生惊人的效率。但是 P2P 型共享经济商业在社会转型过程中，使曾经区分明显的企业与顾客之间的界限变得模糊了。

划分界限

首先提出“共享经济”这一术语的人是谁，仍然是一个谜。应该说，这一术语的所有权是共享的。但是，这也导致这一术语既没有“监护人”，也没有标准定义。这一术语的定义也被无数试图搭上共享经济这辆花车的创业公司加以延伸。创业公司为何要这样做呢？首先，共享经济企业发挥着极大的道德影响力。他们沉着协作，脚踏实地，追求可持续发展。这使许多创业公司面对起初的重大挑战时会更加从容，这些挑战包括以极低的报酬吸引人才以及潜在合伙人；其次，大量失衡的积极公关为创业公司拉拢第一批客户，共享经济商业可从中获益；第三，对共享经济的大肆宣传促使投资者对企业价值进行评估，而这种评估使得创业公司在筹集资金时不用过分削弱创始人的股权。难怪许多企业家设法为其新创公司贴上共享经济的标签。

“共享经济”宽泛的定义，导致无法精确衡量其市场规模。有些公司在共享经济市场上仅占一席之地，从而加剧了市场的复杂性。

人们在易趣网上拍卖闲置的二手物品，就是放松束缚。然而，易趣网 75% 的市场收入来自商家出售的新的、固定价格的货物。事实上，人们试图衡量过共享经济市场的规模，估价在 35 亿美元至数百亿美元之间，这一范围反映了“共享经济”复杂多样的界限。尽管如此，总有一些事物介于灰色区域（范畴不清），且并非每家共享经济企业都适用于上述五种范畴，但是时候严格定义“共享经济”的含义了。若想知道什么是共享经济，首先须知道什么不是共享经济。企业家以及媒体人应果敢地划分界限。因此，我权且为“共享经济”作出以上定义。若有异议，请发送内容至社交网站 Twitter 上我个人的帐号 @alexmstephany。毕竟，思辩出真知。

当共享不只是共享

如果大家看了我对“共享经济”所下的定义后，觉得该定义与“共享”并无关联，而与租售相关，也是可以理解的。正因为有歧义，你并非第一个对“共享经济”这一术语产生困惑的人。全球免费 WiFi 联机 Fon 的创始人马丁•法萨维斯基（Martin Varsavsky）向我强调：“租赁并不总是共享。租赁就是租赁。”房屋交换平台 HomeExchange 创始人艾迪•高适（Ed Kushins）就曾隐晦地挖苦旅游租房网站 Airbnb：“共享就是共享，不是买卖。”正如我们所见，“共享”也可用于货物买卖，至少资产的租用包括多方使用。不管怎样，“共享”并无通常意义上的联合，往往可平等使用或所有。

那些期望共享经济与钱或私有财产的再分配无关的人会非常失望。共享经济渗透着资本主义。如左倾在线《新调查》(*The New Inquiry*) 期刊中所讲：“共享经济在市场鲜有关注的社会生活的各个方面的兴起，是资本主义需要寻求新获利机会的体现。”有些人甚至指责“共享经济”这一术语完全是机械复制：创业者们集体努力以粉饰残酷的商业竞争。据英国诺丁汉大学数字经济研究者约翰•哈维（John Harvey ）称，应使“共享”的意义脱离利用它牟取暴利的险恶环境。

就这种情况而言，若创业者及其宣传“共享经济”的公关团队都会因相关欺骗行为而愧疚的话，那么世界上数百万人以及成千上万的新闻记者就是因为太笨才被欺骗的。但不是每一个主流记者都会如此。我问过英国广播公司首席技术记者罗里•凯兰•琼斯（Rory Cellan Jones），他是如何理解“共享经济”这一术语的。凯兰•琼斯停顿了片刻，仿佛不愿再对这一术语作任何思考，然后告诉我：“每个人都喜欢拥有独特的自我标签，但我不清楚“共享”这一词从何而来，只知道这一词语充满加州特色，简直就是胡说八道。”

那么，为什么我会一次又一次在书中使用“共享经济”这一术语？在某种程度上，我这样做是因为这一术语是此书的主导语。魔鬼（共享经济）已经从瓶子里出来了。就那些对“共享经济”这一术语基本上没有质疑的人们、那些为社会和经济着想的人们而言，若摒弃这一术语，势必阻碍他们的活动。但是，我也仅理解“共享”的基本含义，即建立在共享经验基础之上的经济。这新一波的企业促使我们真正理解17世纪伟大的英国诗人约翰•多恩（John Donne）说的那句话——“没有人是自成一体、与世隔绝的孤岛”。

其他经济模式

一系列与“共享经济”意义交叉的术语使情况变得更加复杂。尽管，目前“共享经济”的说法最为普遍，但许多类似的术语也可交替使用。我有时称之为“我们的经济”（we-economy），尤其用于P2P商业模式及其所产生的影响时。其他人，如Crowd咨询公司（Crowd Companies）创始人杰瑞米亚•欧阳（Jeremiah Owyang）称之为“协同经济”；纽约大学教授阿伦•桑达拉贾称之为“对等经济”；萨拉•莱西（Sarah Lacy）是美国科技博客网站PandoDaily和《西海岸女王》（*The Queen of West Coast*）杂志科技记者主编，她告诉我：“共享经济是很好的营销口号，但也使人们面临各种问题，而‘点对点经济’才能更好地诠释这一经济模式。”

也有一些经济模式，与共享经济模式有一定关联。20世纪70年代，瑞士可持续发展专家沃尔特•斯塔赫尔（Walter Stahel）预测了“绩效经济”的出现。这一经济模式建立在服务销售而非产品销售之上。企业能够通过重复使用库存物品，获取更多利润。顾客只需为其真正需要的东西付钱，从而可以节省支出。使企业与顾客双方能有效利用资产，共享“红利”。斯塔赫尔在日内瓦成立了产品生命研究所，以研究如何通过延长产品的使用寿命来提高环境效益，并预测了如服装租赁网站Rent the Runaway的成功。超过500万美国女性为了出席特殊场合，而转向纽约的创业公司租借设计师晚礼服。在Rent the Runaway网站上拥有客户所需的设计师晚礼服，并提供服装干洗以及修补服务，经济的激励使其业务能够长久持续下去。

沃尔特·斯塔赫尔提倡的“延长物品使用寿命”也是另一相关经济模式的核心原则——循环经济。如同共享经济促进消费者有效利用物品一样，循环经济通过提倡废弃资源再利用的良性循环，从而有效利用构成这些物品的原材料。提出循环经济模式的主要人物是设计师威廉·麦克唐纳（William McDonough）以及化学家迈克尔·布劳恩加特（Michael Braungart），他们的主要作品是《从摇篮到摇篮：重塑我们的生产方式》（*Cradle to Cradle: Remaking the Way We Make Things*）。目前，最著名的循环经济代表人物就是环球航行者爱伦·麦克亚瑟爵士（Dame Ellen MacArthur）。她的基金会网站上展示了其在Maersk60 000吨级集装箱船中的众多智能设计例证——将轮船使用的每一种钢材按不同等级标记出来。这样，当这些船只被运往拆船厂后，拆船厂就可以将其回收利用，以制造新的、更高质量的船只。

如果说循环经济与共享经济的环境效益方面有关，那么体验经济就与共享经济的社会方面有关。1970年，未来学家艾尔文·托夫勒（Alvin Toffler）出版了《未来的冲击》（*Future Shock*）。这本销量600万册的书预测了自后工业经济后兴起的“体验行业”。托夫勒影响了咨询顾问约瑟夫·派因（Joseph Pine）和詹姆斯·吉尔摩（James Gilmore），他俩发明了“体验经济”这一术语，被认为是服务经济的“接班人”。经营有方的企业能够通过提供体验使其价值链得以提升。毕竟，与其说经济价值在于产品，倒不说在于产品的体验价值，在于如何消费而不是消费什么。在体验经济中，商品及服务仅仅是道具，员工就如同拥有顾客体验的剧院演员。派因和吉尔摩总结道：“商业必须有丰富和引人注目的体验。”在共享经济中，那些成功的创业公司都与丰富的社会体验密不可分。

共享平台上的商业会更好吗

甘斯基不是骑着电动蝙蝠车而是开着敞篷迷你 Cooper 车与我在下轮船的地方会面。我坐在她身旁，她一路北上驾驶，经过纳帕葡萄酒之乡，微风拂面，阳光反射在她的木框太阳镜之上，一切都是那样美好。我们要前往一家高档的法国餐馆，它的内部设有质朴的桌椅，则笼罩外围着一圈葡萄树。女老板热情地招呼甘斯基，如同见到名人一样。我们就坐后，甘斯基就告诉我她在出售照片共享服务网站 Ofoto 之后，算了一笔经济账。她计算出 1999 年和 2000 年为 Ofoto 创业投资筹集 6 000 万美元，如今只需其中 5% 的资金，便可从头开始，重建 Ofoto。Odesk 这样的工作外包平台，以及在云中托管网站的亚马逊网络服务，都将降低创业的成本。

甘斯基目睹了这些共享平台是如何设法削减成本的。这些平台上的数据为大量未充分利用的物质和人力资产的废弃物品带来了一线光明。那些原本只是邻居车库里的废弃物品，却变成了可以充分利用的知识产权。废弃物品是有价值的。甘斯基指出大量旧手机的价值相当于大量金矿石价值的 30 倍。在其所著的《聚联网：商业的未来》一书中，甘斯基预言大量蓬勃发展的创业公司将会充分认识到废弃物品的价值，其中就有被她称为囊括产品、人才以及服务于一体的“聚联网”。关于聚联网客户，甘斯基在《聚联网：商业的未来》的声明中写道：“聚联网客户能够享受定制化、及时便捷的服务，无须考虑购买、维修、保险、存储以及处理等事务。”

甘斯基指出，相对于建立在销售和所有权模式上的商业，建立在共享平台上的商业会做得更好。相对于传统商业而言，聚联网商业能够不断为顾客提供共享商品，与顾客有更广的接触点，而这些接触点能为聚联网商业建立起宝贵的客户关系 。在这个过程中，聚联网商业通过收集数据以不断改进产品供应。由于聚联网商业建立在共享产品之上，该商业可以使用体验式广告营销，通过让顾客低价试用产品，从而赢得客户。相比自行车制造商出售一辆新自行车而言，美国 P2P 自行车租赁平台 Spinlister 就更容易通过低价出租自行车赢得顾客了。甘斯基写道：“每一次聚联网交易，都是你向顾客兑现承诺的机会——使顾客能够便利地使用定制化产品和服务。”

午餐期间，甘斯基多次提出美国在线影片租赁平台奈飞公司——一个她赞赏的聚联网商业平台。在《聚联网：商业的未来》一书中，她讲述了奈飞公司是如何通过为库存 DVDs 创立在线共享平台，从而击垮英国 DVD 租赁公司 Blockbuster 的商业传奇。奈飞公司的多重触点以及大量的用户数据使其创建了一款良好的推荐引擎，进而帮助用户决定接下来看什么。当达到一定规模，聚联网商业也会从网络效应中获益，据此，添加到网络上的每一个新产品都能比前一个创造更多的价值：在某种程度上，奈飞领先于 Blockbuster，这一点不容置疑，因为奈飞公司赢得的顾客越多，获得的在线评论就越多，从而赢得更多的顾客。我们在分享一盘当地牡蛎时，甘斯基告诉我，若她在 10 年前预测人们将会交换公寓来度假，肯定会被认为是“疯狂的加利福尼亚人。”

记得如何共享

甘斯基很清楚，她所预言的事情在当时的某些领域中并不新奇。实际上，许多共享经济交易如同传统的邻里往来。许多人通过类似如美家（Roomorama）短租公寓网站向顾客提供空房住宿，或者通过一家名为 campinmygarden.com 的网站，和当地的一些房屋业主联系，就可以在他们的家庭花园中支一顶帐篷过夜。如今，这种如同邻居似的往来方式正逐渐流行起来。当旅游租房网站 Airbnb 创始人布莱恩·切斯基（Brain Chesky）给他母亲介绍最初名为“气垫床和早餐”（Air Bed and Breakfast）的旅游租房网站 Airbnb 时，他母亲惊恐地说：“你疯了吗？”

她一想到有陌生人要住进自己家里，心中就很恐惧。但当切斯基将这一创业点子告诉他祖父时，老人回答："当然可以，我小时候旅行就常常去陌生人家借宿。"切斯基的爷爷当年游历美洲时，就会去敲陌生人的门，希望借用车库休息一晚。现在，这种事情已经得以循环：在旅游租房网站 Airbnb 上就有数以百计的车库供出租。

我们曾经忘了如何共享，现在又记起来了。如何解释这种代际遗忘？切斯基的母亲成长于 20 世纪 50 年代——消费主义顶峰时代。美国从第二次世界大战中崛起，经济实力雄厚，成为世界唯一超级大国。在随后的几十年里，随着工厂化农业的出现以及农药和化肥的大规模使用，食品价格大幅下降。由于食品价格便宜，人们就将可支配收入用于汽车、洗衣机以及其他没有人愿意共享的代表社会地位的物品上。但是切斯基的祖父成长的年代还没到人们开着福特 T 型车直奔郊区放松身心的时代。在他祖父生活的年代，人们房子周围尚未设有围栏，尚未将一切视为己有。如普利策获奖作家蒂娜•罗森堡（Tina Rosenberg）在《纽约时报》中写道："第二次世界大战之前，共享经济就是最主要的经济。"

现在，共享经济得以重现，新都市主义的一代人重返市区，适应人口密集多样的社区，迎接共享生活。不同于切斯基母亲那一代人，切斯基以及年轻的"千禧一代"处在以共享为特色的拥挤城市里，无论共享的是办公室还是全球 500 种自行车共享计划之一。美国作家威廉•斯特劳斯（William Strauss）和尼尔•豪威（Neil Howe）首次提出"千禧一代"——指美国出生于 1982 年到 2004 年的一代年轻人，并在其合著的图书《千禧一代的崛起：下有个伟大的一代》（*Millennials Rising: The Next Great Generation*）中予以阐述。根据斯特劳斯和豪威所述，这一代人有着强烈的公民责任感以及传统价值观，与美国经济大萧条时期和第二次世界大战时期的一代人非常相似。

我们也忘记了合作社的所有权结构共享。如今，全球拥有超过 30 000 个合作社，多达 10 亿成员，多数为跨国公司工作的人员。这些模式存在的时间远远超过切斯基祖父的年纪。第一个合作社于 1769 年在苏格兰一间简陋的小屋里建成，织布工们销售折扣燕麦片。甘斯基向更早时期追溯，把 21 世纪的共享平台比作联合在一起进行贸易的中世纪行会。甚至连前新石器时代部落领土的管理方式都是这种所有权结构的有力佐证。多伦多约克大学教授罗塞尔•贝尔克（Russell Belk）认为："共享不仅对以网络为特色的当下的消费现象非常重要，它也是最古老的消费类型。"共享并非新鲜事物，它早已存在。共享的思维比意识形态更为深远，深远到无法被战后的唯物主义扑灭。我们又开始了共享，但为什么是现在呢?

世界城镇广场

全球最大的电子商务外贸平台易趣创始人皮埃尔•奥米迪亚（Pierre Omidyar）一开始发布名为易趣的小网站后，他做了一个测试，将一个损坏的激光笔放到网站上去拍卖。令他惊讶的是，竟然有人想买那支激光笔。奥米迪亚给潜在买主发送信息，告知他那是一支无法修复的激光笔。从潜在买主回复的信息得知，他正是要收集损坏的激光笔。在那一瞬间，奥米迪亚意识到，只要通过互联网，就能够找到购买任何物品的买主，这样易趣就会拥有广阔的发展前景。正如我们所见，共享发展于科技、社会以及经济逐渐趋同化的背景之下。但除此之外，共享讲究物品拥有者和需求者的互相匹配，也就是商业研究中经常讲的"买卖双方需求吻合"。互联网就是实现这一目标最有力的媒介。

过去，市场潜在客户的上限就是那些能适应城镇广场环境的人们。例如，波兰的克拉科夫（krakow）是欧洲最大的城镇广场市场，几个世纪以来吸引着方圆数公里之内的商家和买家。现在，线上市场的买卖双方的数量实际上是无上限的。线上市场几乎对供需没有约束，其流动性更强，使任何想做生意的人都能从中获益。宽带普及率也不断上升。美国在线服务公司首席执政官史蒂夫•凯斯（Steve Case）称："我创立美国在线时，宽带普及率只有3%。”他也将其15亿美元资产的一部分投资于共享经济商业领域。据美国调查机构皮尤研究中心调查显示，如今87%的美国人都在使用互联网，至少偶尔会使用互联网。

伴随着互联网的广泛应用，随之而来的是大幅下降的交易成本。比方说，若在1995年，你要卖一辆你孩子坐过的婴儿车，其成本远非如此。你需支付在商店窗口张贴出售婴儿车的广告费，或在报纸上的分类广告中刊登出售婴儿车的广告费。你可能还需花费时间走访当地商店或者打电话咨询报社。即便投入以上成本与时间，能找到合适买主的机会仍然很小。而且，若分类广告的读者发现婴儿车的一只轮子已然生锈，那么交易可能就此落空。若想共享如此低值的物品，最有效的办法就是将广告免费张贴在公共告示板上让你认识的人——其他家庭、朋友或同事看到。而线上市场让卖方能在几分钟之内免费陈列物品，并附有详细介绍和相关图片。

共享经济商业开拓者们正忙于让线上市场更好地运作。他们在巨大的结构化数据库中收集共享资产并构建定制工具对其进行管理、租赁或者出售。使得用户能够轻松在线支付或接收，从而解决了另一个运营障碍。支付网关如自动化在线支付系统Braintree以及在线支付网关Balanced Payments的建立，主要是为了解决线上市场支付问题。当交易额较小时，在线支付比较有效：没有人想要一堆零钱。在线支付也可产生不必考虑钱的因素这一假象，这对被人们视为邻里之间的交易非常重要。切斯基早年入住Airbnb房屋时，就曾遇到过尴尬的时刻——房东伸手要钱。但将钱一张张点好放入可能会在随后的几天相处过程中成为朋友的人手中，顿时使人兴致全无。这种笨拙的线下共享交易如今可由线上交易取代，以免使顾客与房主之间产生不必要的隔阂。

互联网：拥有共享的基因

夸张一点说（并不是说所有人都从事技术工作），互联网就是建立在共享的基础之上的。互联网的整个基础就是进行共享和复制的“客户—服务器”模式。服务器以文件夹的形式存储信息并分享给“客户”：软件使世界各地的人们能在同一时间访问相同的内容。

若没有开放源代码——免费共享代码，互联网也无法被广泛应用。世界最流行的网络服务器软件 Apache 是由一帮各具特色的“怪才”组装的，相比微软公司开发的产品，他们开发的源代码产品得到了更为广泛的应用。安卓操作系统是世界上最受欢迎的移动操作系统，建立在拥有更多开放源代码软件操作系统 Linux 之上。世界最流行的数据库管理系统——关系型数据库管理系统 MySQL，作为世界最受欢迎的内容管理系统 WordPress 的主干，也是开放源代码系统。脚本编程语言如 PHP 或 Python 就分布在开放源代码许可之下，开发者通常使用如美国代码托管站 GitHub 或亚历山大图书馆为他人共享代码。开放源代码项目目录 Open Hub 统计，有 300 多万人正开发 700 000 个合作项目，规模之大令人震惊。我们无法想象互联网进化的其他任何方式。

开放源代码的用处远不止此。对于多数程序员而言，没有什么比其更神圣了。传奇程序员兼开放源代码倡导者理查德•斯托曼（Richard Stallman）说：“要想理解开放源代码的概念，应该想想‘自由言论’中‘自由’的意思，而不是‘免费啤酒’中‘免费’的意思。”许多程序员仍然遵循 1984 年史蒂文•列维（Steven Levy）的经典著作《黑客：计算机革命的英雄》（*Hackers*）中所定义的“黑客道德准则”。计算机黑客认为共同利益源于自由使用电脑和分散化合作。这些价值观对于创立 P2P 共享经济商业的人来说非常珍贵。事实上，当下互联网接入本身就是被共享的。总部在马德里的全球免费 WiFi 联机 Fon 允许用户共享他们自己的无线容量，并发展为世界最大 WiFi 网络。

智能手机，让重新考虑消费方式成为可能

接下来我们讲讲智能手机。实际上，2007 年 1 月 9 日，随着 iPhone 的推出，智能手机也随之发展起来。在全球最大规模聚焦于苹果平台相关产品和应用的展览和会议活动 Macworld 上，苹果公司联合创办人史蒂夫•乔布斯向千千万万喜爱苹果产品的人们宣布："今天，苹果将重新发明电话。"他履行了诺言。不到十年，除了洗澡之外，人们与智能手机可谓形影不离（尽管索尼和三星都销售防水型手机）。智能手机使得线上市场交易变得更加便利。只要有智能手机在手，就有机会使用世界上所有可见的闲置资产。X 大奖基金会（一家旨在奖励那些对科技创新、人类进步作出非凡贡献的项目的非营利性组织）以及奇点大学创始人彼得•戴曼迪斯（Peter Diamandis）坚定地说："如今，一个手持手机的马赛战士即便是在肯尼亚，其获取信息的方法也要比 25 年前里根总统所获得的信息多得多。"随着第四代移动通信系统（4G）以及超高速光纤网络的推出，智能手机成为了促进共享的强有力催化剂。纽约大学教授授阿伦•桑达拉贾称："现在数以亿计的人们随身携带拥有高速网络连接、功能强大的'电脑'，这使人们有了重新考虑其消费方式的可能。"

相比台式设备，美国人在智能手机上花费的时间更多，并且这种差距一年比一年大。据美国知名的互联网统计、流量跟踪分析和市场调研公司 ComScore 数据显示，在 2013 年 5 月之前的三年里，美国台式设备流量仅仅增长了 15%。然而，由于智能手机以及平板电脑的普及使用，美国人整体上网的时间几乎翻了一番。2010 年，搜索引擎公司谷歌公司的董事会主席兼行政总裁埃里克•施密特在谈论其公司相关产品时，宣称谷歌将率先进入移动领域。到 2013 年 9 月，谷歌公司公布已经激活了 10 亿多台安卓设备。临近 2014 年时，施密特称："一直以来的发展趋势都是移动将会取得胜利，而如今这种胜利已成为事实。"对于现在的年轻人来说，互联网无疑就是率先移动的代表。正如 Twitter 执行总裁迪克•

科斯特罗（Dick Costolo）在密歇根大学毕业演讲中开玩笑说的："我像你们这么大的时候，裤兜里可没揣着互联网。不仅如此，甚至连裤兜外面也没互联网——情况就是这么糟糕。"

除了其普遍性，移动在台式设备上有其他特定优势。公司可以直接利用智能手机将短信或者"推送通知"发至用户手机，为双边市场带来更大效益。若一个司机通过车位分享平台 JustPark 申请租用停车位，业主就会收到短信，并只需花几秒钟就可以回复对方，接受申请。而且，智能手机上有 GPS，知道你所处的位置，这种可以确定具体位置的 App 非常重要。若你想租用全球最大汽车共享服务平台 Car2Go 的车，App 就会告诉你离你最近的车辆位置。若你想通过打车应用 Lyft 租一辆出租车，定位系统会告诉司机你在哪里，同时，司机手机上的定位系统也会将其所在位置通知你，使你清晰掌握其运行路径。最后，智能手机拥有高品质相机，使得每一部手机都相当于一个便捷的刊登工具，比如将你的私人车道加入车位分享平台 JustPark 以便共享，或者在二手服装交易平台 Poshmark 这类 P2P 时尚市场上出售你的衣物。

共享 2.0：社交网络

我 16 岁时就生活在集体农场。我仍记得当时的公共仓库里装满各种食物，且每家每户都有一把公共仓库的钥匙。遵循着 19 世纪法国社会学家路易·布朗克（Louis Blanc）提出的"各尽所能，按需分配"原则，集体农场上的每一户人家按需从公共仓库提取食物。对当时尚处于青少年的我来说，简直不可思议。清洁工的报酬与医生一样，相比弱不禁风的英国孩子，集体农场中的每个人都身体健康，精力充沛。但后来，集体农场型共享模式显然只适用于规模较小、自给自足、彼此了解且互相信任的群体。共享经济往来也需有将自家钥匙给陌生人的这等信任程度作保障。为了实现这一目标，就必须有像 Facebook 这类的社交媒体，以促进亿万人认知彼此，参与社交活动。

现在，Facebook 拥有 13 亿用户，他们每天在线分享 3.5 亿张照片，将日常生活搬上社交网络，隐私设置越来越低。同时，在中国，尽管人们暂时无法使用 Facebook，但可使用像人人网、新浪微博以及备受追捧的微信等社交媒介。而且，全球最大的视频网站 YouTube、Twitter、Linkedln 以及 Pinterest 网站也被人们广泛应用。当然，通过谷歌可以搜索大量的其他个人信息。谷歌每天处理 25 多亿条检索，与此同时，为了做出明智的决策，我们在上网搜索他人信息方面也越来越专业。无论我们身居何处，也只不过相距一个资源定位符罢了。

我将复兴的共享模式称为“共享 2.0”，被高度社会化的网络如涡轮般增压。随着人们的生活越来越多地暴露在网络上，我们对世界另外一个地方的人的了解可能比对邻居的了解都要多。反之，线上市场通过鼓励用户利用社交媒体的个人简介进行登录以显示用户数据。他们也会让用户自己填写相关资料，如名叫杰夫的人，喜欢蓝调音乐，喜欢看《纸牌屋》，喜欢打棒球，这样，人们就不会觉得很陌生。社交平台也通过认证用户的电话号码、银行账户甚至护照以阻止坏人进入。最重要的是，他们通过审查系统建立信用——以易趣为首的线上市场主流。尽管共享行为通常不是什么新鲜事，但规模信任却几乎是前所未闻的。世界很快成为 20 世纪 60 年代加拿大媒体理论家马歇尔·麦克卢汉（Marshall Mcluhan）曾预言的“地球村”。半个世纪过去了，曾存在于集体农庄的信任如今能够在共享经济企业的巨大在线社群中得以重现。

填补社会真空的在线社群

在英国，尤其是在城市里面，传统社群机构已经被瓦解。英国超级名模、演员兼礼物赠送平台 Impossible 创始人莉莉·科尔（Lily Cole）称：“一般的伦敦人只认识一个邻居，我们失去了作为人最本质的一些东西，而且毫无意识。”在英国，每逢周日去做礼拜的人数仅有 80 万，但在过去 40 年里，独自生活的人数却翻了一番。不仅英国如此，哈佛大学教授罗伯特·普特南（Robert Putnam）在其所著《一个人打保龄球》（*Bowling Alone*）一书中就描绘了美国的社会性衰退。普特南用图表显示了美国源于人际互动与合作的社会资本的衰败。普特南从 50 多万个采访中得出，美国人与朋友、家人相处的时间越来越少，并且加入公民组织的人越来越少。普特南在 20 世纪 90 年代写《一个人打保龄球》这本书时，打十瓶式保龄球的人数之多，可谓前所未有，但保龄球联盟数量却下降了：人们独自打保龄球。普特南将造成这种现象的部分原因归咎于电视这类科技产品的发展所导致的生活个体化。倘若科技是问题的一部分，那么如今它就是问题的答案，也许还是唯一的答案。

连接线上和线下世界的在线社群正好填补了这种社会真空，提供了人们急需的归属感。尽管，科技一直处在变化之中，但人没有变。共享经济渗透到人们通过认识陌生人并扩大他们的社交圈子而获得的普遍性乐趣之中。我喜欢见到我的 Airbnb 房东卡拉，她也很喜欢见到我。借宿不仅有益社交，而且还可以赚钱。卡拉告诉我：“我见到过很多有趣的人，其中有个和尚，他给我留下一些水果和一本关于禅宗哲学的书。”有些共享经济商业更偏向这种社会的好的一面。受旅游租房网站 Airbnb 成功的启发，一些新创业公司在餐饮方面采用相同的模式，如美国的聚合大厨和食客的 P2P 在线平台 Feastly 以及以色列的本土美食在线预约平台 EatWith。让房主为当地人或外国人做美食。最吸引人的并非那些家常饭，而是彼此之间进行的社会和文化的交流。有时候，在线社群可以实现在现实生活中永远无法实现的人际关系，用游戏术语来说就是现实生活（in real life）或“IRL”。如二手精品衣饰交易平台 Threadflip，允许女性通过虚拟衣柜就时尚建议和衣服进行交易。这些人尽管像是朋友但可能永远都不会见面。

共享经济企业崇尚这种共有性。许多共享经济企业总裁都认为共同社群才是共享经济初创公司最为宝贵的资产。为了建立一个成员们能够互相往来的社群，他们会雇用“社群运营经理”，这是共享经济初创公司中一个常见的职位。比如，P2P 船只租赁网站 BoatBound 就拥有一种“啊嘿”（Ahoy）文化。要求船主和租船人高喊“啊嘿”来打招呼，并及时带上 BoatBound 船长的帽子，拍几张自己的船长照进行分享。除此之外，还有打车应用 Lyft 的粉红色胡子标志，不仅有趣，更是噱头十足。查尔斯 • 艾森斯坦（Charles Eisenstein）所著的《货币革命：后危机时代的经济博弈》（*Sacred Economics*）一书讲述的是从古代礼物经济到当代资本主义时期的货币史。很可能，基于社群的商业能够帮助我们回归到曾经的和谐当中。

厌倦了独自占有

我在写这本书时，正好迁到了新居中。结果发现为房子添置各种物品既花钱又费时，比如饮料杯垫、我从不坐的扶手椅、果汁机等。经再三考虑，这些物品都无法增加我的幸福感。于是我践行了英国哲学家伯特兰 • 罗素的一句话：“使我们无法自由和高尚地活着的最主要原因是对财富的迷恋。”如此直观的判断着实令人佩服。古罗马晚期的政治家、哲学家柏修斯（Boethius）在其《哲学的慰藉》（*Consolations of Philosophy*）一书中，也表达过同样的观点。曾经不可一世而后逐渐没落的古罗马执政官，罗素和柏修斯都出身于富裕的贵族家庭中，他们在拥有充裕物质财富的同时，非但不自由，反而肩负着重重压力与艰辛的工作。现在，越来越多的人像我一样，不愿将物品独自占有。琳恩 • 朱里奇（Lynn Jurich）是太阳能板安装公司 SunRun 的总裁，这家公司能够使人们在无须购买太阳能板的情况下也可使用清洁能源。朱里奇称：“新的地位象征不是看你拥有什么，而是看你是否有舍弃一些东西的自知之明。”

共享可能意味着牺牲绝对的质量和确定性：一件二手的运动衫是否会像新的一样穿着舒服？旅游租房网站 Airbnb 的房主是否会准时将钥匙

交给顾客？但共享可以帮助我们过上更加富足的生活的这种说法仍然是个悖论。这里，富足的生活是指在人们想要的时间，得到他们想要的东西，也就意味着可以通过如荷兰 P2P 汽车共享市场 Snappcar 这类的平台为合适的场合租用一辆合适的车。Snappcar 的口号是“De ideale auto lenen”，意思是租用理想的车。那么，富足就意味着能够在成千上万的车辆中任意挑选，而非将大量的 CDs 堆放在家里。美国著名的网络电子杂志《连线》联合创始人凯文•凯利说得好：“使用胜过拥有。”我们越来越喜欢在理想的、有序的生活中追求苹果公司的产品设计理念——简单。硅谷最著名的“超级天使”罗恩•康韦（Ron Conway）——这位拥有网络和专业知识的天使投资人可与那些拥有创业投资基金的人相提并论。康韦称，希望使用胜过希望拥有的观念对追求美国梦的人来说无疑是一个巨大震撼。

这些追梦人大多数是年轻人。千禧一代也被风险投资家玛丽•米克尔（Mary Meeker）称为轻资产世代，他们极易对所拥有的物品产生厌倦。对于这一代人来说，占有欲强的“金凤花姑娘情节”逐渐消退。著名科技文章作者托米奥•格依（Tomio Geron）在美国著名财经杂志《福布斯》中写道：“美国优越的经济力量已经具备租借、分享的特点。”尤其是数以百万计的年轻人放弃了独自拥有一辆车的欲望。一位来自集汽车销售和汽车资讯服务为一体的网站 Edmunds .com 的首席经济学家称，在美国，年龄在 18 岁到 34 岁之间的人买车的比例从 2007 年的 16% 下降到了 2013 年的 12%。在线杂志《创意设计共享》（*Shareable*）的联合创始人尼尔•戈雷弗洛（NeaL Gorenflo）说：“曾经，独自拥有一辆车就是自由的代表，而现在却成了拖累；现在，拥有一部苹果手机才意味着自由。”全球最大的轻博客网站 Tumblr 创始人大卫•卡普（David Karp），在其 25 岁时就是一个拥有 2 亿美元净资产的千禧一代的代表人物。他那位于布鲁克林约 160 平方米的公寓里，除了电视、沙发和一张床，别无他物。他说：“每次看到人们家里放满东西，我就觉得非常惊讶。”若卡普需要什么东西，他可以通过上网获得。

经济衰退：破产和共享

2008年9月15日，美国雷曼兄弟公司宣布破产。我站在位于伦敦金融区金丝雀码头的玻璃大厦里向外望去，透过我所工作的法人律师事务所的落地窗，我看到从雷曼兄弟公司旋转门中走出来的银行家手里紧握着各种文件和家人的照片，他们是一群衣着体面的经济难民。狂欢的“派对”结束了，照例说，它终究要结束。我们对此心知肚明。尽管有人说它是一个免费酒吧，鼓励大家在酒吧关闭之前抓紧时间预定！可想而知，将会有一大笔账等着我们。五年多来，我们依旧处于经济衰退的持续影响之下。

我们将愤怒的矛头指向银行家，但是我们自己也难辞其咎。在千禧年之交，随着消费信贷条件的放松，每个人都在过度消费。在1998年到2010年之间，美国每个司机平均拥有超过1.1辆汽车：美国成为一个汽车的数量比司机数量多出数百万的国家。同时，私人仓储——私人多余物品寄存仓库迅猛发展为美国的一个价值220亿美元的巨大产业，其价值是美国人每年购买电影票总额的两倍。

像切斯基母亲这样的女性，对资产的拥有是美国梦神圣的一部分。然而，一旦经济泡沫破裂，资产的拥有将会成为现实的噩梦。数以百万计的消费者手中持有太多东西：比如第二套住房、家具甚至名牌鞋。在现金短缺与恐慌的情况下，许多人突然有了将自己拥有的过剩物品转为赚钱门路的动力。而共享经济企业要确保有稳定的公关团队告诉人们如何去操作。从共享经济的角度看，经济衰退之所以产生如此巨大的冲击力，是因为其爆发于一个前所未有的、充斥着各种东西的世界，这是一些不需要的、原封未动的、闲置的以及从未用过的东西，简而言之，是一些多余的东西。

因此就有生意可做了。普通人开始成为设法赚钱谋生的人。有些人将物品放在如瑞典 Getrid（这一名字恰如其分，意思是摆脱、处理掉）

这类平台上。有些人开始出租卧房，收益甚好，甚至其部分收益还有附加性能。有些人开始在私家车共享服务网站 RelayRides 上出租私人汽车。有些人利用打车应用 Lyft 带着顾客环城游。也有一些人通过如 Skillshare 这类技能分享网站学习技能。慢慢地，另一种经济模式就从信贷危机的残骸中发展起来了。正是在经济衰退期间，人们才能看到生活中多余的东西及其可创造的机会。旅游租房网站 Airbnb 联合创始人内森·布莱卡斯亚克（Nathan Blecharczyk）称："当危机爆发时，人们迫切需要一种解决办法。而我们的这种商业模式就是办法之一。"

当布莱卡斯亚克回忆起公司曾经收到的第一份来自顾客的信时，脸上还会洋溢着骄傲的神色。信里面写道：

> Airbnb：
>
> 你好。毫不夸张地说，是你拯救了我们。我和我丈夫是今年五月结的婚。去年，我俩双双失业，股票市场的投资也打了水漂。眼看手里的积蓄都快不够交房租了。是你让我们有了栖身之所，能够一起旅行，并且有了平和的心态，坚信一定能够渡过难关。

金融压力打击了线上市场的交易双方，也促使消费者想出创新且低成本的点子。这就是对共享经济新创公司有利的事，这些新创公司能被大众熟知的首要原因就是他们比其他传统经济模式更实惠。

人性化品牌的优势

信贷危机不仅削减了人们的购买力，而且还损害了许多大企业的信誉。2009 年 4 月，《经济学人》杂志报道称"这次衰退已经让消费者对其习惯性的品牌癖好产生了一次全面重估"。不仅如此，信贷危机使许多消费者对大企业的整体信誉产生了质疑。每年，波士顿咨询集团（Boston Consultaning Group，BCG）都会采访 12 000 名消费者，发布"全球消费者信心调查”，这一调查是衡量消费者如何看待世界的晴雨表。调查显示，欧美大多数消费者以及 40% 的日本消费者称信贷危机“增加了他们对大企业的不信任感”。

金融领域情况更糟也是意料之中的事。2008 年发生了两起涉及巨额美元的银行丑闻。美国华尔街传奇人物、纳斯达克股票市场前董事会主席伯尼•麦道夫（Bernie Madoff）被爆涉嫌 650 亿美元的巨额“庞氏骗局”。同时，在欧洲，前巴黎法国兴业银行交易员杰洛米•科维尔（Jérome Kerviel）因非法交易给兴业银行造成了 69 亿美元的损失，被称为“史上最具破坏力的魔鬼交易员”。截至 2011 年，成千上万的人走上街头加入“占领华尔街运动”，这一运动始于纽约曼哈顿祖科蒂公园并蔓延到世界 900 多个城市。不只是那些激进分子和无政府主义者在表达这种不满。由美国西北大学凯洛格管理学院和芝加哥大学布斯商学院的两位教授推出的金融信托指数显示，2009 年 3 月，只有 19% 的美国人信任银行。

同时，人们对社会媒体以及陌生人之间的信任度在增加。渐渐地，我们更关注个体，而非一味地寻求建议，我们更关注产品和服务本身。2008 年，信贷危机还未爆发之前，手工工艺品网络商店平台 Etsy 每月出售价值 500 万美元的产品。到 2013 年，Etsy 年收入超过 10 亿美元。这并不是我们通常所知道的电子商务类型：购买者可以看到通过 Etsy 平台出售物品的人们的样子，也可了解这些人背后的故事。共享经济使个人弥补了由大品牌造成的信任缺失。旅游租房网站 Airbnb 联合创始人乔•杰比亚（Joe Gebbia）说：“既然我们能使个人之间的信任增加，那么大品牌在信誉方面的作用就没那么重要了。”

甘斯基在其《聚联网：商业的未来》一书中写道“像旅游租房网站 Airbnb 之类的共享平台品牌更加可靠，因为他们必须如此”。经济衰退加之社群网络的兴起为以人为中心的经济模式创造了肥沃的土壤。与其将资金存入美国最大金融服务机构之一的摩根大通集团，倒不如投向美国

P2P 借贷平台 Lending Club 这类服务平台反而更可靠。与其在通用汽车公司购买一辆新车，倒不如在 P2P 汽车租赁网站 Getaround 这类平台上，寻找愿意将其私人汽车外租的可信之人，既实惠又省事。在信贷危机时期，有些公司，当然也包括通用汽车公司可谓举步维艰，岌岌可危，但有些公司状况还好。可是，一旦尘埃落定，许多企业领导者会发现，他们面临着无数潜在的竞争对手，那就是：我们。

人口密度与资产价值的平衡

每天，地球上都会增加 200 000 人。25 年前，也就是 1990 年，地球上只有 50 亿人口。现在，随着疟疾减少、婴儿死亡率下降以及人们寿命的增加，地球上的人口已达到了 70 多亿。伴随着人口大爆炸，还有另一个人口的主要转变就是大规模的城市化。我们分散地生活在这个世界上，但是绝大多数人口是城市居民。两个世纪以前，只有 3% 的世界人口生活在城市。2007 年，美国称人类历史上城市居民首次多于农村居民。而该人口转变主要是由发展中国家的城镇化引起的。还记得 2000 年我在中国的时候，见到在火车站有些贫穷的人在竹席上露宿。他们来城市找活干，身上只有几元钱，想有一个新的开始。如同几个世纪前的世界第一次工业化时期英国农村穷苦人的情形。

共享经济在人口密集的城市迅猛发展。人口越多意味着对产品和服务的需求越多。对于那些挤进城市的人来说，共享型生活方式几乎是必不可少的。来自《大西洋城市》（*Atlantic Cities*）杂志的艾米丽·巴杰（Emily Badger）解释说："这就意味着会有更多的人生活在公寓里，而非独门独院；会有更多的人用共享汽车而非私家汽车；会有更多的人使用公园而非私人花园——所有这一切改变是因为在人口密集的城市里，将没有足够的空间供每一个人独自拥有所有这些物品。"乔纳斯·辛格（Jonas Singer）是位于华盛顿的共享烹饪平台 Union

Kitchen 的创始人，该平台上有 52 家食品公司。乔纳斯说："我们生活的空间越来越小，很多共享经济仅与每平方米的空间生活的人数有关。"优良的共享经济服务是以口碑发展起来的，尤其是在人口密集的城市地区，其发展更为迅速。

大多数共享企业在努力平衡可能增大的人口密度和资产价值之间的关系。但是，城市以外也有共享经济模式。机械设备租用平台 MachineryLink 通过给农户租用联合收割机，开发了闲置农业机械的价值。这一共享服务依靠北美大陆从得克萨斯州北部到太平洋西北部的粮食收成。此外，无需实体交流的共享服务更青睐乡村地区。相对于生活成本较高的大城市，网络劳动力能够通过欧洲最大的自由职业者和小企业交易平台 PeoplePerHour，在大城市之外的地方找到适合自己的位置。只为用户之间邮寄物品的社会化电子商务公司也可以与偏远农村地区的用户建立业务关系。

"共享"的"环境驱动程序"

地球生态超载日（Earth Overshoot Day）是指超过年度可持续消费量，地球进入本年度生态赤字的日子，其资源消耗量超过资源生产量，CO_2 释放量多于吸收量。每年的超载日都在提前。1992 年，超载日是 10 月 21 日。到 2014 年，超载日提前到了 8 月 19 日。显而易见，我们的消费不是可持续的——尤其是西方国家，如美国人口仅占世界人口的 5%，但其能源消耗量就占到世界的 1/5。牛津大学地理学教授丹尼•道灵（Danny Dorling）写道："面对如何生产能源、如何种植粮食、如何建造房屋、如何旅游等问题，若不考虑如何改变我们的行为以及我们的愿望，仅凭大量新能源或者一些改变，将无法解决日益严重的过度消耗及需求问题。消耗过度的一些人须降低消耗。"

生态危害源于原材料中提取出的污染物，并且这种危害在制成成品之后会持续数百年。在此期间，糟糕的商业体制导致被环境保护论者兼企业家保罗·霍肯（Paul Hawken）称为“自然资本”的永久损耗。自然资本本质上是指自然生态系统中的生产和再生价值。《东西的故事》（*The Story of Stuff*）一书的作者安妮·雷纳德（Annie Leonard）说：“我们开采破坏地球的速度如此之快，削弱了地球承载人们生存的能力，将导致我们自食其果。”从1850年开始的14年最暖年份，有13年都是在21世纪。气候变化引发了严重的特种性丧失；据世界野生动物基金会（World Wildlife Fund）估计，每年至少有10 000个物种灭绝。然而，我们最大的问题可能与自身的基本需求——水有关。有10亿多人生活在极度缺水的条件下。然而，我们的耗水量的增长速度是人口增长速度的两倍。

共享经济企业往往非常重视其服务的绿色参数。比如，网上租车公司Zipcar宣扬其共享车辆的环保信誉，提高底线。但是，绝大多数消费者身居结果未定的“化学实验”之中而不自知。2014年，在一系列征求民意的调查中，当被问道“你认为我国现在面临的最严重的问题是什么”时，不到2%的美国选民回答“环境污染”。屡次调查表明，每当提及发展共享经济服务时，环境问题都是边缘问题。2013年，一个名为“共享之人”（The People Who Share）的组织又做了一项同样的调查，结果显示，仅有10%的人声称起初使用共享服务是受赚钱或省钱的动机驱使，而不是考虑到环境问题。由此表明，最强的“驱动程序”实际上是最弱的。

无处不在的协同消费

丽莎·甘斯基所著《聚联网：商业的未来》一书的出版时间与另一本颇具竞争力的书《我的就是你的：协同消费的崛起》（*What's Mine Is Yours*）的出版时间仅相差几天，该书由瑞秋·波特斯曼（Rachel Botsman）和卢·罗格斯（Roo Rogers）合著。波特斯曼是一位聪明的牛津大学女毕业生，她是一名公共知识分子，其观点大都与共享经济有关。

卢·罗格斯是一名环保企业家和策略顾问，并且是世界著名英国建筑师理查德·罗格斯（Richard Rogers）的儿子。波特斯曼和罗格斯普及了一个甘斯基屡次提及的术语：协同消费。波特斯曼将协同消费定义为：

> 建立在对产品或服务的共享、交换、买卖或租借基础之上的一种经济模式，促使人们能够相互使用彼此的物品，这种经济模式能够彻底改变我们消费什么以及如何消费的方式。

“协同消费”一词并非波特斯曼和罗格斯提出的，而是由马科斯·费尔逊（Marcus Felson）和琼·斯潘思（Joe L. Spaeth）两位专业学者在其1978年发表的一篇有关汽车共享的论文中提出的。但是，用波特斯曼的话来说：“我们促进了这一观点的进一步发展。”

在《我的就是你的：协同消费的崛起》一书中，波特斯曼和罗格斯将协同消费商业分为三大类型：第一种类型为再分配市场，即将这些物品从不需要的地方重新分配到有需要的地方，比如，reCrib就是一个有关二手婴儿服的再分配市场；第二种类型为协同式的生活方式，若人们采用协同式的生活方式，他们可能趋向于使用联合办公场所，而非传统办公室。他们可能通过Landshare平台租用他人的花园进行园艺种植。Landshare是一个英国网站，专门为寻求土地、增加产品产量的园艺大师与闲置土地所有者“牵线搭桥”；第三种类型被波特斯曼和罗格斯称为产品服务系统，使人们能够从公司资产中获益，而麻烦由公司承担。因此，通过Car2Go这个全球最大的汽车共享服务平台，用户可以随时找到一辆车以供使用。

我通过Skype与在悉尼家中的瑞秋·波特斯曼进行交流。波特斯曼告诉我，她第一次接触到这一领域时，就预感这一领域蕴藏着巨大潜力。她说：“当你知道你正学一个新词的时候，你会有发现它无处不在的感觉吗？我对这一领域就是这种感觉。”从成千上万的相关新闻报道，越来越多的新创公司的发展以及人们从中获得的好处就可见其巨大潜力。这显然足以见证作者的预测。波特斯曼还说："一旦我们对此下了定义，其他协同消费拥护者就会聚集起来形成一个强有力的社群。"如今，她对自己《我的就是你的：协同消费的崛起》一书最满意就是她们的以上三种分类鉴定还有 4 年有效期。成千上万的社群建设者会接过波特斯曼和罗格斯手中的接力棒，继续努力。其中就有美国的尼尔•戈雷弗洛的和法国的安东尼•伦纳德（Antonin Leonard）。

一个超级实用主义者的社群世界

我在硅谷山景城的一家创客空间 Hacker Dojo 与戈雷弗洛见面，这里也是新视觉社交目录网站 Pinterest 的诞生地。Hacker Dojo 是一个拥有大量编程书籍、巨大充气恐龙、乒乓球台以及一群极客的办公场所。它坐落于山景城，距离谷歌公司总部不足 10 公里，公路对面的机场就是谷歌公司的创始人拉里•佩奇和谢尔盖•布林停放他们私人飞机的地方。同时，这里也是 20 世纪 50 年代仙童（飞兆）半导体公司（Fairchild）的工厂所在地。仙童公司开辟了集成电路的先河，把"硅"带入了硅谷。之后，仙童公司还促进了由其前雇员创建的英特尔公司和克莱纳•珀金斯风险资本公司（Kleiner Perkins）的建立。这里一度成为了污染最严重的地方之一。在建立 Hacker Dojo 创客空间之前，环境保护局要在这里挖掘百万吨有毒土壤。原本这里种满了果树，遍地是绿色植物。仙童公司的创新却将电子产品转化为廉价的一次性物品，这也是半个世纪后的今天，在同一个地方，戈雷弗洛想竭力改善的局面。

我是在一次与他搭档主持的共享经济聚会上认识他的。那场共享经济聚会是在美国得克萨斯州首府奥斯汀市的世界最大技术会议——西南偏南大会（South By Southwest）上举办的。戈雷弗洛留着胡须，外表看起来很是严肃，而眼里却闪烁着孩子气的光芒，脚穿胶底运动鞋，背着帆布背包，看上去不像是一个 40 岁的人。但是早在 2004 年，戈雷弗洛是不会以这种装束去上班的。他当时在 DHL 国际快递公司做全球战略工作，居住在布鲁塞尔。负责将 DHL 打造成世界一流的快递公司。一个星期六的下午，他去慢跑。当穿过一个停车场时，他竟然开始哭了起来。他跪在地上，想到自己那毫无意义的生活，不禁潸然泪下。戈雷弗洛回忆起那段经历，激动地告诉我："名义上，我是成功的。但是，直到那一刻，我才意识到，我只不过是一个人在唱独角戏罢了。我设想了一下未来那无尽的遗憾与后悔。而且，不止我一个，还有千千万万像我一样的人，断开了与自己和他人之间的关联。"跪在地上的他当场发誓，一定要建立一个社群世界。他站了起来返回旅馆，写了一份辞职信，然后乘了最早的航班回到家中。

回到旧金山，戈雷弗洛找到了与自己志趣相投的人。顿悟促使他与其他人共同创办了《创意设计共享》在线杂志——一个有关共享转化的非营利新闻、动态以及联系中心。它是一个在线物品共享指南，从共享婴儿食品、房屋、技能到太阳能板，无所不有。戈雷弗洛说："买卖经过数百年的商业发展才变得通畅，我们在促进共享自由的道路上才刚刚起步。"戈雷弗洛称自己为"超级实用主义者"，他希望人们能够真正改变自己的生活。Shareable.net 网站上刊登了这样一篇文章，其中的话题涉及如"Agrihoods 带来从农场到餐桌的主流生活"以及"为打车应用 Lyft 开车为何有益于身心"等，戈雷弗洛也与他人共同编辑了源于共享经济的一手事迹选集。在劳工条件不确定以及资源过度消耗的背景下，《共享或死亡》(*Share or Die*）一书，不用猜都可知，讲述的是如何在共享中崛起。

法国非营利全球性共享社区——OuiShare

在巴黎的一个公园里，人们正坐在一个内部铺着红色天鹅绒的巨大钟型帐篷内，一边听舞台上发言人讲话，一边在暗淡的光线下小声谈论着。演讲的主题涉及"共享经济中加密货币的使用"和"开源蜂房：解决全球蜜蜂危机的办法”。在舞台旁边，一位艺术家用动画形式来表现其讲话内容。而另一个舞台则设在圣但尼运河上的一艘游艇上。公园里，来自世界各地的企业家和共享经济支持者愉快地交流着并商谈着合作。午餐时间，我们必须兑换一张卡纸饭票，才能得到一碗由本地一家名为 The Food Assembly 的食品合作社提供的沙拉。随后，在活动第三天的闭幕晚会上，会四处分发 OuiShare 牌安全套。从凌晨 4 点的舞池来看，这些合作社帮助其他机构的共享形式，还真是颇具法兰西和波西米亚风格。

筹办此次活动的人员来自 OuiShare——一个旨在鼓励市民、公共机构以及企业共创协同经济的智库兼行动库。OuiShare 的创立源于安东尼·伦纳德（Antonin Leonard）的失望经历。伦纳德在商学院上学时，觉得“刻板的资本主义世界观”真是无聊。因此，他觉得必须做出其他选择。他在巴西呆了 6 个月，在一次冲浪过程中产生了初步想法。受《创意设计共享》在线杂志以及波特斯曼和甘斯基著作的启发，很快，他就将 Twitter 作为自己“最好的导师”，开始与世界各地志趣相投的人交流想法。伦纳德能讲四种语言，希望在实现其“自由生活，周游世界”的梦想过程中，能够为共享经济的发展贡献自己的一份力量。因此，伦纳德在对如何经营一个博客毫无概念的情况下，创建了一个有关协同经济的博客。他的博客引起了传统媒体的浓厚兴趣。他惬意地躺在斯里兰卡的沙滩上，喝着莫吉托鸡尾酒，一位英国游客为他的新创社群起名为“OuiShare”，这是“We”（我们）的双关语。

在三个共同创办人的努力下，OuiShare 诞生了。其分布模型的关键是将联络人（connectors）网络遍布从布宜诺斯艾利斯到布达佩斯的所有地方。OuiShare 联络人鼓励新创公司、当地政府以及企业的自主性，激励他们向共享经济转型。我曾找过 OuiShare 柏林区的联络人托马斯·唐尼布林克（Thomas Donnebrink）。当时，我需要免费 WiFi，约唐尼布林克在一家星巴克见面，但这显然不符合 OuiShare 的风格。唐尼布林克身着普通的亚麻衬衫，只点了一杯水。我拿了一瓶法国依云矿泉水给他，这显然也不符合 OuiShare 的风格。但是作为当地联络人，唐尼布林克非常欢迎我光临他的管理区。他正在策划德国 OuiShare 之行，包括在各大城市与一些如拼车网络平台 Carpooling.com 创始人之间的座谈活动。唐尼布林克还帮助哥伦比亚大学进行一些相关研究。一个接一个，像唐尼布林克这样的联络人正在为促进共享经济向前发展而做着不懈的努力。

利己共享经济建设

像许多在共享经济领域工作的人一样，唐尼布林克相信共享经济正在改变这个世界，它可以利用所有可以得到的帮助。甘斯基和波特斯曼也信奉同样的理念，他们不仅仅是理论家和建筑师，也是共享经济亲力亲为的建设者。她们两位都经营着自己的资讯中心，以引导用户使用在线资源：甘斯基有 Meshing.it，波特斯曼则有自己的 CollaborativeConsumption.com。同时，她们两位还经常去做演讲，尤其是做 TED 演讲。甘斯基和波特斯曼最终要的是激发创业者的潜力。我与《我的就是你的：协同消费的崛起》一书的另一位作者卢•罗格斯见面的地点，正是其位于曼哈顿闹市区的便利办公室。他告诉我："波特斯曼想发动一个全球性运动，以致力于发展共享经济。"在共享经济面前，即便是建筑师也会挽起袖管，建设新的生活，虽然，还没有人确保这样的发展会一直持续下去，但人们仍在努力做着各种发展规划。

不管采取哪种具体形式，建设共享经济这座大厦依旧不容乐观。我们知道，实现共享实属不易。集体农场模式的共享经济在规模经济下是无法继续的。而反传统狂欢节"火人节"（Burning Man）就讲究规模盛大：一个包括 70 000 人的沙漠营地，不可使用钱，物品只有通过互相赠送才可得到。但是这种共享模式只能在有源源不断物品供应的情况下才可持续。狂欢的人们只共享产品消费，却不承担生产责任，他们可以通过卡车运送以及远程可视化系统（RVs），从外部世界获得任何需要的物品。

共享经济与反传统狂欢节在本质上有很大的不同。这不是道德层面上的共享，不是家长告诉孩子要学会的“分享”。共享经济是可持续的，因为它符合人们自身的利益以及自由市场的原则。尽管传统的共享使人们得到的东西更少，但新时代的共享是基于市场的交易，以钱的形式使人们得到更多。如今，该新经济模式的影响比让人们融资的影响更深远：“99% 的人受自身利益驱使，”波特斯曼说，“自身利益可以引起人们的关注，但却不是促使人们参与进来的原因。”

那么，是什么促使人们积极参与共享经济？答案可能会改变整个世界。

THE BUSINESS OF SHARING

Making It in the New Sharing Economy

第 2 章 我们：利己共享者

21 世纪的“工蜂”

本应该享用一顿悠闲的早午餐，但布里特妮 • 贝德福特（Brittney Bedford）一直在辛勤地工作。贝德福特并没有正式的工作。但在大多数人眼里，她又是一个工作狂。我俩坐在铺有胶木的餐桌旁，她将苹果手机放在面前的餐桌上。每隔一分钟，手机就会振动提醒有来自手机上的应用程序的新消息，而这些应用程序与她的工作生活密不可分。她一边盯着满是划痕的手机屏幕，一边对我说：“我的办公室就是我的手机。”贝德福特仅依靠共享经济平台生活。她是一名 27 岁的奥克兰人，在旅游租房网站 Airbnb 将自己的空余房间租出，也在二手服装交易平台 Poshmark 上出售二手衣服，而且还通过宠物寄养平台 Dogvacay 临时照管宠物，还为跑腿外包网站 TaskRabbit 跑腿打杂。她一边吃着盘中的炒鸡蛋，一边快速浏览跑腿外包网站 TaskRabbit 上的众多帖子以及旅游租房网站 Airbnb 上的各种咨询。贝德福特告诉我：“这是我的工作，因此我要尽量变得更加专业。”她告诉我，一周工作 80 个小时实属平常，即便想与丈夫一个月休一天假都很难。

贝德福特组合式的职业意味着她可能会为一家房地产公司做有关装修的项目管理，或是为注重健康的企业家熬制养生汤，抑或是在美国旧金山嬉皮区经营一家旅游租房网站 Airbnb。她这个热衷共享经济的“多面手”得到了回报，结婚时她开上了一辆自己辛苦挣来的劳斯莱斯。

她的职业信念转化为有意义的物质回报：自从放弃厨师职业，贝德福特的工资几乎翻了一倍，每周大约 1 500 美元。除此之外，在共享经济领域工作使她得到了自己一直渴望的自由。她告诉我："我现在的生活完全由我掌控。"她兴奋地跟我描述着自己即将去中美的 3 周旅行计划。贝德福特可以自由选择什么时候工作以及做什么，她只选择自己喜欢的事情。而且，她会出钱将自己不愿意做的杂活交给别人，比如房屋清洁工或者兼职助理。当我问她若是重新找一份正式工作会怎么样时，她直愣愣地看着我，仿佛我的问题唐突得如同闯入斯瓦希里人家中一样。最后，她耸了耸肩，对我说："我也不知道会是什么样子。"

我问贝德福特，大多数职工都有医疗保险这种福利，对此她是否有所担忧。贝德福特告诉我，她之前的工作就没有这种职工福利。什么是职业安全感？她觉得自己目前的状况更安全，因为她有多项收入流。对于我对缺乏职业发展和晋升机会的疑问，贝德福特解释道："为跑腿外包网站 TaskRabbit 工作的收获之一就是可以认识不同类型的人，构成一个交际网。"贝德福特是众多有影响力的旧金山人随叫随到的助理。而且，她还给我讲述了一场在千万富翁豪宅举办的演出。过了一会儿，我看得出来，她要放松自己了，做一件自己想做的事情：去美国有机食品超市全食超市（Whole Foods）为她的客户购买食品杂货。随后，我们就上了她的小型货车，她的牛头犬奥蒂斯（Otis）就爬在我身边。不一会功夫，她就在全食超市买好了客户所需的食品杂货。与她相比，店内的其他顾客如同外行一般。她又确认了一遍是否购买齐全，并拍了一张相关收据的照片，我们就继续开车上路了。

赚钱是每个人的天分

像贝德福特这样的人不止一个。据埃森哲咨询公司 2013 年的一项研究表明，在美国劳动力中，大约有 20% 到 30% 的人属于自由工作者。正如英国《卫报》记者克罗尔·卡德瓦拉德（Carole Cadwalladr）在报道中所写：“旅游租房网站 Airbnb 成功地实现了撒切尔夫人曾经想做但最终未能做成的事情——普通人也可以成为杰出的企业家。”在一些发展中国家，许多自由职业受益者都是网络工人，虽然工资较低，但生活成本也低。甚至许多艺术家也追随这种潮流。美国一个展示与分享各类艺术创作的大型国际性社群网站 deviantART，拥有 3 000 多万艺术家和艺术爱好者。在本章中，我们将会看到各行各业的人是如何将这一创业理念应用到各种资产，如房地产、汽车、时装以及食品等之上的。

“微观资本主义”——瑞秋·波特斯曼称之为“基于类固醇的柠檬汁”——已经成为一个全球性现象。这种普遍性表明，恰恰是我们追求自由和自主的这份执着使我们成为了人类。诺贝尔奖得主、微金融领军人物穆罕默德·尤纳斯（Muhammad Yunus）说：“人类都是企业家。”他曾说过：

> 原始社会，人们都是自力更生……自己找食物充饥，这就是人类历史的起源。随着人类文明的出现，我们不再这样生活，反而被生活刻上“劳工”的印记。殊不知，我们忘记了自己是有创造力的企业家。

每个共享经济企业总裁都明白这个道理。查德·迪克森（Chad Dickerson）是最大的手工艺品网络平台 Etsy 的总裁。迪克森说：“人们渴望把握自己的命运。”也许，贝德福特正回归到一种自然的状态——即便会觉得很辛苦，会面临变幻无常，仍觉得这是一种幸福的状态。

赋权

在共享经济中，经常会用到一个词：赋权（empowerment）。旅游租房网站 Airbnb 联合创始人布莱恩·切斯基认为：“共享经济就是首次赋权于人，让他们去创造各种服务、产品、经历以及活动。”协同经济顾问杰瑞米亚·欧阳认为：“人们被赋权得到彼此需要的东西。”瑞秋·波特斯曼认为："从根本上来说，共享经济就是有关赋权的经济模式。"走出著名众筹平台 Indiegogo 位于旧金山的办公室电梯，你就进入到了一个昏暗的大厅。当移动传感器感应到你，一个词——"赋权"就会在你面前亮起来。这是对每一个 Indiegogo 员工的提醒——为什么要做现在做的事。Indiegogo 是一个众筹平台，人们能够众筹各种东西，比如珊瑚养殖或者随时给苹果手机充电、钥匙大小的 USB 数据线。通过利用众筹而来的集体资源，Indiegogo 赋权人们去实现自己的梦想，实现自己的价值。

这就是自主，比如打车应用 Lyft 的司机招聘广告：朝九晚五——正常的办公时间。对于贝德福特而言，自主就是无须在凌晨 1 点还在厨房忙于清理油腻的厨具。于其他人而言，自主就是有时间追求曾经无法做到的事情。许多女性认为，开出租车很不安全，尤其是晚上。Lyft 可解除女性的后顾之忧，大可放心出行：Lyft 车由定位系统全程追踪，并且可以看到其他司机提供的乘客反馈。此外，为职业女性提供灵活的工作时间这一优势，使得 30% 的 Lyft 司机均为女性。无法为正规出租公司工作的耳聋人士，也可以作 Lyft 出租司机。一上车，乘客就将其目的地输入司机的智能手机，智能手机可代替司机的听力。许多耳聋人士在未找到这份自由、体面的工作之前，都是无业人员。有时候，通过别人的评价，我们也能体现自主性。在饭菜分享平台 Shareyourmeal.net 上，一个患有唐氏综合症的姑娘班特（Bente）为当地人做饭。她母亲说："班特长大后想成为一名厨师。多亏有了 Shareyourmeal.net，现在，街坊邻居们开始了解班特了，他们看到了她的潜力，而不是她的不足。"

产消者：互惠动机

新技术需要新创词。新一类"宅家创业者"（homepreneurs）是指在家里创业的人。还有一些人开展小型制造和发明的创客运动（Maker Movement）。在这种经济模式下，我们扮演着多种角色。不再是被动的消费者而是“产消者”（prosumers）：既是生产者，又是消费者，在获得我们所需物品的同时，创造出“产消”双重价值。比如，能源产消者一面发电，一面用电。尤其在德国，100 多万人口的能量输出占全国能量输出的 8%。布里特妮·贝德福特就是将产消者这种双重角色具体化的代表。她会帮人遛狗，也会出售自己的二手服装。同时，她也会花钱雇用清洁工人以及行政助理。像房屋出租这类服务，根据不同的情况，她可能既是买方，又是卖方。她会将自己在奥克兰的房子通过旅游租房网站 Airbnb 外租，但同时，会在中美旅行期间入住 Airbnb 公寓。共享经济中的 P2P 市场使我们既可能是买方，又可能是卖方，也可能同时是买方兼卖方。

成功的对等经济核心是互惠原则：一方面省钱，一方面赚钱；一方面获取他人的社会经验，另一方面自己摸索；不同平台吸引买方和卖方对这些新型服务产生兴趣的原因各不相同。然而，以下是其具有代表性的三点要素。

第一点，也是最重要的一点，共享经济商业实现了高效率，并且为线上市场买卖双方都创造了经济利益。据 2013 年一项对英国 2 000 多名成年人的采访研究表明，72% 的受访者表示，最初参与共享的动机就是为了赚钱或省钱。

第二点，我们将会看到，共享平台能够为线上市场买卖双方提供丰富的社会经验。我着手写这本书，是因为我的编辑恰好有过使用车位分享平台 JustPark 的经历。在 2012 年奥运会期间，她将自己的车停在英格兰南海岸的一户人家，并在那里观看帆船比赛。她的家人以及房主一家在一起轻松地聊天，孩子们更是在房主的花园里尽情地嬉戏玩耍。这是一次简单却难忘的社交体验。对于许多用户而言，共享经济服务吸引人之处在于，其可以使人们从中体验到人性的温暖和归属感。将钱花在 Airbnb 短租房屋或者万豪国际酒店，都是微不足道的一笔开支。但是，若选择万豪国际酒店，你更有可能觉得是独自一人，而选择 Airbnb，就会为你带来有意义的社会体验。

除了赚钱以及社交体验，还有第三点因素促使用户都参与到这一领域中。很多时候，共享经济中的买卖双方以及初创公司本身都拥有共同的愿景。用户相信共享平台背后的运行原则，并愿意花时间和金钱去支持其发展。有时候，共享平台的社会以及环保理念与用户的理念相协调。有时候，在追求具体目标时会有共同的使命感。超过 15 亿人通过专为具有创意方案的企业筹资的众筹平台 Kickstarter 进行筹资，因为人们拥有一个共同的愿景，那就是如果可以创造一个产品或实现一个项目，世界会变得越来越好。像所有成功的消费者业务一样，成功的共享平台能找到一种使人们心甘情愿花钱的办法。

大多数共享经济商业都融合了以上这三种要素。房屋交换创业网站 Knok 创始人胡安乔•罗德里格斯（Juanjo Rodriguez）写道："有些共享服务融合了各种优势。共享办公室经济又实惠，且可以提供比传统办公室更好的办公环境。相比去一些旅游胜地，若有当地人陪着你在城市里闲逛会更有趣。"对于有些人来说，分享平台的好处数不胜数，他们已然将其当作了一种生活方式，如波特斯曼"协同式生活方式"的极端例子。在加利福尼亚的伯克利，有 8 个人创立了一个名为"沙箱房屋"（The Sandbox House）的项目，其住户打算完全通过共享经济平台谋生和消费。在这些人的世界中，人们的职务是多样的。若街上起了大火，无家可归的街坊邻居就可以去他们家住宿。

新类型特色产品

一种新类型共享经济出现在大众视野种。Airbnb 的豪华居所与五星级酒店完全不同。相反的，Airbnb 的普通房间也不像 B&Bs 的房间，而且房主与房客之间也有明显的层次。这是一种彻底的改变：相对于金钱交易所产生的人与人之间的疏离，房主与房客之间的亲密关系才是这种膳宿吸引人的地方。在前互联网或 Facebook 时期，若有人想打听房主的具体情况，说好听一点，这人是一个好打听消息的人，说难听一点，他就是一个喜欢窥探别人隐私的变态者。但如今，每天都有成千上万的 Airbnb 客户选择住宿，在与房主简单却紧密的联结中，他们能够从中获得最佳体验。

豪宅短租平台 Onefinestay 提供了另一种新型住宿，有被誉为“Airbnb 型豪宅”。Onefinestay 让你可以出租位于伦敦、纽约、巴黎或者洛杉矶的百万私人豪宅。与 Airbnb 不同，Onefinestay 豪宅拥有酒店式奢侈品，比如有来自英国高端家居服饰品牌白色公司（The White Company）的床上用品以及毛巾，而且可通过 iPhone 预先设置好的个性化推荐功能呼叫女佣及私人厨师。有一项名为 Sherlock 的设计专利，人们能够利用手机打开前门。这意味着 Onefinestay 要用一个新词来描述这种独特体验。Onefinestay 网站上写道：“我们赶上了非传统酒店（unhotel）这一新事物。”这是一个明智的品牌战略和市场定位。不过，Onefinestay 也推出了一种真正的新型产品。

然而，这又不仅是一种新型产品，更是一种特色产品。正如 Airbnb 联合创始人布莱恩 • 切斯基所说：

> 工业革命创造了一个千篇一律的世界：大规模生产……而共享经济就出现在大规模生产之后。我倒是觉得，若我们可以回到过去，使互联网出现在大规模生产之前，那么大规模生产还会发生吗？

共享经济下生产的产品没出现千篇一律的情况。Etsy 网站是一个家庭手工艺集合平台，如手工造纸以及木制工艺品。在工业化浪潮下，这些理应被一扫而空，如今却在线上市场蓬勃兴起，将卖方与全球手工工艺品需求者紧密相连。在 Airbnb 上最受欢迎的出租房通常也是独一无二的。这在初级市场越来越受到买方的重视。我买的公寓就位于教堂内，配有彩色玻璃窗以及一个在教堂塔楼上的房间。我认为，对于那些意在享受一个难忘假期的游客而言，只要房子具有吸引力，就可以带来为一笔不菲的收益。

房地产：将空间利用起来

对于绝大多数人而言，在其所拥有的所有资产中，房地产是最宝贵的资产。对于承租人而言，房屋租金几乎是他们最大的开支。在伦敦，租金平均占个人收入的 59%，这是一个惊人的数字。如此高的比重使得人们即便拥有少量的闲置产能都会将其转化为可观的潜在收入。像柏林 9Flats 和马德里 Alterkeys 这类短租平台，就为房主利用闲置空间创收提供了便利，也使房主能够为空置公寓作部分补贴。房东在短租中获得的收益通常比长期出租多，但有人告诉过我："若短租的话，在处理信息以及转换方面工作量会比较大。"尽管这些房东可能还没意识到，他们得到的不只是收入，还有资本增值。像 Airbnb 网站上不断累计的好评，都增加了其名下房产的价值。一间在短租平台上评价颇高的公寓比"购房出租"房或"购房共享"房更有价值，也比没有任何线上评论的公寓有价值。

这些网站是如何运营的？业主免费将其个人房产信息刊登在网站上。像 Airbnb 这种大一些的租房网站，会自费安排一支来自全球各地的自由摄影师团队进行专业摄影。一旦房产登在网站上，业主就将通过在线日程表控制房产的可用性，并通过内部通信系统与潜在顾客交流沟通。通常，网站会向顾客收取一定费用，也向业主收取账面价值 3% 的费用。另外，这些平台也处理结算问题，允许租客使用本国货币支付。最后，租房平台会向业主收取房产发布（property distribution）佣金。以 Airbnb 为例，房产发布是指平台将业主房产发布在热卖网站或者移动应用程序之上。比如，通过新加坡如美家（Roomorama）短租公寓网站，业主房产也会登在如 Craigslist、QXL 等大约 200 多家分类网站之上。

出租房产的人们可以赚多少钱？在初级市场，房产价格区间较大，并且取决于房产的大小、豪华程度以及尤为重要的地理位置。在 Airbnb 平台上，您可能会看到，在西非贝宁，一位名为弗朗索瓦（Francois）的人将其独具魅力的海滨家庭旅馆以每晚 21 美元的价格出租。在西方人看来，这个价格较为便宜。但是，对于生活在贫困线以下的人来说，这是一笔数目不小的钱。2005 年，联合国统计显示，西非贝宁有一半人生活在国际贫困线以下，每天只能赚取 1.25 美元。如果你是英国萨瑟兰郡的一位伯爵，你可以以每晚 8 360 美元的高价出租邓罗宾城堡（Dunrobin）—— 一个拥有 186 间客房的苏格兰城堡。在这两种人之间，是千千万万每年只赚几千美元的普通人。

房地产中的闲置产能多数是指绝大部分时间空置的第二住宅。美国《大西洋月刊》高级编辑德雷克·汤普森（Derek Thompson）在月刊中提出了与这一现象有关的惩罚经济学问题：

> 一栋避暑别墅每年的成本超过 10 万美元，包括房贷、维修以及保险。但每年居住的时间只有 17 天。那么，每空置一天的成本约 6 000 美元——相当于巴黎乔治五世四季酒店四间房子的费用。这就是您买了这栋别墅的成本。

避暑别墅租赁市场领头羊是美国假日房屋租赁在线服务网站 HomeAway，连同旗下子品牌如 VRBO 以及 Owners Direct，一共拥有 100 多万套第二住房，其在美国纳斯达克的交易价值为 40 多亿美元。HomeAway 将度假屋主与度假者相连接，通常，度假者希望找一个比宾馆环境更轻松、空间更大的住所。与 Airbnb 以及其他短租线上平台不同，HomeAway 多以年租模式运行。业主为获得免佣金预订，需每年支付 349 美元。

西班牙房屋交换创业网站 Knok 以及英国度假换房平台爱家交换（Love Home Swap）这类线上市场为业主提供第三种模式：交换。同样，用户须交年费。就爱家交换而言，在 150 个国家约有 55 000 套房产。一种“传统的交换”就是用户拿自己的房产与另一用户的房产交换。若有一方业主有第二住所且时间安排灵活，这种交换就无须同时进行。用户也可通过兑换“交换积分”访问房产，“交换积分”会随着让别人使用自己的房屋而增加。正如爱家交换网站所写：“让一个巴塞罗那旅客入住你在伦敦的公寓，你可用由此得到的积分预定一间悉尼的海滨房。”

另类房地产

房地产不只是可以休息的地方，也可以是存储闲置物品的地方。P2P存储市场如华盛顿的StorageMarket以及英国的Storemates使人们能够出租自家阁楼、地下室以及棚屋。与房屋出租网站一样，这类存储平台也提供一系列服务，如消息传送、付款保障以及法律合同。一个名为Storenextdoor的存储网站称平均每个业主每月可通过该平台赚取90英镑。在陈列过程中，业主通常会详细说明允许存储的物品、相关特性。

车位分享平台JustPark允许业主通过另一种被忽视的房地产类型赚钱：停车位和车道。来自住所、教堂、办公楼以及学校等150 000多处停车位的收入通过车位分享平台流入停车位业主口袋。对于大多数业主而言，如同得到外财一样：他们从未想过能从门前这一处毫无生气的地方获得半分收益，直到发现了车位分享平台。JustPark通过用电脑计算有关房地产性能的数据来定价。业主也可将其银行账户与业主资料同步，以便进行自动银行存款。一旦有他人将车辆停在业主屋前，钱就自动打进业主银行账户。现在，成千上万的业主每年单凭车道分享就可以赚1 000多美元。而那些临近车站、机场或者建成区的停车地，每年也可收入5 000多美元。

共享房地产也可指办公场所。共享办公源于旧金山一家改建后的帽厂的灵活办公场所，在那里，开发人员能够利用笔记本电脑工作。现在，仅在美国就有700处共享办公区。在纽约，共享办公区范围甚广，从喧闹的纽约协作创业社区AlleyNYC到禅宗般安静的Grind，所有这些办公区都是由混凝土建成，表面漆为白色（润饰为橙色，我听说这象征着生产率的提高）。有些共享办公区彼此之间也会进行办公共享，称为“非凡办公区联盟”。除了美国，还有如柏林最为著名的共享办公场所 Betahaus、莫斯科的共享办公场所 Coworkstation 以及伦敦的共享办公场所 Trampery。共享办公平台巨头 Impact Hub，在全球五大洲拥有 54 处运营地。随着越来越多的自由职业者的出现，像美国地产大亨唐纳德•特朗普（Donald Trump）这样的地产巨头定会越来越多。据专门跟踪报道联合办公空间的 DeskMag 网站报道，全球联合办公运营地的数量在 2014 年增长了 83%。

最后，房地产也可指能够购物的地方。当埃里克•霍（Eric Ho）走过纽约下东区时，对眼前林立的空置店面大为吃惊。这里总共有 200 多间店面，租赁价值达 2 000 万美元。于是他与纽约下东区业主以及小企业一道，联合将空置店面开发为临时商店，并称之为下东区制造（Made In the Lower East Side，miLES）。英国商铺短租平台 Appear Here 以及 We Are Pop Up 亦是如此，他们更重视与主导品牌的合作，以期开发有吸引力的临时零售店铺。他们让业主划分区域，并尽可能如预定酒店一样容易，将店铺租赁给他们。这种零售组合不仅对交易双方有好处，而且，商用地方经过不断翻修及创造性利用，能够重振落后地段的经济，对当地居民以及租客也大有好处。

房地产：省钱

除了用来休息、存储、停车或是购物的空间，那些现有的、未充分利用的空间才是最实惠的选择。P2P 存储的价格只是自我存储价格的一半。JustPark 车位价格大约也是沿街停车价格的一半。P2P 住宿通常远比旅馆便宜，尤其是在澳大利亚布里斯班以及以色列特拉维夫市这些地方，酒店客房存储会导致酒店每晚平均房费上涨。二手消费品比价网站

Priceconomics 曾分析过美国 65 个城市 Airbnb 住宿每晚的花费。结果显示，租赁 Airbnb 公寓平均比住旅馆便宜 21.2%。若旅客愿意住在房主的私人房间，平均可节省 49.5%。

还觉得贵吗？沙发客网站（Couchsurfing）在 1 000 多个城市提供的地毯、空床以及沙发这些住处均免费。真的，收费是严格禁止的。“沙发客”乔希 • 卡希尔（Josh Cahill ）在其 GoTravelYourWay.com 博客中叙述了他是如何在住宿上分文未花的情况下走遍了五大洲的。卡希尔生于德国一个小村庄——一个出生在此地人们几乎从不离开的地方，周围都是山，而沙发客网站使他能够遍游孩童时期在故事书中看过的地方。维克多 • 埃克霍夫（Victor Eekhof）是另一位 30 岁的荷兰沙发客，渴望到处旅游。埃克霍夫是一位从北极到南极一路做慈善的沙发客。自从 2004 年沙发客网站创建以来，常能听到类似的非凡故事。作为最初发展起来的共享经济平台之一，沙发客网站目前拥有 700 万用户。

省钱之余的别样体验

在房屋共享平台租赁房屋的人，绝大多数不只为了省钱，他们更希望有一个真实的旅游体验，这是无法从一般酒店中获得的。我恰巧就有过这样的体验。我在 Airbnb 上预订了位于纽约市布鲁克林艺术区（一个我向往已久的地方）的有个公寓重建的许多仓库坐落在灯火辉煌的曼哈顿钢铁大桥之下。这里充满着绅士化的氛围，开发商大卫 • 瓦伦塔斯（David Walentas）就是其代表。从公寓出来去往地铁站的人们看起来像是摩根大通集团的职员，也许他们曾经就是。但是，我想体验曾经的 DUMBO。我要去往一个尚未受到绅士化影响的地方：普利茅斯街 135 号。

作为世界上曾经最大的工厂，普利茅斯街 135 号现在是一群艺术家和奇才的聚集地，而我的 Airbnb 房主亚当 • 克里克（Adam Click）也住在那里。我到达他家时，看到一个坏了的蜂鸣器上贴满了潮湿的便利贴，老旧的电梯上布满灰尘。我把手提箱放在地板上。克里克 37 岁，留着光头，但却像小伙子一样咧着嘴笑着与我打招呼。克里克带我穿过一条满是粗俗壁画的走廊，而地板上盖着金属板，来到被他称为“梦想工作室”的地方。我知道他为何称这里为“梦想工作室”。这里的天花板上悬挂着的鲜花像倒置的花海，灯光透过花瓣在空中荡漾开来。铁艺旋转楼梯一直延伸到夹楼——我预订的房间——如同随时可能消失的荷兰科学思维版画大师 M.•C• 埃舍尔（M. C. Escher）的画作一样。一个马戏团空中飞“人”来回摇摆。我小心翼翼地坐在一个红色天鹅绒沙发上。所有这些场景若放在其他地方，会觉得甚是古怪，但在这个“梦想工作室”里，却显得那么地自然。只是钉在墙上的骷髅略微让人震惊，但愿那不是之前住在这里的 Airbnb 房客的骷髅。

我早到了一天，因此我被重新安置在克里克邻居德鲁（Drew）家的阁楼上。克里克带我步行过去时，我们经过了一个堆满大小不同、形状各异空垃圾桶的楼层。我合计了一下，这些未使用的房地产价值数千万美元。德鲁长得像英国电影演员克里斯汀 • 贝尔（Christian Bale），头发有些发白。他有力地与我握手，而克里克则从德鲁的冰箱里拿出了有个一半已经发霉的煎饼。也许，我可以开玩笑地称克里克为“饥不择食”。一个穿着黑色睡衣的瘦小女孩在他们面前慢慢走过。我想她应该就是海蒂（Heidi），因为德鲁告诉过我：“海蒂昨晚吐在了我的床上。”

“老兄！”克里克问道，“这又是什么服务？”我正打算趁机逃走，这时一个体格魁梧的男人从一个门里走出来，凶巴巴地上下打量着我。我有点害怕。我在那里做什么？也许我就是个傻瓜。

那天下午，我们在布鲁克林一家时尚咖啡馆喝咖啡时，德鲁告诉我美国火把节文化如何促使人们愿意分享自己的生活空间。原来，德鲁是一位医药工程师。海蒂从事资产管理。这些人都十分热情友好。共享经济造就了普利茅斯街 135 号。德鲁告诉我：“我们就像生活在成人宿舍，可以穿着内衣出入彼此的房间，偷喝彼此的啤酒。”同时，人们进入彼此的生活和空间，成为一个凝聚一体的社群。而且，普利茅斯街 135 号在 Facebook 网站拥有自己的页面，而 Airbnb 进一步丰富了这个社群。普利茅斯街 135 号充满了乐趣，但它并不是一个主题公园，相比其他地方而言，这里更能展示纽约市真实的一面。

在那儿住了几天，我与克里克、海蒂以及德鲁成为了好朋友。我与他们一起参加聚会，也会有意见不合的时候。仿佛这里从来没有像如今这般丰富多彩。住在那里的第一个早晨，当我睁开眼睛，临窗眺望东河时，它如同钻石般闪闪发光。我透过旧厂房的玻璃窗远望，仿佛身居的阁楼就是我的家，而布鲁克林艺术区就如同我的邻居一样。Airbnb 不只出租房屋，更提供各种体验。克里克的话警醒了我："这是一次真正的、偶尔有点嘈杂的布鲁克林式体验。"我花钱体验了眺望东河产生的好心情，体验了损坏的蜂鸣器，甚至体验了海蒂醉酒呕吐的经历。

汽车共享的吸引力：节约 + 便利

除了置办房地产，对于我们大部分人来说，最大的投资就是购买汽车了。而相比房地产，汽车的闲置产能更大。因此，共享经济开发了汽车领域的巨大价值。像 RelayRides 及其主要竞争对手 P2P 汽车租赁网站 Getaround 这样的私家车共享服务网站，还有欧洲两大竞争对手——法国基于社区的租车服务创业公司 Dirvy 以及荷兰 P2P 汽车共享市场 SnappCar，都遵循许多相同的共享模式，如家庭房屋租赁市场。用户可将资产信息如车辆免费录入网页，建立相关资料，增加信誉度，提升星级评价。这些新创共享网站通常充分利用内部通信系统，使得交易双方能够互相提问，以及安排车钥匙交接。设在旧金山的 Getaround 网站称其承租人每年可赚 10 000 美元，而每年平均运行成本为 8 000 美元。

对于开车次数少的人而言，汽车租赁平台可以帮助车主省钱，尤其是那些偶尔需要开车的人。这就是建于 1999 年的全球最大网上租车公司

Zipcar 吸引人们的主要地方。Zipcar 在其网站上设有“储蓄计算器”，使司机能够在燃油、保险、维修、公路税、汽车贷款以及停车等方面节省大量开支。据 Zipcar 统计显示，英国用户每年可节约 3 000 英镑。而承租人也会尽量避免因需求变化而产生的成本。这也是一个有关便利性的问题：若地产业的吸引力是节约加体验，那么汽车共享的吸引力就是节约加便利。各种手续以及保养所带来的麻烦，使人们对独自拥有汽车的兴趣大大下降。受全球最大网上租车公司 Zipcar 的影响，汽车共享服务如今在许多国家，不论大小，都发展了起来，如澳大利亚的 GoGet 以及哥斯达黎加的 SigoCar。

拼车

即便是那些不想共享自己车辆的车主也可参与共享经济。有闲暇时间的车主可以利用 Lyft 以及 SideCar 这类私家车搭乘服务应用，通过在市区搭载乘客赚钱。Lyft 使车主可获得 80% 的车费，1 小时可赚大约 35 英镑。与 Lyft 控制里程计量不同，SideCar 允许车主自设里程。合乘不仅意味着在市区载人同行，还可能是长途或者城际搭载。车主可在长途旅途中通过德国拼车网络平台 Carpooling.com 或法国拼车城际软件 BlaBlaCar（见图 2—1）出售空位。按惯例，车主与乘客会通过 Facebook 相互联系，并通过在线评论提高双方互信度。对于有些女性，她们趋向于选择只有女性乘坐的车辆，Carpooling.com 以及 BlaBlaCar 平台就提供“女性专用”服务。对于那些合乘服务中的“高级用户”，挑选乘客是他们每周的例行工作。由于燃料费高，所以不可以随心所欲地开车浪费，BlaBlaCar 称每年可为车主们节省 4 亿美元。

这些服务平台可以为乘客节约更多的钱。法律不许车主借此营利，只许抵消燃料费。例如，在美国，美国汽车协会（American Automobile Association）规定，每公里费用最高为 0.15 美元——乘客可以以“成本价格”进行城际长途旅行。由于长途合乘的费用只占铁路运输的一半或者更少，因此相比之下，目前长途合乘更具竞争力。在英国，铁路交通网络由列车运营公司经营，在美国则由美国铁路公司管理，其最后时刻的车票甚至比飞机票还贵。在 Carpooling.com 平台上，乘客只需花 26 美元就可以从巴黎到达布鲁塞尔。或者搭载私家车只需 44 美元就可从莫斯科到达乌克兰共和国首都基辅。长途合乘总有一天会在新兴市场被大规模使用。Tripid 是菲律宾驾乘分享应用，甚至不向乘客收取佣金：他们只向车主收取 3 美元的执照和身份证批准费。

长期以来，人们对此类服务一直有需求。图 2—2 中的 Taxistop 就是早期拼车服务之一，它于 1975 年在比利时创建，有些国家多年以来一直设有拼车专用道——供载有两到三个乘客的车辆使用。但在大多数情况下，旅游不再是社交性的。社会进步在很大程度上结束了“去一个地方要花好长时间”的现象，但也少了在此途中结识朋友、收获友谊的机会。我对过去的情况略知一二。我大二的时候，从牛津一路搭便车到达摩洛哥为慈善募捐，一共花了 6 天的时间，那是我从未有过的愉快经历。一路上，我接触过很多杰出的陌生人，他们与我那么地不同，使我深受鼓舞。

如今，合乘就是 21 世纪的新型“搭便车”模式：线上运行、更安全，并且由社交网络支持发展。随着新技术的发展，私人汽车现在正越来越成为公众性、社会性的交通工具。英国拼车新创平台 GoCarShare 的口号为“结伴出行路更宽”，而打车应用 Lyft 的口号为“有车在手，交个朋友”。事实上，同乘一辆车的人们，彼此不只有友谊。2009 年 10 月 6 日，茱莉亚·科瓦莱夫斯基（Julia Kowalewski）在一个加油站搭载了她的 Carpooling.com 乘客多米尼克·马莱克（Dominic Mallek）。他俩同为波兰后裔，在德国读书，从基尔出发到雷根斯堡。在 800 公里的长途旅行中，这位女司机引起了多米尼克的关注，后来他们相爱了。我与科瓦莱夫斯基聊天时，她已怀上了第二个孩子。

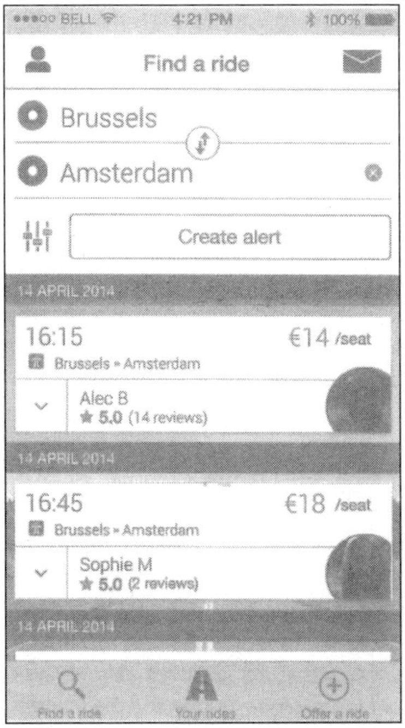

图 2—1　2014 年，法国拼车城际软件 BlaBlaCar

资料来源：Comuto SA

图 2—2　1975 年 Taxistop 拼车服务……从布鲁塞尔到阿姆斯特丹

资料来源：Taxistop vzw

各种交通工具

其他交通工具竞相模仿汽车共享以及合乘服务。共享模式也应用到自行车、踏板车、船艇甚至飞机上。美国 P2P 自行车租赁平台 Spinlister 为人们提供出租自行车服务。目前活跃在旧金山的摩托车租赁服务网站 Scoot Networks 使人们能够用 3 美元租用聚集在市区周围的电动摩托车。踏板车的头盔存放在座位下，使用踏板车时，需将智能手机与仪表板连接起来。

船艇的闲置产能可能是所有交通工具中最多的一个。它 95% 的时间都停靠在岸边，在水面上漂浮着，却要投入昂贵的成本，如保险费、维修费以及港务费。事实上，美国的 1 700 万艘船艇每年大约花费船主们 80 亿美元。旧金山的船只租赁网站 BoatBound 以及佛罗里达船只租赁网站 Cruzin 充分发挥了船艇闲置时间的价值。飞机共享为沃伦•巴菲特麾下伯克希尔哈撒韦公司的子公司 NetJets 的部分所有权模式提供了新的选择。Wheels Up 是一家私人包机运营公司。JumpSeat 提供私人飞机座位的短租服务，将空座列在平台上以供社群里的其他人使用，此过程称“空中结缘”。

利用网上租车公司 Zipcar 租用车辆的人们，不仅能够节省金钱，而且更便利。可能有人想骑车上班，也可能只是想在夏天骑车，在冬天却不需要为存放操心。你不需要拥有一辆自行车，通过自行车共享平台如巴塞罗那的 Bicing 以及波士顿的 Hubway 就可以租到一辆使用。与全市的自行车计划标准库存不同，P2P 线上市场不同的库存允许消费者为特定场合选择适当的自行车，不论是单速车、小轮车还是山地车。但由于船艇价格昂贵，因此很少有租客想买一艘。对于他们而言，像 BoatBound 这类平台使船艇使用平民化。过去，那种清风拂面、置身大海之上的体验只有富人才有机会感受得到。同时，飞机共享也为富人提供了接触更多财富的机会。

打开你的衣橱：衣物共享

一直遵循共享贵重资产经济逻辑的资产所有者们可以共享一些廉价的东西。汽车共享计划就是资产共享的初步内容。《创意设计共享》在线杂志联合创始人尼尔•戈雷弗洛说："汽车所有权是消费者经济的关键，一旦我们改变了与车的关系，那么我们就改变了与一切事物的关系。试一试，就可以实现。你会产生'我还可以共享什么'的想法。"通常，你会想到家居用品以及特别服装等价值较低的物品。在这种情况下，经济逻辑就没那么令人信服了。也许，共享衣服和共享汽车要做的准备工作差不多，但经济收益相对较少。然而，像 Poshmark 以及 Tradesy 这类服装交易平台就使数百万女性将她们衣橱里很少穿或从未穿过的衣服货币化。

这些平台上的大卖家可以赚取最低保障工资。对于有些人而言，这项收入无异于生命线。在二手服装交易平台 Poshmark 上，有一个用户在过去四年里一直与红斑狼疮作斗争，她就是凭借在 Poshmark 出售二手衣物而得以支付医疗费用。服装通常是以 P2P 的方式交易的。有些平台如二手精品衣饰交易平台 Threadflip 也会接收来自卖方的所有存货，并且承担清洗、拍照以及网上出售等琐事，其成本占售价的 40%。法国时尚租借公司 Rentez-Vous 将干洗店作为衣服的存放地。想要租借衣服的女性可去干洗店挑选。干洗店则代表衣主收取现金，省却了衣主的麻烦。同时，干洗店在这个过程中也赢得了商机。

很显然，二手衣服对于买主或租客来说都是非常便宜的。美国二手衣物寄售平台 ThredUp 上的二手名牌儿童服装有 60% ~ 80% 的折扣。50 万美国人如今就利用这一平台来节省开支。快速浏览二手衣物交易平台 Tradesy，你就会发现一些几乎全新的基督教鲁布托泵只售 328 美元，这是在其零售价 1 200 美元的基础上的折扣价。美国服装租赁网站共享衣橱（Rent the Runaway）、英国的 Girl Meets Dress 应用网上租车公司 Zipcar 的 B2C 模式进行共享。有些女性无力购买新的名牌礼服，这些平台会将同样的名牌礼服（附有其他尺码）寄给有需要的人。女性可以以零售价 1 折的价格穿上英国著名时装设计师亚历山大 • 麦昆（Alexander McQueen）设计的礼服。人们还能够通过交换平台 TradeYa 交换时装、电子产品以及电影票。要想在同一时间，找到需求吻合的交易方，这无疑会增加匹配难度。尽管 P2P 时装商务正在蓬勃发展，但目前没有一个交换平台可以做到规模化。

家居及学生用品共享

如果汽车共享开启了时装共享的大门，那么时装共享也可能为价值更低的物品开启共享之门。该领域的众多平台是像易趣一样的转售平台的组合。同时，这些平台也是租赁或赠送平台，确保人们能够在邻里之间得到他们需要的东西。俗语说，有些东西对某些人来说可能是废品，而对另一些人来讲可能又是宝贝。儿童用品就很好地印证了这一点。儿童用品交易平台 reCrib 使家长们可以在上面出售儿童用品，为家里腾出空间。而且，知道这些用品是被重复利用而非丢入垃圾堆，人们心里会感到欣慰。闲置物品分享平台 Peerby 可使邻里之间互借需要的物品。旧货分享平台 Yerdle 使人们可以互相赠送物品，比如冲浪板或电水壶等。Yerdle 创始人发现，早期用户为了从社群中得到新的物品，宁可将自己的物品赠送出去。

相反地，借用方或者受用方可通过支付一小部分费用或者免费得到想要的东西。在澳大利亚商品租赁平台 Open Shed 上，我看到一台价值 2 000 澳元的投影仪，每日租金 20 澳元。而苹果 iPad 每日租金只需 3.5 澳元，这仅相当于专业出租公司租用费的一小部分。旧货分享平台 Yerdle 是最受欢迎的物品赠送品平台，而在美国亚利桑那州发展起来的全球捐赠平台 Freecycle 是目前最大的平台，拥有 700 万用户，其地区分会有成千上万的物品是免费的。有一次，我的音乐播放器坏了，第二天就通过 Freecycle 免费从别人家里得到一个。除了 Freecycle 外，再没有其他全球性的物品分享或赠送平台，剩下的都是地区性的，如旧金山的旧货分享平台 Yerdle、伦敦的物品分享平台 Ecomodo 以及阿姆斯特丹的闲置物品分享平台 Peerby。

通常，低值物品共享颇费周折：大部分人宁可在亚马逊上用 15 美元买一台全新的台扇也不愿通过共享平台交换而得。然而，对学生而言，只要可以赚取或者节省一点钱就是值得的。Chegg 是美国最火的在线教科书租赁服务平台，租金大约为新书价格的一半。另一被易趣以 3.5 亿美元收购的教科书租赁平台 Half.com，每年出租 400 000 册教科书。澳大利亚教科书贩售租借平台 Zookal 充分发挥技术的作用，甚至开始用无人机传送教科书。一些学校也有 P2P 货物交换平台。加州大学伯克利分校设有“重复使用站”，学生和教职员工之间可以交换彼此的衣服、学习以及生活用品。其他如麻省理工学院的家具交换平台 Furniture Exchange 以及新汉普郡大学的“变废为宝”（Trash 2 Treasure）平台，都促进了物品的循环利用。

食物分享

也许，世界上没有比食物更适合分享的东西了。通常，共享经济中的线上模式是为了恢复被人们所遗失的事物。2010 年，美国人大约只有一半时间在家中吃饭，通常是在大街上边走边吃，或者坐在笔记本电脑前吃。早在 1900 年，美国人只有 2% 的时间不在集体公社（communal home）里用餐。但是，食物分享由来已久。生物考古学家马丁 • 琼斯（Martin Jones）在其《盛宴：人们为何分享食物》（*Feast: Why Human Share Food*）一书中探索了 50 多年来食物共享在集体伙食中的重要性。2004 年，最初的食物分享网站 HomeFood 对人们来说是一个新鲜事物。HomeFood 是一个意大利网站，游客可以通过该网站以 50 欧元预订当地人在家中做的可口饭菜。

现在，随着数百万人开始将自己的房屋租赁给陌生人，无数食物分享新创平台也孕育而生。如美国聚合大厨和食客的P2P在线平台Feastly和本土美食预约平台Bookalokal、法国的美食社交平台Cookening和西班牙美食社交平台MealMeets，还有许多愿意将自己的家变为餐馆的平台，在餐桌上就可卖食物。这些平台可能从当地发展起来，却会成为价值1.9万亿美元的全球性餐饮业。其中，建立最早的就是以色列的本土美食在线预约平台EatWith，在欧美18个城市运营。EatWith需15%的账面价值作为佣金，并为爱好烹饪或经验丰富的半专业厨师们提供赚钱的机会。

尽管在家做饭吃比在餐馆里便宜，但旅客选择去当地居民家里吃饭主要是为了社交体验。旅客不仅可以借机同其他旅客交流，而且还可以见到做美食的厨师。Feastly网站的一个用户在英文问答社区Quora上谈论自己的经验："出去吃饭这么多次，我很少见到我所吃饭菜的厨师……每当有幸见到厨师时，就会觉得这次用餐经历无比宝贵，令人难忘。对于我来说，见到厨师，就像见到你所住的楼房的建筑师，见到了你最喜欢的礼服的设计师。"有些厨师凭借的是自身的实力。拉萨纳斯•达萨（Rasanath Dasa）是一位在生活技能知识分享平台SideTour上的厨师。他放弃了在华尔街的工作，发誓要独身，成为一名和尚。

第二种食物分享模式是替代快餐和外卖的另一种选择：家庭厨师。在私家菜共享平台Cookisto上，厨师们会将人们预约的食物快速做好。Cookisto收取饭菜价格15%的费用。我决定试一试，确切地说，是决定试一试厨师丹做的食物。他居住在北伦敦，从我家步行5分钟就可到达。我通过Cookisto平台预订了两份咖喱羊肉，价格合理，每份4.5英镑。第二天晚上，在约定的时间，我来到丹的公寓门前，紧张地按下门铃。房门应声而开，迎接我的人头发乱蓬蓬的，20岁左右，像是刚睡醒一般。我胆怯地进了门，他递给我一个装在破旧塑料袋的锡纸盒。我几乎可以想象得到里面早已冰冷的咖喱羊肉。

回到家中，刚才的所见让我有些失望。我将咖喱羊肉放在锅中加热，突然，我闻到了一股难以置信的香味。结果证明，我从未吃过这么好吃的咖喱羊肉。经过丹精心调制的咖喱羊肉，是任何油腻的外卖都比不上的。而价格只稍微比材料本身高一点点。与 Cookisto 类似的烹饪平台终有一天会通过廉价出售食物以降低人们的生活成本。不出所料，Cookisto 已经在身受危机影响的国内市场——希腊大获成功，吸引了 1 500 多名烹饪人员。本土美食在线预约平台 EatWith 可使人们一起举办晚餐派对，而 Cookisto 为烹饪人员以及点餐人员提供了一个社会安全网。

对于身无分文的人来说，有些平台提供免费赠品。剩饭分享平台 LeftoverSwap 对于本土美食在线预约平台 EatWith 而言，就相当于沙发客网站 Couchsurfing 对于旅游租房网站 Airbnb 一样：天下真的有免费的午餐这种事。剩饭分享平台 LeftoverSwap 网站上写道："当你饥饿难耐却身无分文时，这里是你最好的选择。"打开苹果手机上 LeftoverSwap 应用程序，看到邻居晒出来的冷藏披萨图片，您就可以直接去取。减少食物浪费，非同小可。每天，美国的食物残料足以填满一个可容纳 90 000 个座位的大型露天足球场，却有 1 600 多万美国人经常挨饿。对 P2P 共享平台的重新分配可以减少这种触目惊心的低效率现象。随着智能手机价格的降低，肯定会有那么一天，每一个无家可归的人都可以使用公共网络，找到离他最近的好心人，为他做一顿饭。这样他就不用在垃圾桶里寻找食物了，也能够维护自己的尊严。

普利茅斯街之外

共享经济也使人们能够利用时间或专门技术这类无形资产。Vayable 是一家旧金山独特旅游体验平台，通过将游客与提供旅游向导的当地居民连接起来，产生即时体验。Vayable 主要依靠由 5 000 多名当地旅游向导组成的全球网络。只需知道局域网并且能说会道，就可得到一份工作。对于游客而言，Vayable 提供的体验既有去秘鲁湿地跟随当地鸟人进行观鸟旅游，又有跟随土耳其当地肚皮舞者参观伊斯坦布尔市场。在观光指南（Rough Guides）创办人的支持下，英国旅游互动平台 Tripbod 成为 Vayable 的竞争对手。其他类似平台也参与了进来，例如，由美国综艺节目《周六夜现场》（*Saturday Night Live*）的客座主持人安迪 • 萨姆伯格（Andy Samberg）与其他人联合创办的美国休斯顿社会活动交流指导平台 Canary Hop 以及雅典的 Dopios 平台，希腊语“Dopios”的意思为“当地的”。

我在普利茅斯街 135 号居住期间，利用 Vayable 平台参加了杰夫 • 奥立克（Jeff Orlick）的纽约皇后区美食之旅。杰夫 • 奥立克自称“皇后区文化大使”，包括食物在内，向每人收取 59 美元的费用。他也是我见过的唯一一个在全球最大职业社交网站 LinkedIn 上将自己的职位名称标为“美国人”的人，尽管他的主要工作是摄影师。我们在纽约杰克逊高地土耳其烤肉馆 Kebab King 的塑胶招牌下见面，那里是印度人、意大利人、泰国人以及菲律宾人的聚集之地。我跟在奥立克后面走着，如同瓦纳霍追踪者一样。在几分钟之内，我们在当地一家餐馆，遇到了一个名为卡马拉（Kamala）的藏族厨师，与她谈论起她孩童时期最喜欢吃的家乡牛肉干。她用不那么流利的英语努力向我们描述牛肉干的美味，流露出激动的神情，深深感染了我。如同克立克及其“梦想工作室”一样，奥立克为人们提供体验的商业模式，我则很乐意做那个花钱体验的人。

借贷平台

美国的利率目前只有 0.25%，这是自 1971 年尼克松总统宣称美元与黄金价格脱钩以来的历史最低水平。英国利率为 0.5%。简单地说，拥有大量现金，收益却少得可怜。共享经济商业模式也将目光投向人们银行账户里未充分利用的资金。与商业银行少得可怜的利率相比，P2P 借贷网站为存款人提供的利率相当令人垂涎。英国最大点对点借贷平台 Funding Circle 称其利率在除去规费和坏账后仍有 6.1%，而美国 P2P 借贷平台 Lender 提供的利率为 8%，但其主要问题是贷款是无抵押的。对于试图降低风险的投资者而言，德国 P2P 借贷平台 Auxmoney 让投资者进行抵押贷款，比如用借款人的车作为抵押。Auxmoney 称，若违约超过 7 年，借出款的利率上涨到 6.7%，所有放款人将借出款在多个借款人之间分割，以降低风险。

对于那些无法负担信用卡债务以及其他支出的人，只要通过各种信用核查，也可利用固定利率贷款平台。P2P 借贷平台为了避免因为经营一家银行而带来巨额开销——成千上万的员工以及数以百计的分行，往往不提供偿还费用以及较高利率。源于英国的世界首家 P2P 网贷平台 Zopa 声称，自其 2005 年创立以来，已经帮助借款人节省了 3.69 亿英镑的利息款额。这一领域最大的公司要数美国的 P2P 借贷平台 Lending Club。与绝大多数借贷平台一样，Lending Club 为借款人分配信用等级，这一等级决定了放款人可以得到的利率水平。Lending Club 目前已借出 3.5 亿多美元。如果你在美国，也想对信用卡或者其他债务进行再融资，Lending Club 就是不错的选择。

共享技能与服务

如果你没有太多钱，在巴黎没有落脚处，也没有游艇，那该怎么办？如果你有空闲时间，就可以在共享劳动平台上找活儿干来挣钱。跑腿外包网站 TaskRabbit 就是一家最有名的、资金最充沛的共享劳动平台，当然也有无数其他类似平台。澳大利亚的 Airtasker 是一个 P2P 有偿跑腿服务网站（在线外包杂务和杂事的网站），使人们可以通过修理电脑、做园艺以及进行房屋拆迁等工作赚钱。许多类似线上市场着眼于特定行业。

美国线下付费任务众包平台 Gigwalk 专门为当地零售商店提供临时工。本地化实时交易平台 Zaarly 着眼于家务琐事以及园艺。Instacart 是一个专门给居民运送日常食品杂货的平台。同城快递初创平台 Postmates 使用户可以自己骑自行车在纽约、西雅图或者华盛顿递送包裹。这样递送人员路上就没有休息时间，Postmates 要求任何物品一小时之内保证送到。

服务提供平台的聚合对这类服务的购买方有明显的好处。这些线上市场的内在竞争促使服务的价格下降，质量上升。在跑腿外包网站 TaskRabbit 上，我发现其中一个跑腿人的报酬只有 8 美元，却完成了一个相当耗时的任务——找到纽约市本地生产的蜂蜜，递送给在 TaskRabbit 网站上提交此项需求的人。需求者坚信当地的蜂蜜可以减轻她的过敏症。面向不同业余服务提供商的 P2P 市场往往比较实惠，因为其用户通常只是想为自己的已有收入“充值”而已，而非单纯依靠这类平台来赚钱。这类平台上聚集着许多专业用户，比如全球最大的外包服务站点 Elance 上的自由网站开发员，或在线助理雇佣平台 Zirtual 上的拥有大学文凭的个人助理，这些用户报酬可能会高一些。

时间就是金钱

走进坐落在伦敦布鲁姆斯伯里街区的大英博物馆，你可以看到陈列的《10 小时工作制法案》。它可以追溯到 1833 年英国国民劳动公平交换市场（National Equitable Labour Exchange）成立之时。在这个市场上，产品的价格由生产时间决定。尽管这个市场存在时间不长，但是“时间就是金钱”这一理念保留了下来。法学教授埃德加·卡恩（Edgar Cahn）是现代时间银行的创造者。卡恩现任美国非营利时间银行总裁，他是在历经一次严重心肌梗塞，医生告诉他每天只能工作两小时后，提出了时间银行这一概念的。卡恩开始考虑他如何才能作为社会的有用之人继续发挥自己的价值。他提出了有关时间银行的简单规则。1 小时就相当于 1

美元时间货币。照看婴儿 1 小时就可获得 1 美元的时间货币。当自己需要帮助时就可以从中支取时间货币进行消费，比如请人维修漏水的水龙头或其他任何有需要的事情。

时间银行在经济衰退时期发展非常迅速。目前，美国拥有 276 间时间银行，而英国有 292 间。在英国格拉斯哥这座物质欠缺的城市市中心平民区，有一家时间银行，帮助维持一个社区剧场的运营，并且提供园艺、指导甚至丧葬服务。美国最大的时间银行就是纽约探访护士服务（Visiting Nurse Service Of New York，VNSNY），其中有 3 000 多名成员互相学习、烹饪或者做清洁，不牵涉一分钱的交易。VNSNY 有 7 位带薪的员工组成了一个赋予被交易产品或服务价值的精简机构。这 7 名员工也负责防范不劳而获、负债累累之人，一旦出现这种现象，这些不劳而获之人将得不到任何回馈。对于有些成员，时间银行为他们的津贴甚至家庭提供了另一种选择。凯西·萨多夫斯基（Cathy Sadowski）是一位 61 岁的 VNSNY 时间银行人员，独自生活在纽约布鲁克林区。她说："我把时间存在了时间银行里。听说有些人老了以后，没人照顾。但我不用担心这种事情。如果有一天我生病了，我只需给时间银行打个电话寻求帮助就行了。"

基于微信公众平台的时间银行 Time Republik 是共享经济中最有名的时间银行。Time Republik 网站自称是"一家终极共享经济：一个可以通过共享技能与才华交换时间的全球性时间银行"。来自瑞士的两个儿时好友共同创立了 Time Republik，并致力于建立一个全球性的时间银行体系，将零散的小型时间银行联合在一起。但是在时间银行这个小世界里，时间经济银行（economy of hours，Echo）实属一流的新成员。Echo 位于时髦的伦敦东区，主要着眼于 B2B 模式的时间银行，使企业能够用"时间经济"货币与技能进行交换（同样的，1 小时相当于 1 个时间经济货币）。爱沙尼亚的幸福银行更进一步，不是将工作与时间相结合，其最终目的是宣传礼赠产品和服务的利他主义。在那些网站上，提供帮助多于寻求帮助。幸福银行创始人艾礼·凯威（Airi Kivi）说：

“理当如此，付出才有回报。”

共享的相关须知

共享平台开发利用闲置产能的潜质有着令人信服的理论意义。然而，将理论变为现款需要时间和努力。布里特妮·贝德福特就明白这一点。车位分享平台 JustPark 相比其他共享平台，可能所需的工作量较少：不同的司机开着车在某人的车道上来来往往，停车费直接打入业主的银行账户内。美国最大点评网站 Yelp 的一位联合创始人说，JustPark 就如同“不用洗床单的旅游租房网站 Airbnb”。尽管如此，聪明的业主会确保在第一时间回复客户所提问题，以赢得良好的评价。有些业主为了使停放车辆的人高兴，甚至会为他们提供免费洗车服务。你若想知道自己是否适合建立一个共享平台，不妨问问自己是否有时间提供优质的服务，其中包括使自己了解相关保险契约以及法定合同。网站是否拥有适当的保险契约或者你自己是否需要保险？自由职业者是否违反了雇佣合同的条款？出租阁楼是否违反租赁规定？出租公司汽车是否影响就业福利的税法地位？

事实上，税收往往是最棘手的问题。引用美国著名政治家本杰明·富兰克林的话：“世界上没有什么是可以确定的，除非死亡和税收。”即便是共享经济也难逃千变万化的命运。所幸帮助唾手可得。1099.is 是一个帮助通过共享经济赚钱的人遵守纳税义务的网站。其名字来源于美国自由职业者呈交的 1099 纳税申报单。既然自由职业者被审查的次数比公司职员还多，那么那些收入应纳税之人更须接受严格审查。1099.is 会回答各种问题，比如“众筹网站平台 Kickstarter 以及 Indiegogo 额外津贴是否需要慈善捐赠”（通常不会），又或者“我没有通过出售物品赚钱，但利用在线交易进行过物物交换。这需要在收入里说明吗”（物物交换是资产或服务的交换，在此过程中彼此获得的有关资产或服务的公平市价必须在收入里说明）。这些问题来源于真实的共享经济模式下的众筹平台用户。

共享是充满风险的商业模式吗

不管这些平台如何提高自身的可信度，情况仍然不容乐观。2011 年 6 月，一位名为“EJ”的博客向人们叙述了旅游租房网站 Airbnb 带给她的一场噩梦。EJ 写道：“三天前，经过为期一周的商务旅行，我筋疲力尽地回到家中，差点认不出眼前竟是自己的房子，一所被洗劫一空的房子。”她叙述了租客如何在一周时间里将她的房子弄得面目全非，并盗用了她的身份。他们打碎橱柜偷走了贵重物品，其中包括他奶奶的珠宝首饰，并且还使用了她的信用卡。他们损坏了她存储个人照片的电脑硬盘，这些照片都没有复件。家具被他们倒了漂白剂。可以说，他们从不期望得到五星评价。一周后，又一位通过 Airbnb 租房的受害者站出来诉说了自己的遭遇。此人名叫特洛伊•代顿（Troy Dayton），是奥克兰的一位房主。他说，回家后发现自己卧室里有冰毒烟斗。同样地，这位租客也偷走了房主的贵重物品以及身份证明文件。最后，Airbnb 为房主上了 50 万美元的保险合同，到 2012 年又提升到了 100 万美元。

2014 年 3 月，又爆出一起惊人丑闻。毫无戒备心的 Airbnb 房主奥里•特曼（Ari Teman）收到一条信息，发信者自称大卫，他称自己需来纽约参加一个婚礼，想租借奥里•特曼的公寓一住。结果证明这位租客根本不是来参加婚礼的，而是将特曼的公寓变为性爱派对场所。特曼是一个喜剧演员，但却目睹了一出黑色幽默。他在 Twitter 上写道：“那本是一个愉快的周末，除了那场非法的狂欢派对。”他还在全球最大的轻博客网站 Tumblr 写道：“亲爱的布莱恩以及 Airbnb 团队，我向来很喜欢你们所提供的服务。然而，恐怕我得挑一下贵方的毛病了。因为在我公寓发生的事情就是一个大问题。”Airbnb 首席技术官兼联合创始人南森•布莱查扎克（Nathan Blecharczyk）给特曼的账户里打了 20 000 美元并为他安排了酒店后，出面辩解道：“值得注意的不是性爱派对，但事实是……像这种事情在我们这个范围内极少发生，我说的‘范围’……也就是说我们有 150 000 人每晚都住在别人家里。”

布莱查扎克所述的有关负面事件的风险是对的。但是，倘若布莱查扎克想有进一步成效，就必须承受来自各方的谴责。发生上述这种事情的确为人所不耻，但却不能将 Airbnb 全盘否定。美国西北大学一项研究显示，人们开的死亡概率是乘坐公共汽车的 67 倍。但是，我们仍然选择开车，这是为什么？最重要的是，因为我们经过了 150 年的历史，已经对这种致命的风险司空见惯了。早期，当英国大街上出现公路机车时，只见过马拉车的人们很恐惧。1868 年出台的机车法案规定机车须遵循每小时 6.5 公里的速度限制。在市中心，速度限制下降到每小时 3 公里。如同早期的开车一样，Airbnb 也是一种风险较高的消费模式。但是，我们不能因可能出现风险就束手束脚，患得患失。

特定行业的风险

将风险泛化本身就是一种风险。参与共享平台的不是买方就是卖方，用户须密切关注特定活动的风险，关注与特定陌生人进行特定交易的风险。相信自己的直觉，尽量多询问一些信息。比如，P2P 存储平台的潜在风险。仓储人担心其货物的安全性，业主也一样。食品也存在风险。我在私家菜共享平台 Cookisto 上预订了丹的咖喱羊肉之前，也没有政府质检员去丹家的厨房进行过卫生检查。同样地，不要理所当然地认为越是熟悉的消费模式越安全，这是不一定的。新闻记者艾米丽·巴杰（Emily Badger）连续几天采访了一家家常菜合作社的厨师，这家合作社的员工骑自行车为纽约的家庭或者办公室送午餐。巴杰写道："这么多天以来，一直与这些人谈论有关食品的问题，我发现真正的冒险家应该是那些预订外卖糖醋虾的食客。"

冒险无疑是第三方交通工具借用方所面临的最大风险。你如何保障通过船只租赁网站 BoatBound 租出的船艇能够得到适当的维护？利兹·冯·琼斯（Liz Fong Jones）通过私家车共享服务网站 RelayRides 将自己的车租了出去。不幸的是，那个名为帕特里克•福尔图娜（Patrick Fortuna）的司机再也没能回来。据报道，福尔图娜在北向的车道上向南行驶时发生了撞车事故，车毁人亡。作为车主，利兹•冯•琼斯也被人起诉。起诉她的是对 P2P 共享平台并不熟悉的其他受损方以及保险公司。最后，RelayRides 为利兹•冯•琼斯以及车祸幸存者偿付了 100 万美元保单。有趣的是，利兹•冯•琼斯又将其下一辆车投入 RelayRides 平台出租。她说："我仍然深信最初签署相关合同的理由。我不经常开车，我想让其他人将我的车利用起来，而不是自己新买一辆。"

利兹•冯•琼斯明白，共享经济在某种程度上与传统经济并无差别。想要参与共享经济的人就必须直面受伤的风险。至少，他们不是唯一的冒险者，也许，这也算是一种安慰吧。

THE BUSINESS OF SHARING

Making It in the New Sharing Economy

第3章

共享型企业业的创始人给你的10则经验

美国大萧条没过几年，其经济状况似乎变得比以往任何时间都健康。至少在有些地方是这样的。我坐在旧金山一家酒吧的凳子上休息，那个酒吧相当时尚，烛光通明，周围摆放着大约30杯饮酒，每杯标价15美元。私家车共享服务网站RelayRides创始人谢尔比·克拉克（Shelby Clark）将会与我在这里见面。我上次见他开的是一辆亮黄色敞篷车。这一次，他开的车档次更高。他身着喇叭形橙色套装，留着整洁的八字胡，高举着一个巨大的迪斯科球，走进酒吧，面带微笑地对我说他刚参加了RelayRides的万圣节派对。

2008年到2010年期间，金融危机导致整个世界一片混乱，当时克拉克还在哈佛大学商学院读书。他就是那些目睹这段历史的创业者之一，或者说，他们亲身经历了这段历史。其实，克拉克在很早之前就萌发了创办P2P汽车租赁业务的想法，而目前RelayRides已经成为世界最大的P2P汽车租赁平台。我不仅想了解克拉克创业的历程，也想了解所有创立并经营世界最成功的共享经济创业者们的创业历程。当然，之所以想了解他人的创业历程，其部分原因是为了我自己：作为一家公司的总裁，我自己也想借鉴他人的成功经验，以免自己走弯路，犯不必要的错误。他们的一些经验教训适用于所有从事企业经营管理的人，也有一些经验教训主要与建立共享经济过程中所遇到的挑战有关。

RelayRides创始人谢尔比·克拉克

克拉克原本只是一名管理顾问。为了拓宽视野，他充分利用了由其咨询公司运营的一家非营利私对私小额贷款平台 Kiva。现在，Kiva 贷款额已经达到 5 亿美元，帮助成千上万的人摆脱了贫困。克拉克是 Kiva 成立初期的 6 名员工之一。当时，Kiva 的贷款额只有 20 万美元。有一次，在乌干达出差时，他偶然发现了 Kiva 的一次重大欺诈事件。一位负责监督贷款的乌干达牧师涉嫌盗取 Kiva 25 万美元。卡拉克在毫不知情的状况下被卷入到了这起丑闻中。尽管后来真相大白，但并不是每个人都满意。克拉克考虑到自身的安全问题，就赶快离开了乌干达。他笑着告诉我："当时的情况很混乱。"

Kiva 为发展中国家小型企业家提供贷款，这唤起了克拉克也想通过创业改善人们生活水平的意识。Kiva 的小团队似乎证明了人类学家玛格丽特 • 米德（Margaret Mead）的名言："永远别小看一小部分有思想且致力于改变世界的公民的作为。事实上，古往今来，改变世界的都是这样一小部分人。"尽管，Kiva 不以营利为目的，但是许多与其合作的相当有影响力的组织却是为了营利。通过与这些组织共事，克拉克开始明白"一个能够得到适当引导的企业会产生巨大的社会影响，其影响可能比慈善机构或非营利机构的影响力更大、更持久"。受 Kiva 启发，克拉克开始自己创业，但却面临一个问题：从哪里做起？克拉克说："当时，我没有创意，没有资金，没有合伙人，没有任何可能对我有帮助的东西。因此，我想，我应该去商学院充实自己。"就这样，他去了哈佛商学院读书，他就是一个寻求创意的人。

"2008 年感恩节那天，确实是我灵感顿开的日子。"克拉克对我说道。那天，他正需要一辆车去拜访亲戚。距他最近的 Zipcar 也有 4 公里的距离。他回忆说："冬天的波士顿天气非常糟糕，外面下着大雪，刺骨的寒风从四面八方吹来，我冒着风雪骑着车在雪地里艰难地去往距离最近的 Zipcar 所在地。那时，我看到许多空车静静地停在那里，车盖上积了一层厚厚的雪。显然，这些车已经有好几个星期没有开了。"他想到，若是有一个可以出租普通人车辆的平台会怎么样？克拉克上网查询，当时并没有人经营 P2P 租车业务。他通过深刻研究后发现，保险问题是阻碍这一业务发展的主要因素：没有明确的政策允许邻里之间互相租用车辆。但他并未气馁，而是开始致力于探索一种全新的汽车保险，就这样，他的创意渐渐开始变得成熟起来。

“我的心情就像经历过山车一样，起伏很大，”克拉克说，“那段日子里，我的心情有时如飞上云霄一般，但有时又瞬间跌入谷底。”克拉克紧张地坐在哈佛会堂里，等待着 RelayRides 能否进入哈佛大学有名的“创业设计大赛”总决赛的结果。那段时间，克拉克的新保险契约已经比计划预计的晚了几个月，整个创办团队——除了克拉克——处于一片混乱。当时，坐在哈佛会堂的他收到了来自一个投资者的邮件，这是一封他认为是他一生中收到的最为“残酷”的邮件。邮件写道：“由于你不能够将团队凝聚在一起，不能够让投资者对实际情况了然于心，你必须立即停止 RelayRides。”就在此时，他听见礼堂里回荡着一个词：“RELAYRIDES！”通过了！随即，一位来自《经济学人》杂志的记者给他打来电话，他想在下一期的《经济学人》中为 RelayRides 作一次专题报道。期待已久的保险契约在历经 18 个月后终于成功通过。卡拉卡从哈佛毕业一个月后就开始启动运营 RelayRides。

经验 1：寻找创意

他是如何做的？他下定决心坚持自己的想法，并且具有领袖魅力，能吸引员工和投资方为其效力。但在拥有这一切之前，他认识到自己的不足：缺乏创意。与许多有抱负的企业家一样，克拉克也缺乏这一点。然而，他与绝大多数人不同的是，他会竭尽所能、最大程度地利用一切机会寻找那难以捉摸的创意。

这又是怎么做到的？

第一，克拉克放弃了他当时保障性比较好的管理顾问这一职业，选择了一个风险较高且前途未卜的职业。的确，几乎所有世界顶级科技型创业者都是中途退学者，如美国社交网站 Facebook 的创办人马克・扎克伯格、微软公司创始人比尔•盖茨、美国世界最大企业软件公司甲骨文的首席执行官拉里•埃里森（Larry Ellison），以及最大的网上支付公司Paypal以及特斯拉公司创始人伊隆•马斯克（Elon Musk）。在没有安全保障的情况下，巨大的压力促使克拉克努力寻求创意。

第二，克拉克去了乌干达的Kiva运营地。说来有趣，我们早就明白旅行能够开阔思维，新视角能够帮助我们提出新创意。现在，神经系统科学家指出，当人们来到一个新环境时，其大脑会建立新的神经通路和连接，有助于提高人们的创造力。

第三，引用美国著名创业孵化器Y Combinator创始人保罗•格雷厄姆（Paul Graham）的名言："活在未来，创造这个世界上缺少的东西。"克拉克就是这样一位有远见的人，他将Zipcar作为其早期的研究对象，并使RelayRides着眼于Zipcar未能关注的领域：让人们在每条街上都能够很容易地租用汽车。

第四，克拉克攻读MBA期间，周围有许多功成名就的人，为他提供帮助，给他灵感和启发。所以人们常说，MBA吸引人的地方不在于其课程内容，而是其能够为学生提供的社交机会。因此，他结交的那些新伙伴为他提供了人力资本和金融资本。

第五，克拉克专注于寻求创意。经验教训使他能够将自己对汽车共享的认识与在Kiva工作时获得的技能紧密结合起来，相信网络平台能够激发创业潜力。RelayRides使每一个车主都变成了潜在的企业家。倘若不是因为克拉克一直有创业的想法，他就不会在看到大雪覆盖的车辆时，闪现出租用这类车的点子。绝妙的创意不会自己找上门来，而是需要你亲自去寻找。

Poshmark联合创始人兼总裁马尼什•钱德拉

坐在硅谷门罗帕克公园的会议桌旁，马尼什•钱德拉（Manish Chandra）

热情地与我交谈着。他有着经验丰富的企业家应有的自信，知道自己该做什么。钱德拉以 3 000 万美元的价格将购物社交网站 Kaboodle 出售给美国传媒巨头——赫斯特集团（Hearst Corporation）。目前，他又是另一个新创平台 Poshmark 的总裁，Poshmark 是一个二手服装交易平台，其手机应用程序上的口号是："既可买她人的衣服，也可出售你自己的衣服。"

Poshmark 交易完全建立在手机应用程序之上。钱德拉告诉我，女性们在 2010 年之前要想彼此交易时尚的衣服很不容易。但随着 iPhone 4"视网膜显示屏"技术及其高像素照相机的出现，终于有了一个"供你快速销售、快速浏览并快速交易"的平台。购买者可以在任何时间、任何地点购买货物。卖方快速拍一张二手衣物的照片并链接上传到如 iPhone 界面上的照片共享应用 Instagram 上，利用其滤光器进行修图，这样用该手机应用程序发布的图片就如同杂志上的图片一样精美。卖方一旦将货物售出，Poshmark 就会通过邮件向其发送一份 4.99 美元的美国邮政发货标签（Poshpost），打印出来贴在包裹之上。

这款应用程序旨在建立一个充满乐趣的社交体验，就像 Facebook 一样。人们可以通过该应用程序交流彼此对衣服的喜好并进行有效买卖。Poshmark 就是一个所谓的"社交商务"的实例：建立在社交互动之上的商务体验。其社交性质在虚拟的"Posh"派对（PoshParty）中日益增强，成千上万用户衣橱里多达 25 万件的衣物，全都被搬入了虚拟商店，女士们迫不及待地前去挑选适合自己的服装。通过应用程序交易如此便利，以至于当 Poshmark 为其用户举办线下派对时，没有人带着衣服前来：相比直接在线交易，选择真实的服装并进行运送显得很繁琐。Poshmark 在拉斯维加斯还举办过一个为期两天的 Posh 盛会（ PoshFest），社群成员们能够相互见面了。

但是，Poshmark 创立初期规模相当小。在内测阶段，Poshmark 精心挑选了 100 名女性用户，然后让每个用户将 Poshmark 推荐给一个朋友。尽管其用户基础小，但所有用户对彼此的衣橱都有深入的了解。一旦让该初始社群在平台上进行交易，Poshmark 就能够扩建其不断更新的货物的动态消息。像 Facebook 的动态消息一样，Poshmark 利用机器学习（能力）经过一段时间，就会显示更多相关的内容。Poshmark 如同一个只面向女性的个人数字购物者，对女性们的了解超过朋友对她们的了解，甚至超过女性对自身的了解。钱德拉的工作就是在恰当的时间将恰当的产品展示给适合的女性：每天要将价值 100 万美元的服装发布在 Poshmark 平台上实属不易。

经验 2：瞄准大市场

我问钱德拉共享经济于他而言意味着什么，不出所料，共享经济对他而言就意味着他要在 Poshmark 平台上处理堆积如山的物品。很显然，他对人们衣橱里庞大的潜在价值很感兴趣。他告诉我："我们一直在购买和消费——甚至不消费——只是不停地购买。人们现在面对这些资源时意识到其蕴藏着巨大的价值。共享经济就是对生产过剩进行社会重新分配所做的一次尝试。我们建造的房屋、生产的衣服以及拥有的车辆都是供大于求。"

钱德拉谈到了一些统计数字，原本面带微笑的他严肃了许多。他告诉我："仅在美国，人们每年时装消费额就达到 3 500 亿美元。假设，其中 75% ~ 80% 是女性的消费额度。那就意味着美国女性每三年其衣橱里放置的衣服就大约价值 1 万亿美元。不论根据哪种估算方式，都有大约 25% ~ 50% 的衣服从未穿过。也就是说，每三年其衣橱里价值数千亿美元的衣服从未穿过或很少穿。"钱德拉十分流利并确切地说出了这些数字，这也是帮助他启动 Poshmark 这项价值 1 600 万美元投资的原因。很显然，他是对的：服装领域可以赚大钱。在全世界最富有的 20 位人中，没有人是通过石油、地产、金属或矿业发家致富的，只有两人——时尚服装品牌 H&M 以及时尚女装品牌 Zara 创始人发迹于时尚领域。

钱德拉在挖掘时尚领域这个巨大市场时，比挖掘 iPhone 以及"Posh"派对的市场更深入。他告诉我："Poshmark 是一个由爱支撑的平台，只要着眼于爱，就会有源源不断的钱到来。”对于钱德拉而言，爱就是当女人们身穿她们最珍爱的衣服并看到自己的衣服受到别人喜爱时发自内心的感受。钱德拉告诉我：“当她们将自己心爱的东西卖掉时，心中留下的一点缺憾需要其他东西来填补。因为时尚的本质就与爱有关。”我发现钱德拉的助理正用崇拜的眼神看着他，因为她明白她的老板一直在为改变女性购物方式而作着不懈的努力。

Yerdle创始人兼执行总裁安迪·鲁本

有一天，一个朋友向安迪·鲁本（Andy Ruben）抱怨说，又得给孩子买一副新的小腿护垫了。对于那位朋友而言，他的孩子仿佛一夜之间就穿不进去这双小腿护垫了。安迪·鲁本想到，他所有朋友家的孩子，随着不断的长大，肯定要一直更换新的小腿护垫。与此同时，有些家庭却堆放着无数双闲置的大码护垫，上面布满了灰尘。据美国环保局估计，美国人每年生产2.51亿吨废弃物品，而小腿护垫只是冰山一角。鲁本急切地想结束这种“购买—扔进垃圾箱”的消费模式，想到建立一个既廉价又便捷的产品获取方式。这就促使他与环境学家亚当·维巴赫（Adam Werbach）以及其他创业同伴联合建立起旧货分享平台Yerdle。

作为一个礼赠平台，Yerdle为人们提供各种物品，比如面包机或者童装。如同一个巨大的公用阁楼，不会布满灰尘，更不会结蜘蛛网。Yerdle的品牌口号是：“能够共享，何须购买？”Yerdle用户注册后会得到相应积分，用户可利用积分免费获得他人的物品。与易趣相似，用户也可以对某一物品进行竞拍，投标一定数额的积分，或者用积分直接进行“现在就要”支付。若用户增加物品投放或者将Yerdle推荐给朋友，就会获得更多积分。Yerdle主要面向两类客户：第一类是可能会使用沙发客网站Couchsurfing并精通技术的城市居民；第二类是那些勤俭节约、重视社群的中美洲家庭主妇们，她们通常自己开车去购物。鲁本在阿肯色州生活了 10 年，他认为，从长远来看，Yerdle 在阿肯色州的应用将会多于加利福尼亚。

经验 3：了解市场

如果说准备工作高于一切，那么没有人能比得上鲁本在准备工作上所下的工夫。他的整个职业生涯都是为综合性大企业效力的，而如今 Yerdle 的出现正一步步瓦解其曾经效力的企业。鲁本在宝洁公司以及沃尔玛工作了 20 年，在此期间，他主要负责为公司制定全球性战略并负责将实体店和线上服务进行融合，以实现公司全渠道的零售目标。鲁本利用其丰富的产业知识，为我解释为什么每过 30 年左右，零售业就会经历一次完全转变。而且，他还告诉我目前仍未跻身全球十大零售商之一的亚马逊，如何能在未来的 10 年之内进军全球十大零售商行列。他告诉我："现在，博弈结局已定，亚马逊将是最后赢家。因为它的运营基于信息技术而非经销。"就 Yerdle 而言，他的目光看得更远："我们对有关社交商务的《手递手》（*Hand After This Hand*）一书非常感兴趣。"

不同于 Poshmark，Yerdle 的社交商务主要是从彼此相距非常近的人家获取物品。根据试营运期所做的研究，鲁本相信，在美国人们每年需购买 1 万亿美元耐用品，其中 25% 的物品被闲置在壁橱或车库里。当然，将贬值的或者从未用过的二手物品放到网上并不是什么新鲜事，但是，鲁本表示："Craiglist 免费分类广告网站、易趣以及全球捐赠平台 Freecyclemeiyou 都扩大了供需层面，但并没有扩大社会层面。他们明白如何预先利用移动应用和预先将市场社会化。"与本章介绍的其他平台一样，Yerdle 源于移动应用程序的使用，并建立在社群思维之上。鲁本还告诉我他自己就从 Yerdle 平台上获得了唱机转盘。"每次我看到它，我就会想起给我转盘的那个人，他是公益请愿网站 Change.org 一名杰出的工程师。我们一直保持着联系。"

在鲁本构想的世界里，人们能够从周围邻居那里获得自己想要的物品，就如同买一个新产品一样平常。"目前，亚马逊网站显示的是'新物品以及二手物品：20 项’。到 2018 年，其网站将会显示‘新物品、二手物品以及共享物品’，共享的物品可以借用或者免费获得。还会有大量的物品进行流通。”鲁本也盼望着能普及可穿戴式技术，减少 P2P 共享交易摩擦。硬件装备如谷歌眼镜，带上它，能够自动对物品进行估值，比如一张桌子价值 30 美元或者 300 个积分。鲁本预测，随着电商巨头以及新创公司越来越擅长利用数据预测人们的需求——以及何时何地需要，可共享的物品将会与新产品一道，在提货点被提前部署。

在宝洁公司以及沃尔玛的工作经历，使他能够深刻地认识与思考目前经营的共享经济平台。而且，正因为这样的经历，他才能从一位声名卓著的天使投资者那里筹得资金，助他实现自己的创业愿景。我并不是建议大家都花上 20 年时间。但是，若想改变一个行业，最好在那个行业工作一段时间。这样，你才能胸有成竹地告诉人们那个行业所面临的问题。而且，我们将会看到的众多新创企业，从来都不是一夜之间就能够成功的。倘若你有技能与专长，并且可以快速执行，那么“说做就做”的魄力就是不可或缺的。但是倘若你没有，那就静思等待，直到了解市场为止。说不定，这在某种程度上还为你节省了时间。

JustPark 创始人兼首席采购官（CPO）
安东尼・埃斯基纳齐

2006 年的一天，安东尼・埃斯基纳齐（Anthony Eskinazi）想要在旧金山的巨人体育场观看棒球比赛，所以需要找车位停车。他路过一个别人的空车位，却不能停自己的车，只能干瞪眼儿。这促使他萌发了一个想法——建立一个让业主出租其车道的网站。那天，他没有在那个空车道上停车。但是回到伦敦家中，他便开始自学编码，建立了一个名为“ParkatmyHouse.com”（在我家停车）的初级网站。安东尼的计划是：白天在德勤会计师事务所上班时，顺便管理自己的网站。当时，他在德勤还处于培训阶段。现实比他想象的要复杂得多。有一次，他正在参加会计考试，却要慌忙跑出考场接听记者的电话。等他回过神来，却发现自己新建的 ParkatmyHouse.com 网站已经出现在全国和国际新闻报刊上了。就连一贯冷静淡定的英国《卫报》在其“只需 10 英镑停车费，百万富翁就是我”的标题下称该网站为“开创性的尝试。”

安东尼在德勤会计师事务所工作 6 个星期后就辞职了。他住在父母的房子里，迎接自己看似光明的未来。但事情往往不像想象的那么简单。首先，安东尼是唯一的创始人。他说：“如果时间可以倒流，我希望自己那时有一个联合创始人。一家企业的存亡完全由自己说了算，这是很少见的。能够与一个人一起分享欢乐、承担痛苦非常难能可贵。”其次，安东尼开拓了一个线上市场：这是一项相当艰巨的任务，既要及时处理好线上市场的供需关系，又要克服“鸡与蛋”的因果问题。对安东尼来说，这就意味着在几乎没有司机愿意租用车道的情况下，如何吸引车道业主继续出租车道。最后，安东尼之前从未创办过公司。事实上，年仅 23 岁的他甚至还没真正在一家公司工作过。5 年来，安东尼坚持不懈：亲自编写代码行，回复每一位顾客的支持请求，同时还进行着第二份工作。

经验 4：坚持不懈

旅游租房网站 Airbnb 联合创始人乔•杰比亚说：“在 Airbnb 创立的最初两年中，公司运营惨淡，几乎没有增长率。经营状况提醒我们赶快放弃，另谋出路。”但最终杰比亚和其他联合创始人还是坚持不懈，结果大家都有目共睹。但是，作为唯一的创始人，安东尼没有任何帮衬，坚持不懈对他而言谈何容易。我问安东尼，是什么支撑着他。他的回答是“创立初期是公关”。新闻媒体为他带来了第一批客户，甚至从中国以及澳大利亚都传来支持的消息。对于绝大多数创业者而言，尝试一件没有人做过的事情是一个相当疯狂大胆的行为。也正因为如此，安东尼更加坚定了自己的想法。最终，公关帮助安东尼提升了士气，在人们眼里，他的创业已然是成功的。一个无须顾虑任何因素的公司，真是难能可贵。

安东尼说："若是没有公关，我不知道这个公司是否还会存在。每一次媒体报道对我来说都是巨大的鼓励。在创业初期这种鼓励尤为重要。"但是公关只能帮助扩大业务，提升士气。那么，下一步该怎么办？

"我总希望做自己的事情，从未想过到一家大公司工作，会对社会有何影响。"很早之前，安东尼就认定自己要有所作为。在 ParkatmyHouse.com 建立初期，其中有一个客户出租的不是自家房子的车位，而是教堂的，其每年通过租车位赚取数千英镑（该教堂目前仍是 JustPark 用户，已经赚了 20 多万英镑）。在伦敦某些社会福利短缺的地方，该教堂利用这些钱为无家可归的人们提供集体伙食，并且对治疗药物滥用的诊所进行资助。一些想法在安东尼脑海中初步成形，创业本能使他迫切想将这种想法付诸行动。他总保持着一股十足的干劲。大学毕业后，他建立了一个出售二手游戏操作器的网站，并利用赌博网站推荐项目的漏洞经营起了在线游戏附属业务。安东尼第一次尝到了在线赚钱的甜头：4 小时赚了 1 600 美元。美国前总统乔治•布什签署了反赌博法规后，他结束了其附属业务。但是，安东尼利用其附属业务所赚资金进行了一次环球旅行，在此期间，他萌生了建立 ParkatmyHouse.com 的想法。

事实并不容乐观。2010 年对安东尼来说是处于最低谷的一年。ParkatmyHouse.com 每月只赚 1 000 英镑，没有额外资金来征集其他帮助。安东尼试图建立一个管理人们车道预订的复杂工作系统，但作为一个自学程序开发的初级人员，他很快便陷入了困境。安东尼说，他每天必须连续工作 18 小时，奔走在 10 个不同的场合。"我记得有天早上醒来，发现自己的身体已完全无法动弹。最后，我吃力地爬到电脑桌旁，但手却无法打字。大约 2 个星期后，我发现自己已经处于一种游离状态，根本无法集中精力。我的身体告诉我'不要这样对自己'。我比投资银行家工作还卖力，但却没有任何回报！"他不知道，将要迎接他的就是成功的果实。

2011 年，安东尼的新创平台用户快速增加到了 10 万，吸引了越来越多的风险资本家以及大公司。有一天，安东尼收到一份来自宝马公司的邮件，询问他是否愿意与对方商讨一个创新项目，而且这个创新项目可能会进一步推动新创平台的发展。安东尼说："我答应了邮件中的提议，能有这样的交流再好不过了！宝马公司竟然派人乘飞机来面见我。"在接下来的几周里，安东尼就在宝马公司总部会议室的桌子上就投资意向书进行协商谈判，其中创业投资基金为 1 亿美元。如今，更名为 JustPark 的 ParkatmyHouse.com，已经是全球在线预订停车位市场的领头羊，也是世界最大的共享经济企业之一。2014 年，JustPark 又得到来自专注于欧洲风险投资行业发展的 IndexVentures 的投资。IndexVentures 是 Skype、MySQL 以及云存储 Dropbox 的风险投资公司。同年，大约有 100 多万司机利用 JustPark 手机应用寻找车位。

ThredUp 创始人兼总裁詹姆斯·雷哈特

2010 年的一天，詹姆斯·雷哈特（James Reinhart）站在自己的衣橱前面，难以置信地看着眼前的一大堆衣服。那是他多年以来积攒起来的衣服，少说也花了数千美元。但是现在，雷哈特一件都不想穿。这是显而易见的问题：保存完好的衣服成了废物。他为什么不早点处理掉这些衣服？雷哈特知道他可以在寄售商店或者易趣将自己的旧衣服卖掉，但他觉得太麻烦：为每一件卫衣拍照，回答有关每一件旧 T 恤的问题，并将不同的包裹寄往全国各地。想到这些冗杂事情，雷哈特就放弃了，因为他并未到缺钱的地步。橱柜衣满为患，他只想找到一个清理方法，以一个合理的价格将这批衣服处理掉。他由此推测，数以百万计的人也面临同样的困扰。雷哈特在问过他的朋友们后发现，其中一半的朋友也只穿衣橱里的一半衣服，由此，他证实了自己的推测。

于是，雷哈特创立了 ThredUp，最初只经营男女衬衫，结果却不尽人意。而后，他重新开始，主要经营童装。他想：随着孩子的逐渐长大，衣服不再合身。那么，为衣橱腾地就变得尤为重要。结果证明，妈妈们也想通过该平台给自己买衣服。因此，雷哈特又重新开始经营女装。接着，雷哈特对“寄售模式”进行了测验。卖方不用自己分派物品，ThredUp 会给卖方分发一个塑料袋。卖方只需将物品装进塑料袋然后放在门廊上，会有专门的人去收集。ThredUp 会在其仓库对物品进行分类、拍照，并预先为发布到网站的衣服向卖方支付相应数额。就这样，哈雷特降低了人们充分利用该平台的阻力，尤其为那些希望清理衣橱又忙得焦头烂额的妈妈们提供了便利。每天，美国人的门阶上总共会有大约 3 000 个 ThredUp 绿色圆点包。雷哈特的做法简单却有远见：ThredUp 为每一个美国家庭提供一个收纳旧衣服的袋子。

适时调整

雷哈特坐在位于旧金山市场街（Market Street）的会议室里，相貌堂堂，留着刺猬头发型，看起来与 30 岁左右的男子乐队组合退休成员没有什么不同。谷歌创始人之一的拉里·佩奇曾经说过这样一句商业信念：“比已经存在的可替代事物好 2 ~ 3 倍是不够的，至少要好过 10 倍。”在追求如此高标准的过程中，雷哈特不停测验新设想，大胆地提出“寄售模式”，如今 ThredUp 的用户已经远远超过 100 多万，并且成为全球最大的线上二手童装寄售平台，并仍在不断寻求新的发展。哈雷特喜欢分析数据，分析网站上的物品需多长时间才能卖出。结果发现，昂贵的高端服装销售最快。2014 年，ThredUp 开办了“X Collection”业务市场，主营二手名牌女装。

有时候，一直不停往前走是不可取的。一本由硅谷企业家埃里克·莱斯（Eric Ries）所著的有关创业思维的文化书籍——《精益创业》（*The Lean Startup*）介绍了一个建立与扩展公司的科学方法。其中有些方法被广泛采用，因此新创公司更应该将其烂熟于心。埃里克·莱斯在《精益创业》中表达的主要观点就是“适时调整”——结构化方向调整——用以测验有关产品、策略以及增长动力的新基本假设。作为一名哈佛商学院的毕业生，哈雷特知道许多成功的技术和非技术类企业都采用过这种彻底的调整策略。例如，全球最大的视频网站 YouTube，其最初是一个视频交友网站。三星公司早期的主要业务是销售干鱼、蔬菜、水果等。美国团购网站高朋（Groupon）起初是一个名为“The Point”的服务性网站，号召大家用行动来解决共同遭遇的问题，但最终却成为多项指标发展最快的平台。雷哈特自己的新创公司也经历了多次调整。他说：“若想建立一个快速发展的业务，就不要害怕适时做一些改变与调整。”

Zipcar 创始人罗宾 • 蔡斯

Zipcar 作为一家广为人知的共享经济平台，无需对其作过多介绍。罗宾 • 蔡斯在激励许多人参与到汽车共享业务之后，她的下一步计划就是让人们进一步参与到其目前的新创 P2P 汽车租赁平台 Buzzcar 之上——RelayRides 的法国竞争对手。在新世纪之交，也就是 Zipcar 创立初期，对于罗宾 • 蔡斯而言，美国人还无法接受租用邻居的车使用。但有些人不这样认为。当蔡斯还在 Zipcar 工作时，有一位男士每周都会给她发一份邮件，恳求她将 Zipcar 模式应用到已经存在的产能过剩的现实问题上。但当时蔡斯认为“我们已经做了太多改变”。蔡斯在共享领域的成就远不止于此，她还创立了拼车网站 Goloco。

蔡斯当时正在伦敦皇家科学研究所（Royal Institution）参加一个有关“移动方式的未来”的研讨会。200 多年来，这座典雅的新古典主义建筑——皇家科学研究所，一直是英国伟大科学家们研讨各类问题的地方。蔡斯住在一家位于伦敦上流住宅区的酒店，当天下午，我与她在酒店大堂见了面。她留着一头短发，面容年轻，根本不像是一个 50 岁左右的人。每当谈论起这种新奇想法，她就异常兴奋，显得更加年轻。尽管不像彼得 • 潘（Peter Pan），但却很容易让人想象其是一名年轻顽强的麻省理工学院学生。但是，为了取得一个又一个成功，努力拼搏的她脸上也难免露出疲惫的神情。我想让她描述有下创立这个全球性品牌的经历，“我想说那是一个有关失望的经历，”但她随即又改口说，“很多成功的企业家都很少讲述曾经失败的经历。”

蔡斯的记忆又回到了13年前，也就是Zipcar在马萨诸塞州的剑桥创立的时间。对于外界来说，Zipcar一直被笼罩在难以置信的成功光环下。不只是波士顿各方媒体大力报道，而是全世界都在报道。蔡斯告诉我：“几乎从第一天开始，街道上就有各种租赁汽车以及对此项服务非常满意的顾客。”表面上看，一切都运行良好。到2000年9月，蔡斯觉得已经有足够的临界质来评估支撑全新商业模式的单位经济效益。当时，Zipcar后端系统已经退化，蔡斯需手动审查所有预订。这也就是出问题的时候。

经验6：为人真诚

蔡斯在10月中旬完成了分析，此时距完成系列筹款已过去两个星期。结果吓坏了她。Zipcar的收益比预计为新投资者提供的商业计划低了50%。她当时是在自己家里得出的这个数据，她向我描述了她当时的情形：“我走进卧室，关上门，哭了起来。”蔡斯不仅觉得让顾客们失望了，也觉得对不起所有大力支持她的知名媒体报社，就好像整个波士顿都对她寄予了厚望。在卧室里呆了2个小时后，她的员工们紧张地赶来敲门。Zipcar有400名员工，都是在价格承诺的基础上加入进来的，而且其中一些员工已经将自己的车卖了。整个团队得出这样的结论：他们要想维持下去，就要将Zipcar每日租用价格提升25%。蔡斯半夜通过邮件将她分析得出来的坏结果发给了每个员工，以期将漫天的指责声最小化。第二天，她来到公司上班，“准备迎接”种种指责与谩骂，想象着可能面临的最糟糕的情形。

她却听见其中一个同事高兴地大叫起来：“19个人支持你，只有2个人反对！”她的顾客都非常欣赏她的真诚。有人回复她万事开头难。至于反对她的那两个人，蔡斯也亲自给他们打了电话。最终两个人都没有离开 Zipcar，其中一个继续担任公司著名形象大使之一，并在随后的几年里，做了无数场新闻采访。三个月后，Zipcar 的保险费增加，蔡斯不得再一次提高 Zipcar 的租用价格。蔡斯告诉我："我认为企业家们必须是真诚的。没有人知道 Zipcar 的租用价格，因为没有人为其定过价。"蔡斯从中明白，实际上，即便你失败了，只要人们能够领会并支持您的真实想法，他们就会全力支持你。那么，请用真诚回应他们对你的尊重和支持。无论如何，在一个以时间为单位的透明世界里，谎言和半真半假的陈词迟早会被戳穿。

Zopa 联合创始人兼执行总裁吉尔斯·安德鲁斯

Zopa 是世界上第一个 P2P 网贷平台。人们可以从中贷款买车、融资、举办婚礼或者支付信用卡账单，且无需支付提前还款罚金。有些贷款人是对 P2P 融资平台感兴趣的人，可能只放款 10 英镑；有些贷款人是积蓄颇多的退休人员，放款几十万英镑。相比在大型银行融资，人们可通过该平台获得更高的收益。Zopa 这个名字与借贷双方的交易有关，Zopa 是吉尔斯·安德鲁斯（Giles Andrews）在商学院学到的一个术语，即"Zone Of Possible Agreement"的缩写，意思是"可达成协议的空间"。打个比方，如果贷款人希望贷款利率高于 5%，且借款人愿意支付以 7% 的利率进行偿还，那么 5% 与 7% 之间就属于"可达成协议的空间"。为了分散借款人拖欠债务的风险，Zopa 将风险分散到无数借款人之中。

Zopa 通过向贷款人收取总款额 1% 的费用赚钱，同时也向借款人收取一定费用。安德鲁斯称，相比所有英国大型银行，Zopa 的拖欠债务率相对较低。他认为，产生这样效果的部分原因是 Zopa 拥有众多有责任心的借款人，因为他们面对的是个体贷款人，而非不知名的机构贷款人。安德鲁斯告诉我，有些借款人坚持在全额偿还 Zopa 贷款后才宣布破产。

而且，他告诉我 Zopa 收回的坏账大约为银行两倍。这一切似乎是有道理的。但只有一个问题：什么样的人会对一个新创网贷平台充满信任，并将那些辛苦赚来的钱投放于其中？

经验 7：发挥优势

安德鲁斯要说服人们，将他们的钱——可能是他们毕生积蓄——放心地交给一家采用新型商业模式的新创企业。同时，他还需要说服贷款人相信借款人拥有连本带利按时偿还的责任心。安德鲁斯在会议室里对我说："当时我们只是在一个简陋的办公室里经营一项小业务的公司，面临的最大障碍就是缺乏人们的信任。"现在，Zopa 的办公室已经是伦敦金融城相当气派的一个了。2005 年，作为联合创始人的安德鲁斯创建了 Zopa。他意识到银行拥有他所期望的来自人们的"硬信任"（hard trust）：银行如同"拥有地下金库的大型机构"，人们将钱存在那里很放心。安德鲁斯明白，若与银行的这一点优势相比，Zopa 永远无法企及。

但是，银行也有一个致命的弱点。经 Zopa 研究发现，人们不相信银行能为他们带来最佳利益，因为银行以实现自身利益为目标。在无迹可循的情况下，安德鲁斯着眼于他所说的"软信任"（soft trust），其中包括用没有术语的语言与人们交谈，而非用正式的公司用语，还包括剔除需要有法律背景的人才能明白的冗长条款和协议。同时，Zopa 通过努力经营审查论坛建立起一个囊括早期使用者的社群（安德鲁斯告诉我，Zopa 创立 9 年以来，他只从该社群里踢出去两个用户，因为他们讲了一些攻击性语言）。当他讲到曾经在论坛上读到的来自某位女士的评论时，脸上洋溢着兴奋的神情。因为那位女士说，她对 Zopa 的信任胜过对自己所在银行的信任。评论开头这样写道："我在银行业工作了 20 多年。"

随后，Zopa 的发展出现了重大转折：一部分靠运气，一部分靠系统功能。该系统功能在外界看来是相当不错的，但在安德鲁斯看来是不正常的。Zopa 创立两年后，正值美国次贷债务剧烈冲击各大金融公司，就连拥有 150 多年历史的英国第五大抵押贷款机构——北岩银行，都遭遇了严重的流动性冲击。突然间，理智的人们认为将钱存入银行还不如藏在床垫下面。人们对银行的“硬信任”开始消逝。因此，所有资金都开始流向 Zopa，Zopa 就对那些存款的人进行了追踪记录，以便吸引更多的资金。到目前为止，人们通过 Zopa 平台彼此借贷了 10 亿多美元，比在英国无担保个人贷款市场上的贷款额多 2%。我问安德鲁斯他想让 Zopa 发展成什么样子。他说：“我想让我的孩子觉得在 P2P 网贷平台上借款与在自动取款机取款一样平常。”

Fon 创始人兼总裁马丁 • 法萨夫思奇

即便是最不可思议的东西也可以用来共享。比如公共 WiFi 热点公司 Fon 就共享 WiFi。共享自己宽带的 Fon 用户可以免费应用 1 300 万个来自 Fon 的 WiFi 热点。他们的 WiFi 信号通过一个称为“Fonera”的特殊路由器共享，抑或通过越来越多的、有相同内部功能的其他路由器进行共享。这些路由器将无线信号分为两个：一个经过加密后优先给自己家庭使用，另一个由其他 Fon 用户们共享。这两个信号之间设有安全防火墙。人们甚至可以借助更新的 Fonera 路由器登录 Facebook，允许用户将自己的 WiFi 分享给 Facebook 好友。Fon 最初以操作系统 Linux 之父李纳斯 • 托沃兹（Linus Torvalds）的名字“Linus”为其共享 WiFi 模式命名。不参与共享的用户须购买 WiFi 路径密码才可使用共享网络。

这位富有冒险精神的 Fon 的创始人就是马丁 • 法萨夫思奇（Martin Varsavsky），他是一位经验丰富的阿根廷企业家。法萨夫思奇 26 岁时，已经在曼哈顿开发了一个 5 万平方米的工业建筑群。随后，他又建立了一家生物技术公司，成为第一家艾滋病检测研发的公司。而且，他还在电信领域创建了大批公司，其中两个是由他自己运营，而且他以 8 亿美元的价格将其他的公司出售给了德国电信（Deutsche Telekom）。我发现法萨夫思奇对网络电话 Skype 有一个周详的管理规程。我问他，是什么原因让他对共享模式如此感兴趣。他回答说："那时我的整体想法就是，我们生活的这个世界主要依靠不断的经济增长以及无休止的资源消耗来获益，因此，势必通过其他途径使得人们能从中获益更多。想想码头上停满的船只，多久才出一次海？"事实上，法萨夫思奇自己就通过"超级游艇公司"（Yacht Plus），将自己的游艇与其他人分享。

经验 8：密切的重大战略合作

法萨夫思奇创立 Fon 公司时，意识到让人们共享 WiFi 有一个主要障碍：人们无权共享他们自己的 WiFi。互联网服务提供商（ISPs）限制了 WiFi 的互相使用。法萨夫思奇认识到，他要"说服阻止他人应用自家 WiFi 的人们相信，共享 WiFi 对他们是有好处的"。为什么电信服务提供商想要与可能成为自己竞争对手的 P2P 平台合作？Fon 公司经研究表明，通过将自家 WiFi 提供给其他电信客户，电信公司不仅可以减少成本，而且还可以增加使用移动互联网的客户对固网的使用。法萨夫思奇说："我们停止了放弃使用固网的趋势，促进了人们对固网的使用。"同时，Fon 公司促使移动运营商关闭分布式网络的蜂窝容量，节省昂贵的基础设施投资，进而满足客户日益增长的数据需求。

法萨夫思奇继续说道："结果证明，共享可以创造价值。"他没有等待政策法规的改变，而是采取了更为快捷的方法——向电信公司证明，与 Fon 合作可以为电信公司带来最大利益。他并没有让电信公司之间为了各自的利益而激烈角逐，而是说服他们只有彼此联合起来才能创造更大的效益。Fon 自身获得的成功并非源于共享操作系统 Linux 的无线网络模式，而是通过 WiFi 通路对无线网络进行出租。结果，整个公司都发生了改变。Fon 从最初着眼于共享的非营利公司，发展到如今全球最大的短期宽带租赁公司。法萨夫思奇说："单纯的共享商业是无私的、美好的。但不管我们喜欢与否，世界上许多事情的主要动机都是为了盈利。"

一旦明确了对无线网络的租用比单纯共享更可能实现规模化，Fon就结束了“与敌同眠”，这是法萨夫思奇形容Fon与全球一些最大的电信公司之间关系时的一句玩笑话。目前，Fon最大的合作对象就是英国电信。由于获得来自英国电信的战略投资，Fon的软件系统目前被并入英国电信的路由器。并且，英国电信的宽带客户能够在外出时使用Fon的无线网络。Fon也与其他公司进行了类似交易，如德国电信、日本软银以及俄罗斯的移动运营商MTC。法萨夫思奇说：“我们成功了，因为我们找到了一个可以使客户、电信公司以及Fon都获益的方法。”

Airbnb联合创始人南森·布莱查扎克

当Airbnb的其他两位联合创始人乔·杰比亚和布莱恩·切斯基还是两个失业人员时，他们住在一起。有一天，他们收到了一封来自房东的信，信中写道：“你们的房租要提高25%。”这对于几乎身无分文的切斯基来说，的确是一个坏消息：下一期房租需交1 150美元，而他账户里只有1 000美元。连续好几天，他都在想办法。这时，他俩意识到，他们所住的屋子还有多余空间。要是有人愿意花钱在这里休息那该有多好？杰比亚刚好在外野营过不久，有一个气垫床。他们将气垫床充起来，并萌生了“气垫床与早餐”（airbed and breakfast）这一想法：提供普通Pop Tarts饼干和气垫床的廉价住宿。两天后，www.airbedandbreakfast.com网站成立。他们意识到另一个问题：如何吸引人们关注这个网站。

机缘巧合，当时一个国际性设计大会正要在当地举行，大会网站上的定制酒店都被预订一空。切斯基和杰比亚给发布该信息的博客发了一份邮件。第二天，他俩就收到了请求在气垫床住宿的人们的各种邮件甚至个人简历。6天后，他们迎来了自己的第一批顾客：一位来自印度的年轻人、一位35岁波士顿女性以及一位来自犹他州的五个孩子的父亲。切斯基回忆说：“那是一次不可思议的社会实验。”他们将三位顾客带到金门大桥的麦西恩（Mission）品尝了著名的墨西哥卷饼。这三位顾客对于他们而言，来时还是陌生人，离开时却成为了朋友。他们之间建立起了一种联系。两年后，切斯基和杰比亚又收到了一封信——那位名为阿莫勒（Amol）的印度青年邀请他俩去参加自己的婚礼。

随着他俩曾经的室友内森•布莱查扎克的加入成为主管技术的第三个联合创始人，他们着手计划在得克萨斯州的奥斯汀市的西南偏南大会上（South by Southwest）为发起他们的 Airbnb 创业造势。西南偏南大会是一个集极客科技大会以及狂欢娱乐场所于一体的大会，也是 Twitter 以及 Foursquare 取得重大突破的地方。西南偏南大会是聚集了各大媒体以及巨额资金的地方，拥有将新创公司快速大范围宣传的巨大潜力。他们三个人的想法是好的：在一座人口密集的城市，相比奥斯汀的各大旅馆，旅客们宁可选择便宜又实惠的 Airbnb 公寓。但通过那次大会上的宣传造势，Airbnb 只接到两个订单，而其中一个就是切斯基自己预订的。三位联合创始人又抓住另一个机会——2008 年 8 月在美国丹佛举行的民主党全国代表大会。奥巴马在总统选举中胜出，吸引了 10 万人前来一睹总统风采。需要至少 2 万个房间住宿。他们三位创始人又给全国媒体写了信，获得了大力报道。这一次，他们觉得肯定可以成功。然而并没有。

Airbnb 网站浏览量激增，媒体对网站的分析报道量也飙升，三位创始人兴奋地将这一好消息告诉了自己的母亲们。然而事实上，他们进入到了被杰比亚戏称为“分析学的中西地带”（a Mid-West of analytics）的瓶颈期。问题是，在需求疲软时期，几乎没有一个人预订 Airbnb 客房以及公寓。有些投资者认为他们的想法不切实际，其中有一位著名的硅谷天使投资者，对他们的创业想法完全不感兴趣。切斯基话还没说完，他就起身走出了会议室，去享用自己的奶昔去了。但是，就是在这样的过程中，他们一步步地建立起来了一个社群。那是一个微小的社群，没有人能够想到，它会发展得越来越快，最终为成为一个大规模全球性新创平台奠定了坚实的基础（见图 3—1）。

图 3—1　2013 年，Airbnb 联合创始人内森·布莱查扎克在日本东京参加 Airbnb 房主聚会

经验 9：建立社群

在《部落：一呼百应的力量》（*Tribes*）一书中，作者塞斯·高汀论述了互联网是如何创造了一个等待引领的、拥有自我观念的利益群体。作为一个创业者，你需要寻找并建立一个特定的利益群体，一个对你的创业想法感兴趣的群体。当创始人和客户处于同一个群体时，就会对创业产生帮助。实际上，让 Airbnb 团队及其第一批房主感到最兴奋的事情与租房业务无关。布莱查扎克告诉我："Airbnb 营业第一周带给我们意外的收获是友谊，而乔和布莱恩就像是代表这座城市的东道主，这是多么神奇呀！这就是我们发现的 Airbnb 的神奇所在，并希望能够加以再创造。"

Airbnb 建立的社群属于线下社群。起初，作为一个名不经传的信息新创平台，Airbnb 团队要发邮件给仅有的几十个用户，邀请他们组织一个聚会。布莱查扎克说："有些聚会其实就只有几个人，但是我们从这些房主的谈话里了解到他们对租房业务的褒奖。我们更加确信 Airbnb 正走向成功。"布莱查扎克还给我讲了一件趣事。他们三人第一次见到 Y Combinator 创始人保罗·格雷厄姆时，格雷厄姆说："我要见你们的用户，他们在哪里？"

“在纽约。”他们三人回答道。“那你们来这里做什么！”格雷厄姆说。“我们来寻求 Y Combinator 的帮助。”他们三人一头雾水地回答道。“你们回纽约去吧！”“我们付不起路费。”他们三人说道，他们舍不得使用 Y Combinator 提供的 2 万美元。“用我给你们的钱回纽约去！”格雷厄姆说道。

Airbnb 社群人员比共享啤酒的兄弟更亲密，因为该社群建立在共享住宿与厨房的基础之上。还有一个有关创立 Airbnb 的“神话”：该新创公司的家庭办公室扩展到了切斯基的卧室，导致切斯基无家可归。整整一年，切斯基辗转于一个个 Airbnb 运营地，与用户社群会面并向他们宣传公司各种理念，就好像佛陀与英国亿万富翁理查德·布兰森（Richard Branson）的混合体。

对于一个联合创始人而言，当其无法与每一个房主保持联系时会怎么样？如何将一个社群扩展到拥有数以百万计的用户？当时，Airbnb 联合创始人们意识到巴黎有这样的潜力，他们就委托一位法国朋友去进行这种“人对人”的宣传。就像杰比亚说的：“不依靠当地人无法做到真正的本地化。”现在，Airbnb 仍然会为房主以及客户组织见面会，但不同以往的是，现在每次聚会都大约会有 200 人参加，很快就挤满了整个会场。同时，Airbnb 还建立了如同论坛一样的线上讨论小组，房主们可以相互提建议。2014 年，Airbnb 品牌形象升级也是为了扩大其社群价值观的影响力。新标志“Belo”代表 Airbnb 用户“四海为家”（Belong Anywhere）的理念。布莱卡斯亚克相信，不久的将来，对于人们来说，Airbnb 社群就会如同一个巨大的支撑网。

共享经济新创平台应该对社群进行大力发展，原因至少有以下三点：第一，一个充满活力的社群会使每个社群成员体会到自己的重要性，会使他们乐于参与其中，相信公司品牌，尽心尽力；第二，社群可以提供宝贵的产品反馈。每当 Airbnb 发展速度放缓时，用户的反馈信息可以帮助其获得突破性进展；第三，一个健康发展的社群可以不断吸引新成员加人。布莱卡查扎克说："每当人们度假回家后，都会对其朋友以及同事讲自己在 Airbnb 的住宿体验。这样很快就会在城市之间形成一个宣传网络。"对于车位分享平台 JustPark 而言，通过计算每个原有用户通过口头宣传引荐的新用户数量来衡量社群。如今，Airbnb 的估值超过 100 亿美元。这样，布莱查扎克、切斯基以及杰比亚这三位联合创始人，每人持有大约 15% 的股份，成为共享经济领域的首批亿万富翁。

BlaBlaCar 拼车网创业三剑客

正值圣诞节，费雷德里克 • 马泽拉（Frederic Mazzella）想回巴黎乡下的家中与父母一起过节。在这个欧洲最大的、交通最便捷的城市之一——巴黎，若想要回家，且路程不远，理应没什么问题，但事实证明并非如此。所有火车票都已售罄，而且马泽拉自己又没有车。他万分沮丧，进而想到圣诞节期间，穿梭于路上的车辆多数是半空的。他非常乐意出钱让有空座的车子载自己一程，而且他想肯定有司机愿意赚这个钱，问题是，他无法与这些司机取得联系，而且司机们又如何放心让一个陌生人上自己的车？

因此，马泽拉发现，当时根本就没有提供类似服务的网站。就这样，他开启了自己的创业之路。他在斯坦福大学获得计算机科学硕士学位后，又找了一位名为弗朗西斯 • 纳佩兹（Francis Nappez）的人与其一同创业，此人来自巴黎时尚交友网 Meetic，马泽拉称赞他是"比我好一千倍的开发员"。随后，在欧洲工商管理学院，马泽拉又让一位风险投资家——尼古拉斯 • 布鲁松（Nicolas Brusson）加入自己的团队，成为第三位联合创始人。

BlaBlaCar 是如何运营的？需要拼车出行的人要将自己要走的路线以及出发时间输到 BlaBlaCar 网站上或者 BlaBlaCar 手机应用上。网站根据车程以及汽油费用计算出每个座位的建议价格。只要座位价格可以抵消汽油的共享成本，乘客就可享有车主汽车保险的保护，而且车主所赚的钱都可以免税。BlaBlaCar 对预订的车座收取 11% 的佣金。需要搭车的乘客只需在网上浏览自己要走的路线，预订有空座的车即可。若想知道车主的姓名，就得看他们个人资料上的简称：高冷的车主自称“Bla”；健谈的车主自称“BlaBla”；而一直滔滔不绝说不停的人自称“BlaBlaCar”。

马泽拉在 2004 年圣诞夜萌生了创立 BlaBlaCar 的想法。到 2014 年 6 月，BlaBlaCar就拥有了1 000万用户，并且以每月 50 万的速度持续增长。高铁服务欧洲之星（Eurostar）每月运载 200 多万乘客，而 BlaBlaCar 自创立以来，通过该平台拼车的人数超过了欧洲之星。然而，该平台上的许多员工都有绿色证书，因为虽然 BlaBlaCar 公司需运载这么多乘客，却没有产生增量污染，这就是有效性：将每辆车的占用率从 1.7 人提高到 2.8 人，就可以将 BlaBlaCar 的有效性提高 65%。纳佩兹说：“提到过剩产能，大多源于汽车，而非飞机或火车。而 BlaBlaCar 实际上将私家车转变成了公交车。”如今，BlaBlaCar 已经发展成为全球最大共享经济企业之一。如英国《卫报》所说：“如果说 Airbnb 是美国新型信用经济的典范，那么 BlaBlaCar 很快就会成为欧洲新型信用经济的楷模。”

经验 10：国际性规模化

我们在 BlaBlaCar 公司的养生餐厅吃午餐时，马泽拉对我说：“关键在于如何在保持公司不断发展的同时，保持其创业理念。”新成员应推动公司协作的、自下而上文化的发展。公司最近的一次年度滑雪运动（整个团队进行了一次奥林匹克雪橇比赛），体现了 BlaBlaCar 公司的核心价值观。马泽拉说：“价值观取代了招聘流程，使整个团队明白坚持这种价值观的原因，至于如何行动，取决于团队自身。价值观为人们提供工作动机。心甘情愿做事情的人比勉强做事情的人强 10 倍。”招聘流程也具有类似的协作性。每一个成功的求职者不仅要接受来自联合创始人的面试，甚至还得接受最初级同事的面试。求职者需获得面试人员的一致同意。而现在作为 BlaBlaCar 执行总裁的马泽拉曾经就被否决了。这与绝大多数公司形成了鲜明的对比，因为绝大多数公司的领导将初级员工视为低职位的一类人。

马泽拉主要负责公司文化建设，而另一位联合创始人尼古拉斯·布鲁松（Nicolas Brusson）则致力于公司规模化经营。BlaBlaCar在欧洲12个国家广泛运营，从葡萄牙到俄罗斯，并且拥有125位职员。我问布鲁松，他如何应对如此巨大的挑战——在语言文化各异的地方，促进BlaBlaCar市场的持续拓展。首先，布鲁松一门心思考虑筹集大量资金的需求。由于BlaBlaCar在没有足够司机与乘客之前，提供拼车服务是不收取任何费用的，所以BlaBlaCar自身需要更多的资金开展业务。节省一分是一分，因此布鲁松放弃雇用市场主监，亲自监督营销预算，并进行积极筹资，以期做到双管齐下。考虑到BlaBlaCar 2014年完成了1亿美元的融资，他们可以进行积极的营销。

一旦BlaBlaCar在法国获得显著进展并向投资者证明了其运营模式的可行性，很快就会通过“收购—出租”（acqui-hires）模式收购外国的当地竞争企业：低价值收购主要是为了引进目标公司的团队。BlaBlaCar总共收购了4家小企业以便在德国、意大利、波兰以及俄罗斯四地得以运营。同时，在克服许多新创公司所面临的挑战——如何雇用最优秀的人才方面，BlaBlaCar使当地竞争趋于平衡。布鲁松认为在种子期，公司不应该认为只有大公司才可以采取兼并与收购的手段。他将长期的股票期权与公司整体价值、而非当地标准连接起来，激励公司当地的新团队。布鲁松通过这样的方法在不同的区域经理当中培育了相同的协作文化。他坦率地指出：“很难选出最好的关键绩效指标。我不会用尚不明确的指标激励员工。”

布鲁松三分之二的时间都在出差，管理整个地区办公室网络。但是，BlaBlaCar总部位于巴黎：包括一个设计别致的空间里陈列着各种古董玩具汽车，一个贴满高级用户照片的“名人墙”，以及一个巨大的屋顶平台，站在上面，巴黎各处名胜尽收眼底，比如埃菲尔铁塔以及圣心大教堂。每六周，BlaBlaCar 的区域经理们就会聚集在总部，共同探讨不同话题，汲取经验。Facebook 的增长团队总部也设在巴黎，其主要工作就是审查来自不同国家的大量数据并帮助开发新市场，完善策略。BlaBlaCar 公司的新业务拓展团队负责对下一批开发拼车业务的国家进行评估。布鲁松告诉我，他们目前正在对土耳其、印度以及巴西进行评估，但尚未对美国进行评估。他说："现在情况已经改变，即便没有对美国式增长进行评估，仍可以筹到很多钱。"如果 BlaBlaCar 团队能够在整个欧洲继续发展下去，迟早会对美国进行评估的。

共享经济领域是否对你足够开明和宽容

记得有一次，我在坐落于伦敦科技城的谷歌园区参加了一个共享经济酒会。该园区是谷歌公司建立的一个联合办公区。我的左边是占领华尔街运动中的一位著名人物，他正向人们讲述有关 P2P 货币交易平台的假想，抨击自由资本主义以及投资银行家的不足之处。我的右边是一位穿着西装的小伙子，他说自己目前在一家私募基金公司工作，但对共享经济很感兴趣。整个酒会没有浪费一滴酒。共享经济领域就如同开明宽容的广派教会，各类人士都可以参与其中，如嬉皮士或者银行家。共享经济商业模式下的各种新创公司所面临的诸多挑战都是相似的。若你也有意创立类似的公司，可以向各类社交媒体寻求帮助，亦可自由参加 Eventbrite and Meetup.com 上所列出来的各类大型活动，你可以从中得到意想不到的收获。

许多共享平台通过降低创业成本为创始人提供帮助。联合办公区使新创公司能够灵活安排办公区租用。"创客空间"（Maker spaces）为人们提供不同的共享方式。特定的市场有特定的其他需求，比如，建筑业通过大型工业设备租用平台 Getable 租用器械，成本低，效率高。若想进行平面设计，就可利用总部在墨尔本的 99Designs 这个众包图片设计网站。对于重复性任务，就可选择美国一家提供企业和劳动力之间众包服务对接的初创公司 CrowdFlower。假若你需要昂贵的应用软件怎么办？芬兰的 P2P SaaS 服务平台 Sharetribe 以及旧金山的 Near Me 服务平台为没有编码技能的创业者提供免费市场软件：共享经济内容管理系统 WordPress。我将在第 4 章中为你介绍有关共享模式大大降低资本成本的内容。

不要忽视共享经济商业的赚钱潜力。P2P 二手衣物交易平台 Tradesy 是特雷西 • 迪努兹奥（Tracy DiNunzio）用 28 000 美元建立起来的，而这笔钱是她通过旅游租房网站 Airbnb 出租自己公寓得来的。她只是类似创业者当中的一个。我在纽约的一处联合办公区内，见过某一初创公司的联合创始人，他也是借助 Airbnb 才创立了自己的公司。纽约的创业者们除了借助 Airbnb 赚取创业资本之外，还可以充分利用其通信网络。当这些创业者的租客们返回家中后，会大力宣传其新创公司，这样这些创业者们就可以在谷歌分析（Google Analytics）中看到无数来自国外的人浏览过他的网页。

如何获得创业所需的技能？技能分享网站 Skillshare 的在线课堂可以让创业者们以最小的花费获得创业所需的核心技术。我上了一堂有关“如何提高生产力”的课，只需 29 美元。对 GTD（Getting Things Done，意为把事情做完）的五个核心原则的科学分析，不用上几次课就可以弥补其自身所花成本。还有专门为创业者提供的众筹活动课堂以及网络设计等。同时，线下 P2P 教育机构也在逐渐发展起来。纽约的中等专业学校就是一所自发的学校，学生用实物向老师交付学费。知识共享空间（Knowledge Commons DC）是一家面向所有人的免费学校，任何人都可以随时随地共享知识。与绝大多数教育平台类似，在知识共享空间这个平台上，人们既可以是老师，也可以是学生，或者同时集师生于一身。

如果你想追求创业者们这般充满刺激与挑战的生活，我希望以上 10 则经验能够助你创业成功。你可能会立马为自己找各种托辞：“我能行吗？”不要害怕失败，这可能是你最值得花时间去做的事情。失败可以使你更加坚强，从中汲取教训。过去的失败经历就如同伤口一样，许多成功的创业者曾迷失其中，但最终守得云开见月明。“快速失败”是硅谷创业准则。在一次 Facebook 的开发商活动中，有人穿的一件 T 恤上写着“努力失败”。一旦成功，你就可以改变世界。Airbnb 联合创始人布莱恩•切斯基之所以能成为一名杰出的创业家，就是受了美国罗德岛设计学院（Rhode Island School of Design）一位教授的启发，这位教授告诉他：“你可以生活在一个由自己设计的世界里。”切斯基真的做到了。

最后一点建议是给我自己的：经营一家公司或写一本书，这两件事都是非常有意义且任何人都可以完成的事情，但是不建议大家一次性做这两件事情。这就如同管理一家新创公司一样：贪多嚼不烂。我们应该明白，即便是那些杰出的创业家们也并非仅凭一己之力获得了如今的成功。他们有包括开发员、设计师、推销员、在线营销员以及其他相关人员在内的庞大团队，并且在宽敞舒适、设备一流的办公室里工作。总而言之，他们有钱——而且有很多钱。

THE BUSINESS OF SHARING

Making It in the New Sharing Economy

第4章

投资者：40亿美元的所有赌注全都押上了

尽管如履薄冰，但我绝不会就此畏缩不前。我扫了一眼红杉资本接待大厅高耸的天花板，那是由平板电视以及镶在相框里的一个个公司标识组成的幕墙。正是红杉资本公司一这些原本不起眼的公司培养成了一个个商业巨头——苹果、思科、谷歌、LinkedIn、甲骨文、雅虎、PayPal 和 WhatsApp，还有规模不及这些公司但一直在快速成长的 Airbnb。这些公司的标识告诉我，红杉资本不仅仅缔造了硅谷的传奇历史，它所投资的公司还创造了我们今日有幸得见的时代文明。在这个世界上，有哪位 CEO 不想拜见红杉资本的大佬？我有一小时时间来推销自己，所以我需要使出浑身解数去把握这人生难得的一次机遇。

我穿了一件休闲衬衣，下身是干净整洁的牛仔裤。这是在硅谷，而不是在华尔街，在这里，不乏穿着 T 恤上班的亿万富翁。当然，我这么说并不是要你迟到，还穿着睡衣去见红杉资本的大佬，尽管那个叫马克•扎克伯格的年轻人就是这么干的。那一次，他的文稿演示也是调侃式的。他不讲 Facebook，而是讲了分享软件“wirehog”——他附带的一个项目。他的文稿演示的题目就叫“不应投资的十大理由”，其中一条是“去见您老人家而我们却姗姗来迟”。他这个玩笑实际上是要替当时的 Facebook 总裁肖恩•帕克（Sean Parker）报一箭之仇，因为肖恩•帕克曾经被红杉资本拥有 20 亿美元身家的厉害合伙人迈克尔•莫里茨（Michael Moritz）踢出自己亲手创立的公司。红杉资本的合伙人静静地坐在那里，并毫无悬念地把扎克伯格淘汰了。如果你是红杉资本，你也有资本可以不去多赚这几十亿美元的钱。

在我身旁是我们早期的投资人宝马公司的一名顾问马克·布拉特尚（Mark Platshon）。马克可是个大人物，一脸和蔼的笑容，说起话来缓慢而意味深长，在董事会上讨论问题时总能让人脑洞大开。我给他起了个“大智熊”的外号。他开着他的保时捷老爷车到卡尔特伦车站接我，把我送到位于沙丘路上的红杉资本的办公楼前。沙丘路是一条宽阔的、毫无特色的大路，侧卧在斯坦福大学杂乱无序的校园边上。但这绝非一条普通的路。这条路上云集了全球最伟大的风投资本。世界上还找不到第二个这样的地方。一家公司总部就隐藏在门罗公园里的这条路上的绿荫背后，这就是管理着 1 000 多亿风投资本的硅谷。

如果说沙丘路是风投资本的中心，那么其中一个地方就是中心的中心：沙丘路 3000 号。一条小路两旁是精心修剪过的灌木丛，通向一座座低矮朴素的小楼房，这些楼房更像是所中学，而非这个世界上最成功的几个资本家的办公楼。在这里，没人想成为人们关注的中心。每幢小楼门口的指示牌上都用朴实的字体写着入驻公司名称和公司合伙人的名字。唯一显眼之处就是在停车场里停着的一排亮闪闪的特斯拉电动汽车，在枫叶的映衬下成了绯红的一片。如果说沙丘路 3000 号是风投资本的中心的中心，那么具有传奇色彩的红杉资本的办公楼就是中心的中心的中心。

“早上好！”前台小姐说。

“早！”我说，“我是来见林君睿的。”

我和林君睿约好上午 9:30 见面，他是硅谷最受人敬重的一位风投资本家。林在进入企业家们戏称为风投资本“黑暗面”之前，是一家叫 Zappos 的网上鞋店的首席运营官，该网店后来被亚马逊以 12 亿美元并购了。林本人也是优步的天使投资人，而优步又是旧金山最有吸引力的新兴企业。林还是第二具有吸引力企业 Airbnb 的董事。前天夜里，我躺在 Airbnb 卡拉家的床上，用谷歌搜索林的相关信息，在 YouTube 上看与他相关的视频。科技博客 TechCrunch 是科技界里轻松版的《金融时报》，据其报道说，林个人投资成功退出的最小一笔收入也高达 2.65 亿美元。在科技界，似乎人人都想从林那里分一杯羹。我却反其道而行之。林想从 JustPark 中分一杯羹也未可知呢。

“您要用投影仪吗？”前台小姐问。肚子闹腾开了，但我无法让它消停下来。“要，”我说，“您有 MacBook Air 的变压器吗？”“好像有吧。”前台小姐回答道，话语里不带丝毫讽刺口吻。她打开抽屉，里面整整齐齐摆放着 20 来个苹果变压器。

她领着我们穿过一排排墓碑的走廊，这些墓碑可不是过去那些在推销自己过程中被羞辱而死的企业家们的，而是镶在镜框里红杉资本旗下企业上市时招股说明书的首页。我扫了一眼认购这些企业股票的投资银行的名称——摩根大通、高盛、美林——他们出资额后面的零几乎占去半个页面。我们跟随前台小姐来到一个巨大的会议室，她帮我把电脑连接到投影仪上。屏幕是一整面墙。来之前，我曾花钱在电影院里看效果，那里的屏幕跟这儿的比起来就显得太小了。

“喝饮料吗？”她问道。我要了一杯绿茶。大智熊要了一杯可乐。上帝保佑美国。我和大智熊商量过了，他认为我应该说美国英语。“停车场”不要说“car park”，而要说“parking lot”；“人行道”不要说“pavement”，而要说“sidewalk”；“牧师”不要说“vicar”，而要说“priest”。

此时，林快步走进会议室，他是一个出生于台湾的精干的人，头发理成军人的样式，短短的。转眼工夫，他就跟我们握过手，坐到我们的对面。他的手在他的 iPad 上移动，等待我发言。我不想说一堆客套话来浪费他的时间。

“我还是直奔主题吧？”我说。“当然。”

我按下空格键，墙上显示出第一张幻灯片：这是一张照片，照片上是个身材魁梧的男人，身穿黑色礼服，戴牧师领。“这是泰德，”我说，“泰德是伦敦的一名牧师。JustPark 可以让任何有停车位的人，不论家庭、商店、停车场老板甚至教堂，都可以从中赚钱。那么泰德在 JustPark 上出租他的停车位赚了多少钱呢？”我停顿了一下，把目光投向林。他脸上毫无表情，看来这类故事性渲染并不能打动他。“泰德在 JustPark 上靠出租他的 5 个停车位已经赚了不止 25 万美元了。”

我们继续放映幻灯片，林就我们的测算数据提出了一系列的问题：你们的 LTV（life time value，用户的终身价值）是什么？你们的 CPA（cost per acquisition，并购成本，也就是说，每招收一个新司机或业主的费用）是多少？ ARPU（average revenue per user，每位用户的平均收入）呢？对于初创阶段的公司而言，但凡有个好创意或好团队，许多风投资本家一般都会押上几十万美元的赌注。但是，如果你走进红杉资本的大门，张口就要 700 万美元的投资，就像我刚才那样，你的数据光会走路是不行的，它们需要一飞冲天。风投资本家需有把握，一旦叫你玩下去，他们要能从中获得至少 5 倍通常更多的投资回报。他们追求的是巨额利润。让他们的钱翻倍？那对他们来说只是种消遣。

众多的精明资本

在这个世界上，有那么多的公司，那么多的 CEO，为何我就能入红杉资本的法眼呢？对于像林这样的投资人，共享经济有一千个理由要火起来，这些理由我们已经在第 1 章里讲过，例如，通过社交媒体和越来越多的智能手机应用建立值得信赖的在线身份。共享经济和消费网站一样迷人，和大数据一样时尚，而且更利于公共关系的改善。这么看来，大量资金投入共享经济也就不足为奇了。Altimeter 集团 2013 年的一项研究表明，迄今为止，已有 20 多亿美元的资金投入到了共享经济前 200 的企业中。到你读到此书时，这个数目将增加到 40 亿美元。

Quirky 是一家众包发明的电商，募集到了 1.75 亿美元的投资，竟然比 BlaBlaCar 当初募集到的资金还多出 7 500 万元美元。出租车平台 Lyft

和优步分别募集到 3.33 亿美元和 15 亿美元。凭借这么多的钱，他们都可以在随后的市场竞争中让乘客白坐几个月。Airbnb 募集到 7.76 亿美元，它最近一次是从私有股份集团公司 TPG 那里融到 5 亿美元巨额资金。不考虑通货膨胀的话，Airbnb 的融资额是雅虎或美国在线上市融资金额的 16 倍还多。

不单单是资金量增加了，质量也跟着提高了。共享经济已经成功吸引了所有一级风投公司的目光。在这个乱伦的资本世界里，他们的投资往往是你中有我、我中有你：Accel 合伙人投了 BlaBlaCar 和 Etsy；而指数风投公司投 Funding Circle 和 JustPark 的同时，也投了 BlaBlaCar 和 Etsy；联邦广场风投公司投 Kickstarter 的同时，也投了 Funding Circle，还有 Etsy；安德雷森 • 霍洛维茨（Andreessen Horowitz）投了 Lyft 和 Quirky；克莱纳 • 帕金斯（Kleiner Perkins）投 Quirky、Rent the Runway 和 Lending Club 的同时也投了联邦广场风投公司。来自精英基金的“精明资本”可以帮助企业募集“后续资本”，使任何不赚钱的项目在未来若干年里得以存活下来。克莱纳 • 帕金斯投资了电子商务之王亚马逊之后，又把目光投向了“反向商务”（recommerce），使现有并在诸如 Chegg 和 Tradesy 网站上售出的商品再度变现。Accel 从 Facebook 上市中获利 100 亿美元，现在正忙着把钱投入 BlaBlaCar 这样基于社会网络的公司以便再次从中套现。做巨浪中的弄潮儿是风投公司的本职工作。他们似乎一致认为共享经济就是这样的一个巨浪（见图 4—1）。

生活负债表

科技投资人有多成功与他们人有多好必定存在某种关系。人见人爱给风投资本家带来极佳的“流动性”，使得他们有机会掂量和挑选可投之处。杰夫·乔丹（Jeff Jordan）轻松活泼，让你即使是坐在顶级风投基金安德雷森·霍洛维茨一尘不染的办公室里，也会感觉到他犹如老友，和你一边喝着百威啤酒一边闲聊。这就是硅谷的作风，无拘无束，亲和谦逊。乔丹（我似乎听见他在喊：“叫我杰夫！”）是一个实力派玩家。他曾是易趣北美区的总经理，并一直担任 PayPal 的总裁。乔丹还促成了 OpenTable 的上市，如今 OpenTable 市值达到了 26 亿美元，所以他十分了解依靠日益增长的互联网应用的所有商业模式，具体到 OpenTable 就是“公开的”未预定的餐桌本身。最近，乔丹和林君睿一道出现在 Airbnb 董事会上，他们一起为新型企业 Tilt 进行众筹。

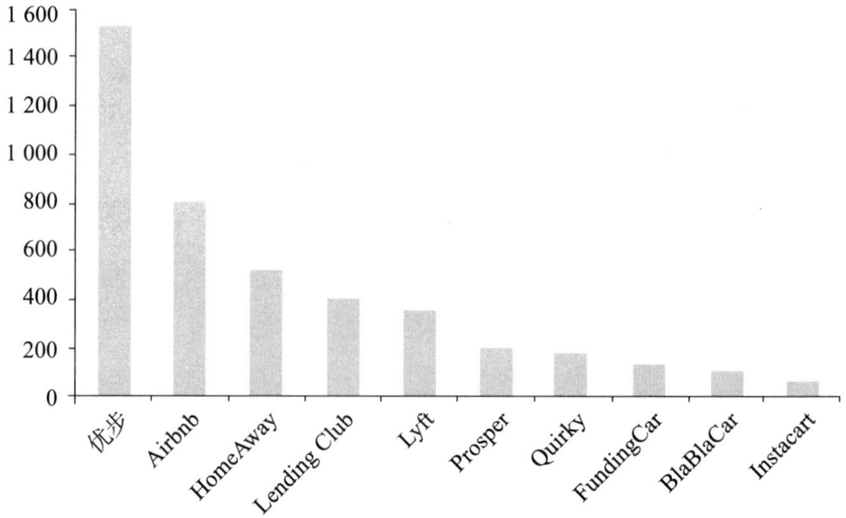

图 4—1　10 家最受风投青睐的共享经济型初创企业

资料来源：2014 年 11 月 15 日的《Crunchbase》

乔丹涉足共享经济领域，始于翻看他称之为“百姓生活资产负债表”的东西。换句话说，家庭财产里什么最值钱，他就对什么最感兴趣，比如房地产、汽车、时装等，其闲置产能具有最大的利用价值。对于瞄准我们生活资产负债表前列的公司来说，赚钱便如同探囊取物。经过 2014 年一年的投资，Airbnb 这家创立 6 年的企业的市值比创建于 1777 年的洲际酒店集团还要多出几十亿美元。再来看看表上位居其次的汽车。谢文•皮社瓦（Shervin Pishevar）是一位富有创奇色彩的风投资本家，也是汽车共享公司 Getaround 的投资人。他说：“大多数汽车的利用率只有 8%，这是多么巨大的浪费，而且这种事情发生在世界各地，每天如此。”出租便宜一些的物件，如割草机也有商机，但是显然利润有限，不是风投资本追逐的对象。

所有投资人都喜欢有潜力的大市场。史蒂夫•凯斯是推动美国在线和时代华纳灾难性合并案的人，在他辞去董事会主席职务三天后，便和美国在线一位老同事邓恩•戴维斯（Donn Davis）到华盛顿一家比萨饼店去吃比萨饼。凯斯想要谈谈他们如何能够做到像众多新兴公司冲击美国在线和时代华纳公司那样，冲击现有的各行各业。第二天，盖斯把戴维斯叫到他的办公室，说他发现可以在度假家庭上面做点文章。“这是一个巨大的产业，”凯斯对戴维斯说，“房子维护是既费钱又麻烦的事情。这里面一定有可挖掘的东西。”这是 2003 年——当时“共享经济”这个术语还未诞生呢。到了这年年底，凯斯拥有了度假出租会员平台 Exclusive Resorts 80% 的股份。在随后的 3 年时间里，该平台会员增长了 100 多倍。凯斯和戴维斯又去翻看百姓生活负债表，然后又发现了汽车。2005 年，凯斯持有 Flexcar 公司的大部分股份，并将其与 Zipcar 公司合并——这一次做得更为成功。当 Zipcar 退出并入 Avis Budget 时，凯斯基金将 9 600 万美元收入囊中。

共享经济的市场魔力

为什么会有那么多投资人喜欢共享经济里的众多商家呢？一个根本原因是：它们就是市场。市场都有正反两面性：一方面，市场极难建立，因为供给与需求必须达到合理比例；另一方面，市场起作用时，它们就真的起作用了。既然买家想和卖家绑定在一起，反之亦然，市场就会呈现“网络效应”，也就是说，整体价值会随着市场规模的扩大而增长。JustPark 现在每月吸收 5 万多名司机，这个数字还在增加，因为停车位越多，加入的司机就越多；加入的司机越多，出租停车位的业主就越多。如果一个市场领先的地位一旦确立起来，那么这个市场就会把巨大的消费者群体引向自己从而远离竞争。“赢家即便不是拿走全部，”八月资本的大卫•霍尼克（David Hornik）说，“那也是拿走大部分。”一个发现未来强大市场的投资人，其回报也必定丰厚：最终将从这个潜力巨大利润高额的买卖里分到一份红利。

P2P 市场也受益于买家与卖家之间的角色转换。正如 eBay 的卖家通常起步于购买，Airbnb 的房东通常也是起步于出租房屋。Airbnb 创业团队当初就是因为发现去纽约旅游观光的巴黎人常常是回到巴黎后摇身一变而成为了房东。有时候，一个租住在别人家的度假者也会把自己家的房子租出去，这样 Airbnb 就从这人身上赚取了两份佣金。最后是 P2P 市场边际成本低。一家销售具体商品的公司，其规模效益对于成本结构影响并不大。如果李维斯（Levi’s）牛仔裤每天多售几千条，每一条成本确能降低一点，但也就只有一个点而已。可是新用户加入线上市场的边际成本几乎为零。当然，要想成为 Etsy 或者 Airbnb，说起来容易做起来难。例如，P2P 汽车共享公司，如今已有 30 多家遍布世界各地，而最终能够成为龙头老大的将会是少数几家，也许就是一家。

在这个过程中，风投资本至关重要，要想做大做强一般都需要大量资金支持。“现在创业比以往任何时候都要来得容易，”杰夫•乔丹告诉我说，“不利方面是你创业别人也可以创业。这样一来你就必须快速成长，要想做到快速成长，你就必须筹集资金。”乔丹只做了 3 年风投资本家，就为旗下公司筹集了 10 多亿美元的风投资本，这就是资本的游戏——投资人只投看得见的市场领头羊。他们的钱能让这样的企业更快成长，与此同时，企业也可以借此筹集更多的资金，这些资金反过来又为企业的增长添上一把柴火。企业越做越大，它每一轮能够融到的资金量也越来越多，这使得企业得以在同行中遥遥领先。与此同时，其他投资人害怕与拥有大量战争资源的企业竞争，于是开始视对手为并购目标——而非让 10 多亿美元资金回笼继而退出了事。

公司设在美国有助于公司的成长进入良性循环。美国有大量闲钱，给公司的估值也高，因而驻美公司可以比欧洲的同行筹集到更多的资金。2008 年，也就是 Airbnb 创立的同年，史蒂文・拉波波特（Stephen Rapoport）和丹・希尔（Dan Hill）创立 Crashpadder，这是一家业务与总部设在旧金山、名气更大的新兴公司。这家把总部设在伦敦的公司从未筹集到任何风投资本，规模只是 Airbnb 的几分之一。2012 年 Airbnb 将它并购了。即便 Crashpadder 筹集到了资金，它也很可能在一场力量悬殊的战斗中败下阵来，正可谓“英国大刀对美国枪炮”。尽管差距正在快速地缩小。但是对于务实的创业团队来说，美国的钱依然又便宜又多，这一点是欧洲所无法比拟的。

弗雷德・威尔逊与联邦广场风投公司

职业风投资本家弗雷德・威尔逊（Fred Wilson）是紧跟市场的投资人。他可以说是这个星球上最著名的风投资本家。透过他的博客 AVC.com，以及他在 Twitter 上的 35 万粉丝（他也是最初投资 Twitter 的人），新知他就是人称“市场能手”的典范。我在联邦广场风投公司（Union Square Ventures）远离喧嚣的曼哈顿上空的办公楼里见过他一面。威尔逊先生为人友善，行事低调。他是当天第一个到办公室的人，并亲自把我迎进门去。我喜欢他眼睛上深陷的眼圈。多少次，我到风投公司与人见面时都是一脸疲惫，坐到把自己收拾得体体面面的风投资本家对面，他们显然有大把时间睡美容觉，整理自己的衣柜。“他们到底有多努力在为公司工作？”有时我不免纳闷，“他们真的上心吗？”可是当你坐到弗雷德·威尔逊的对面，和他谈论创业问题时，你就不会再有这些疑问。原本是为了本书采访他，最后竟然被他抢了话题，鼓动我把 JustPark 推销出去。威尔逊先生的眼睛尽管略带黑眼圈，但目光很敏锐。他知道在科技界先机转瞬即逝。他告诉我联邦广场风投公司是如何错失 Airbnb 机遇的：

> 那时候，Airbnb 只是个气垫床卖家，供人们铺在住所的地板上用……我们不可能像住在隔壁旅馆的房间里那样把气垫床铺在客厅里躺在上面，也就没有把当它是一回事。别人也看到了我们看到的这个优秀团队，给他们投资，接下来的就是历史传奇了。

一个以奥巴马为主题的粮食盒被威尔逊摆放在联邦广场风投公司会议室里作永久展示。这是 Airbnb 共同发起人启动 Airbnb 时卖出的几千件商品中的一件。威尔逊先生把它放在那里作为“所有投资人都会犯的典型错误”的一个警示。威尔逊所谓“所有投资人都会犯的典型错误”，指的是投资人只关注公司发展壮大的潜力，而不关注它时下任何一次的表现。

威尔逊比任何人都清楚如何将一个资金充裕的市场变成一个有利可图的大市场。“对这些企业来说，风险投资是很好的资金来源，”他声音粗哑、不紧不慢地说，“因为你投资产品或工程，回报率持续低迷的话，几年之内你的现金流都将会是负的，不过最终也能让你熬到赚钱的那一天。”威尔逊告诉我，Etsy 创始人罗伯·卡林（Rob Kalin）曾对他说：“在理想情况下，我们是不应收取佣金的，广告费才是我们应赚取的钱。”威尔逊解释说，卡林指出，一个市场应该尽可能地降低交易费，在不增加市场负担的同时提高总收入。“这就形成了伞形价格结构，”威尔逊说，“别人很难进入伞下与你竞争。增值服务（如广告费）能赚大钱，而后来者是不可能赚到这个钱的，规模优势此时也就显露出来了。”

更多市场能手

要想挤进共享经济热门领域真是比登天还难，于是一些投资人费尽心机为自己赢取投资专家美名。基准资本的风投明星、宠物寄养平台 DogVacay 和优步的投资人比尔 • 格利就是这样一个人。这位 6 英尺 9 英寸（约 2.05 米）高的投资人在自己名为“高人一等”的博客中披露了自己的身高和观点，他还经常出现在福布斯最佳风投资本家排行榜榜单上。格利的基金总是喜欢开拓市场。1997 年，基准资本在易趣上投入 670 万美元，获得 50 亿美元回报。具有讽刺意味的是，易趣从来没有兑现这张支票。

2013 年，美国另一家领先的基金公司以及 Airbnb、Facebook 与 LinkedIn 的投资人——灰锁合伙人（Greylock Partner），募集了 1 亿美元进行市场投资。倡议是由灰锁公司合伙人西门 • 罗德曼（Simon Rothman）提出，此前他曾经投资易趣汽车，并把易趣汽车打造成全球十强电商资产。灰锁甚至召开自己的市场大会——“灰市场”。“在接下来的 5 年里，”罗德曼说，“会有更多 10 亿美元的市场涌现出来，比过去 20 年里建立的市场总和还要多……就算此时人们依然怀疑市场对于效率的推动力，但市场还是在吞噬着各行各业，甚至从前认为的边缘产业也在劫难逃，诸如健康和教育产业。”

协同基金是一家综合基金，重点投资协同经济及其主要组成部分——共享经济。协同基金已经为 Lyft、Kickstarter 和 Skillshare 等共享经济的领头羊企业提供了资金支持。协同基金创始人克莱格 • 夏皮罗（Craig Shapiro）以一种非传统方式进入风投市场。在对维基官方纪录片《数字中的真相》（*Truth in Numbers*）协同投资后，夏皮罗迷上了“维基以大英百科全书耗用时间和成本的零头创造出比大英百科全书更有价值的资产”的模式。协同基金在 YouTube 创始人以及星级制片人和录音师法瑞尔·威廉姆斯（Pharrell Williams）的支持下，始终坚持“把分享、易物、借贷、租售、赠送和互换信贷带入互联网时代的先进商业模式”应以环境效益和社会责任为先的理念。尽管如此，夏皮罗却又是一个不折不扣的要求绝对回报的投资人。他说：“与我们一样肩负着崇高使命的商业模式将在未来 10 年里产生部分最佳投资回报。”

在英国，岩钉资本（Piton Capital）是一家专业基金公司，只投资具有网络效应的企业。在该基金的两个合伙人中，一个来自博彩业 Befair，一个来自拍卖网站 QXL。岩钉资本拥有 DaWanda 和 Videdressing 两家网站的股权，前者是德国一家 P2P 手工艺品销售网站，后者是法国一家 P2P 奢侈品平台。英国的大基金就无法只做专业市场：他们钱太多，一般都会跨行业，对不同成熟度的企业进行投资。他们都投分享平台，但是也许还没有一家能像 JustPark 的主要投资人指数风投公司（Index Ventures）那样做得如此深入和彻底。可以说，指数风投公司是欧洲名列前茅的风投公司，源源不断地把真金白银投送到 P2P 新兴公司之中。2014 年 7 月，由指数风投公司领投的一轮投资为全球长距离汽车分享龙头公司 BlaBlaCar 募集到了 1 亿美元，这是迄今为止为一家法国企业发起的最大的风投资本募集行动。同月，指数风投公司又为债权众筹网站 Funding Circle 领投并募集到了 6 500 万美元。2011 年，在 Funding Circle 还只是个创意的时候，指数风投公司就已经为它投下第一笔钱了。

罗宾·克莱恩（Robin Klein）是指数风投公司合伙人，投过许多公司，其中就有 JustPark 和 onefinestay。他不单是指数风投公司的合伙人，他还和自己的儿子索尔（Saul）成立了加速集团（The Accelerator Group，TAG），并通过这个投资平台，为自己赢得了“欧洲最受瞩目的天使投资人”的美誉。他们挑选赢家很有一套，其中的房地产登记网站 Zoopla，在我写到本书本章节时，以 15 亿美元估值上市了。“市场如同商业本身一样古老。”在一家书店的咖啡厅里，罗宾·克莱恩如是说。这家书店坐落在他深爱的汉普斯泰德——一个远离伦敦闹市喧嚣、道路上铺着鹅卵石的美丽村庄。“以线上形式出现的市场需要时间和大量资金去培育，”克莱恩告诫我们，“但是它们也会给你可观的投资回报。就拿共享经济来说，利用率低的资产本身就可以产生高额回报。”

克莱恩在互联网早期是位企业家。1995年5月，他作为分类目录企业“创新”的CEO在英国首开电子商务之先河。当时，拨号上网是件痛苦的事情，对那些对此一知半解的人们来说更是如此。“起初我建议在网上卖东西时，我们公司里大多数人都在想‘这又是罗宾的一个馊主意！’”罗宾愉快地回忆道。罗宾从新生的互联网里看到了大幅降低生意成本的潜力。“创新”则意味着每年2 000万的印刷和邮寄成本从此一笔勾销。“可以预见，总有一天，位与字节终将代替纸。今天的互联网所起的作用远不止降低成本。“互联网使购物变得更便宜、更快捷、更容易、更有趣，”克莱恩说，“这样看来，共享经济是可以创造价值的。”

风投资本家对所有飞速成长的新兴企业进行股权投资，也是希望共享经济能够为他们创造巨大财富，然而他们并非事事都能如愿。

城里的新宠儿：股权众筹

今天，一向风光的风投资本家正面临着来自他们众多赌注背后的几股新潮流的冲击。曾经陌路的各方如今可以直接联系了，风投资本家面临着被挤出价值圈或“去中介”的风险。如果风投资本的出资人或“有限合伙人”不必假借它们、不必付出高昂管理费就能够找到并投资公司，结果将会如何？如果一家新兴企业可以绕过风投资本及其苛刻条款，以股权直接向个人投资者融得所需资金，结果将会如何？股权众筹是新近涌现出的一种主要融资模式，这种模式也许最终会将许多风投公司置于死地。

很快我们将会看到众筹的另外两种形式：“债权众筹”和“奖励众

筹”。以上三种形式的众筹都属于共享经济的定义范围，这里面有几个方面的原因。它们不再依赖传统机构，而是依靠分散式双向驱动模式，使得资本得以从私人直接流向企业家。投资者也可以更有效地利用他们自己的资源：众筹平台集取的是“打包余下的绳头”，这个绳头就是闲钱。最后，众筹平台是围绕透明群体建立起来的。众筹平台的用户通常是通过 Facebook 和 LinkedIn 登录，建立展示投资组合面向公众的个人门户。这种关系与现存风投公司有限合伙人和最终收钱公司之间不透明的关系大不相同。

谷歌分析的创始人陈天浩，现在是谷歌风投的顾问，形象地把风投资本众筹比喻为“一间烟雾弥漫的房间里发生的事情”。在共享经济中，一些最振奋人心的公司正在清理房间里的烟雾。

股权众筹：怎样筹？为何筹

股权众筹是如何运作的？首先，希望融资的公司建立一个线上门户，里面包括产品、商业模式、管理、市场目标等基本资料。个人投资者可以浏览公司页面，向公司团队提问，并利用标准化合同在线投资。一般情况下，一轮投资只有在规定期限内筹集到足额资金才算结束。如果额度未达目标，筹集的所有资金将如数退还。目前，美国还不存在股权众筹。在美国，投资和任何可见高风险私募一样仅限于有资格的投资人：年收入达到 20 万美元，或者净资产超过 100 万美元。我们将会看到，随着一些法律法规的出台，情况正在发生变化，但是目前在美国投资新兴企业，总体上讲，只是富人的游戏。

英国是股权众筹的发源地，也是真正意义上公开民主的股权众筹中心。在英国，不对投资者设置最低收入或收入净值门槛。Seedrs 是英国“管家型”股权众筹平台，运营团队包括曾在公司任职的法律顾问和技术人员。今天，欧盟内任何地方的投资者，只要有 10 英镑，都可以通过该平台对新兴企业进行投资。Seedrs 的投资机会来自传统行业，从由明星基金经理尼古拉·霍力克（Nicola Horlick）经营的一家新开业的餐馆，到奇特的新兴行业，如在一辆经改装的伦敦公交车上办公、为其他新兴企业服务的新兴孵化器 IncuBus，无所不包。迄今为止，Seedrs 最大一笔融资是为自己融得的 260 万英镑。但是，正如其名所示，Seedrs 一般募集的资金都要少得多，例如，为市区汽车共享新兴企业 GoCarShare 募集的资金就只有区区 6 万英镑。

Crowdcube 是一家有别于 Seedrs 的企业，是 Seedrs 的主要竞争对手。Crowdcube 总部设在英国西南农业区教堂城埃克塞特，创业时间更长，投资基地更大。这两个平台最大的区别是：Crowdcube 允许投资者直接持有他们投资公司的股票；而 Seedrs 则是以合法所有人替投资者持有通过该平台购买的股票。Seedrs 采取这种方式，一方面是要给中小投资者提供合同范围内所有必要的保护，另一方面是为了防止股东会议桌凳无休止地摆下去。

除了英国，股权众筹仍在艰难前行，法律法规问题依然是最大的绊脚石。有几个不太成熟的范例，如一家设在加纳的众筹平台——SliceBiz，为整个非洲大陆的新兴企业募集种子基金。德国等其他国家的新兴企业则试图通过聪明的“黑客”绕过限制性法规。类似 Seedmatch 平台利用次级债来模拟众筹，次级债的借贷条款视股权绩效而定。

公司为何要进行股权众筹呢？股权众筹可以让创业者以高于风投公司通常给出的估值融到资金，同时降低自持股权的稀释比例。股权众筹还意味着融资时不必发行“清算优先”的优先股，赋予风投资本家在创业者分文未入的情况下拿到全额偿还款的强大权利。有时候，风投公司还可以获得“参与性优先股”，有权在其持股比例之外参与剩余红利再分配，然后是对于速度的要求。众筹比起杰夫·乔丹所谓“相对类似的过程”，即风投资金募集时面对面宣讲与谈判的传统方式，要来得快得多。我可以告诉你，任何得到过风投资本的公司 CEO 也可以告诉你，要想与风投公司达成交易需要耗费大量的时间，这会给一个高速增长公司的日常运营工作造成极大不便。

但是，对于一家公司来说，股权众筹最令人心动的理由是有机会建立一个投资基地，吸引热情的福音传播大军。有些投资者原本就是消费者，投资前就喜欢上了公司，在让他们投资的理由又多了一条。有些则完全是新手。但是人人都被引向同一个方向，朝同一方向用力——帮助公司成长，使自己手中的股票随着公司成长而增值。在这个社交媒体泛滥的世界里，企业成长比起任何时候都要倚重口碑——成千上万股东口口相传的福音。这些人在其他诸多方面也能发挥作用，他们透过自己的网络，帮助公司完成产品测试、人员招聘以及业务开拓等工作。

你知道这种福音影响力有多大吗？美国众筹资本咨询公司曾建议白宫对股权众筹和债权众筹进行立法，它一定认为这种福音影响力非常大。2014 年，该公司通过调查发现，股权众筹公司报告中收入比上一年激增 351%，这是一个十分惊人的数字。我们有理由怀疑这里面有一定水分：首先是数据提供者无法做到绝对客观公正；其次是样本规模小，只有几百家公司。英国 19 世纪首相本杰明·迪斯雷利（Benjamin Disraeli）有句名言："满纸谎言，该死的谎言和数据。"也许，要对这种福音影响力做出量化评估是困难的，但是否定它的价值存在就容易吗？ Gmail 创始人保罗·布赫海特（Paul Buchheit）说得好："与其有 1 000 人喜欢你，不如有 100 人爱你。"众筹就是通向那爱你的百人之路的捷径。实际上，它有时也可能是通向那爱你的千人之路的捷径。

个人投资有风险，基金不投资有风险

有时候，公司通过股权众筹募集资金是因为它们融不到风投资本，转向不那么挑剔的大众，可以说这是较为有效的最后招数。然而，募集众筹资本而非风投资本并不等于说一个新兴公司做得不够好。通常，公司使用股权众筹仅仅是因为公司不适合募集风投资本，公司的商业模式无法满足风投资本家追求的规模和期望获得的回报水平。股权众筹通过新兴企业投资民主化，正在帮助许多有可能胎死腹中的企业得到资金支持。

同时，资本途径民主化也存在着风险。另有许多公司因自身不够好，无法在这个弱肉强食的商业世界里生存下来，因而可能融不到一分钱。众筹资本花在这些公司上就算是打了水漂了。在未来几年里，这种危险将有增无减。如果个人资本源源不断涌入，大量的金钱就会追逐少数几个有价值的投资机会，从而推高估值，降低回报。这种趋势让我们想起20 世纪 90 年代末 1 000 亿美元风投资本年投资额，这股资本洪流与随后的互联网泡沫多少有些关系。今天，风投资本年投资额已经下降到了 25 亿美元。与此相反，股权众筹可以通过新兴企业投资民主化实现新兴企业投资的多样化：资金可以分散到更多产业的更多的新兴企业里去。“那时候，新兴企业生态系统太脆弱，不足以承受那么大的资金量，”线上风投基金 FundersClub 的创始人亚历克斯 • 米塔尔（Alex Mittal）这样说道，“如今越来越多的公司通过股权众筹涌现出来，再次引发互联网泡沫的‘群体思维’的风险实质上已经降低了。”

投资者应一如既往地谨慎行事，但是毫无疑问，资本的这种新来源对今天后起企业和创业者都有好处。竞争的加剧对于投资者入行投资的要求也高了。从 AngleList 等网站合格投资者的投资记录可以看出，投资领域就像其他领域一样变得越来越透明，竞争越来越激烈。现在，“不加区别的资本”比以往任何时候都难做，也就是说，光把钱作为商品而不提供任何附加值是不够的。投资者不但要会开支票，他们还要显示自己在其他方面也有能力帮助新兴企业。要想持续地保有交易量，他们就必须树立自己的声誉，要想树立自己的声誉，就必须兑现诺言，为新兴企业带来切切实实的价值。

股权众筹会对风投资本公司产生了什么影响呢？弗雷德 • 威尔逊说：“我们受益于来源广泛的早期种子资本。创业者资金多了，对投资创业者的人来说，是有好处的。”许多风投公司也在投资各种平台。“有些东西会吃掉我们，我们还得投，不能跑。”协同基金的克莱格·夏皮罗如是说。对创投公司来说，时间将会说明一切，但是行业里许多龙头老大可不打算等下去：对他们来说风险就是没投平台。美国头号在线投资平台 AngelList 背后就有几十家风投公司，其中包括两家著名风投公司：克莱纳·帕金斯和德丰杰。FundersClub 可以说是美国老二了，背后有安德雷森·霍洛维茨、星火资本、英特尔资本，再就是两头下注的德丰杰。Crowdcube 是英国一个主要的平台，其背后是声名远扬的风投公司伯德顿资本。

新兴企业在利用这些新渠道筹来的资本时，实际上是在建立他们和风投资本之间一种权力平衡关系。风投资本家天生离不开企业家，而企业家却不一定需要风投资本家，这就是生意场上的残酷现实。然而，弗雷德·威尔逊和其他优秀风投公司的资本家有理由自信满满。因为专业，不愁没有好公司排队向他们求助；再说，后续还有数轮几百几千万的大笔投资，普通大众也无能为力。威尔逊的基金也给众筹平台，尤其是我们即将看到的债权众筹平台投下巨资。但是，大众可以选择风投资本里的小品牌，特别是那些还处于起步阶段的小品牌。

债权众筹

债权众筹是指众人将钱借给个人或企业，个人或企业保证按约定利率支付利息，偿还本金。这样，消费者或企业就可以直接从存款人那里筹集资金了。一般来说，跳过昂贵且效率低下的中间人——也就是银行，企业和个体借款者可以更低的利率借到钱，而存款人则可以获得更高的存款利率。与股权众筹一样，债权众筹也是为那些走投无路的个人和企业提供融资渠道。债权众筹又叫 P2P 借贷平台，分为消费债和企业债。这个行业及其投资者面临的挑战是不应把网撒得太大。如果说股权众筹的投资者面临的挑战是找到最终能在竞争中胜出的企业，那么债权众筹所面临的挑战则是找到最终不会赖账的人或企业。

Lending Club 是债权众筹无可争议的王者。截至 2014 年 9 月，Lending Club 已经放出了 60 多亿美元的贷款。2014 年在谷歌 1.25 亿美元的支持下，Lending Club 作价 90 亿美元在纽约证券交易所上市了。Lending Club 也是首家经美国证券交易委员会批准的、可在二级市场交易的 P2P 借贷平台。 Prosper 是美国债权众筹的老二，已经借出 20 多亿美元，是 Lending Club 的主要竞争对手。Lending Club 是首家纳入法律法规管制的企业，现在回想起来，这真是十分明智的一招，因为此举带给它的是无与伦比的信誉；而 Prosper 则是第一家进入市场的 P2P 借贷平台。只要点开 Prosper 的网页，我就可以浏览个人贷款要求以及他们不同的利率，还可以使用“快速投资”按键把我的钱按我设定的风险等级与借款人自动匹配。与 Lending Club 一样，Prosper 的贷款期限是 3 年或 5 年，无担保无抵押，且由多个借款人分享。

在债权众筹方面，英国也取得了初步成功。伦敦的 Zopa 是世界上第一家 P2P 借贷平台，也是当今世界上最大的 P2P 借贷平台。在企业借贷方面，世界上领先的债权众筹平台也是在英国，叫 Funding Circle。2014 年，Funding Circle 为自己筹得 6 500 万美元，有了充裕资金做后盾，Funding Circle 迄今为止已经为小企业借出了 4 亿英镑，数额从 5 000 到 100 万英镑不等。借款人营业额至少要有 10 万英镑和 2 年账户记录。借贷平台目标是面向恺晨家具（Kaizen Furniture）这样的传统企业，恺晨家具已经从 612 个人手里借得 10 万英镑改造厂房。作为在线竞投过程的一部分，个体投资者可以挑选他们想要投资的企业、投资的金额以及利率。如果不想麻烦，投资者也可以利用 Funding Circle 的“自动竞投”按键，按预设标准自动匹配借款人。2013 年，Funding Circle 收购 Endurance Lending Network 并进入美国市场。

奖励众筹

丹妮•灵格曼（Danae Ringelmann）是个不喜欢金钱挡道的女人。她在旧金山的朋友们想要排演阿瑟•米勒（Arthur Miller）的戏剧，她帮忙筹款，组织了一场演出活动。她的筹款策略听起来很有道理：确保有钱且可能出资的主顾们出席活动，为了艺术，他们也许会慷慨解囊。然而后来发生的一切改变了她的生活，也改变了成千上万其他人的生活。有钱的戏剧爱好者——她指望出钱赞助排演戏剧的那帮家伙，把自己的钱包捂得紧紧的。结果，出资人竟然是普通观众和演职人员。剧组从他们那里筹到了足够的资金，演出热情更高涨了。这件事让灵格曼意识到，筹集资金不必非得自上而下去寻找那几个人有钱的赞助人，普通观众就可以。灵格曼后来决定将重点放在最大的一群观众——互联网上。

“共享经济，”灵格曼在她洛杉矶家中通过 Skype 电话告诉我，“让我想到的是我们回归到了人的根本，即人际关系是依靠个体间的互动建立起来。”灵格曼的 Indiegogo 公司是“基于奖励的众筹”的开拓者：通过奖励出资人来为商品或项目募集资金。奖励通常与项目有关。赞助音乐人录制专集，他们就会送你一张唱片。赞助新玩意儿的研发，他们就会送你一个新玩意儿。一般来说，这类活动奖品分为几个等级，你出的钱越多，得到的奖品就越好。出钱少的，有时候仅仅会被列在出资人的名单里，例如，约瑟夫•普利策（Joseph Pulitzer ）有一次就是这样做的，他把每一位为修建自由女神像基座捐款的人的名字印在他的报纸《世界》（*The World*）上，不管他们出的钱是多么地少。近来，一些鲜有新闻价值的活动也可以吸引大众的赞助。灵格曼给我讲了一个面包店的故事。爱米有机食品想要筹集 1.5 万美元资金，但是没有哪一家银行愿意贷款给它，于是这家面包店就上 Indiegogo 卖马卡龙，仅用了 3 个星期就筹集到了这笔资金。此后，新的投资者接着来吃，吃完了传播福音。6 个月后，爱米有机食品的生意已经遍布全美国了。

Indiegogo 不只为企业服务。灵格曼告诉我，有一对夫妇为了顺利完成 IVF 课程利用 Indiegogo 募集到了 1 万美元。在 Indiegogo 上还发动过一场广泛的众筹活动，为受欺凌的校车监督员卡伦•克莱恩（Karen Klein）募集 5 000 美元，为其支付"一生假日"。宣传片选取其中一个施虐者在校车上拍摄的视频，来反映这位 68 岁寡妇是如何遭受一群 7 年级小顽童欺凌的这样一起恶劣事件。这个活动的发起人是一个与卡伦素不相识的陌生人马克斯•希多洛夫（Max Sidorov），他刚好在 YouTube 上看到了那段视频。希多洛夫小时候就受过欺凌，这次决定行动起来。有 3.2 万人回应希多洛夫的活动倡议，为克莱恩女士筹到了可观的 70.3 万美元。Indiegogo 还有其他慈善项目。重力灯是一种 LED 灯，由一袋石头的重力发电点亮。这种灯专为世界上 15 亿无电的人们而设计，在 Indiegogo 上募集到了 399 590 美元，远远超出原来 5.5 万美元的目标。如今，这种灯正在危地马拉和孟加拉国试用。

不放弃股权的众筹

一天，机器人设计师彼得•迪尔华斯（Peter Dilworth）正在工作时，他的 3D 打印机突然跳了一行。通常，发生这种事情是令人心烦的，因为打印工作得从头再来。但是，迪尔华斯却在想，他可以把打印机拆开，拿着打印机的喷嘴，手工修补漏掉的一行。也就是在这个时候，迪尔华斯灵机一动。为什么不做一台可以像握笔一样握在手里的 3D 打印机呢？于是迪尔华斯和发明家马克斯•博格（Max Bogue）一起制造了一支可以画出三维空间的打印笔原型。热的塑料从打印笔笔端流出，在室温下迅速凝固，让你可以在纸上或空中画出凸起的有形线条。

在征求对他们新发明反馈意见时，博格遇到了老朋友——前律师和软件实业家丹尼尔•柯文（Daniel cowen）。

"你怎么看？"博格问，心里满怀期待却又忐忑不安。

“我怎么看？”柯文答道，“我看这是我见过最酷的产品了。你们一定要把它推向市场！”

发明家们在工匠收容所——波士顿的一个“创客空间”复制了一支打印笔。与此同时，柯文在考虑该发明是申请专利合算还是自己独家生产合算，在对两者优缺点都做了衡量之后，决定独家生产。他们知道，他们的发明该去一个叫 Kickstarter 地方——一个时尚的基于奖励的众筹平台，在这里，他们可以将自己的发明创造卖给一群热情洋溢的熟知 3D 打印概念的极客们。对他们三人来说，这是个未知的领域。他们为这次募集活动是以 3 万美元还是 4 万美元封顶而痛苦不堪。最后，他们一致认为 4 万美元太贪了——毕竟，他们不想未达目标空手而归。经过 3 个月的精心准备，三个神经紧张的共同创始人坐在博格女朋友位于曼哈顿的公寓里，为世界上第一支 3D 打印笔“3 Doodler”按下了实时集资活动的按键。

结果就像引爆了一颗炸弹。每次刷新网页都会有成百上千美元打进来。不到 1 小时，他们就实现了 3 万美元的目标。“这太疯狂了！”柯文在香港的办公室里对我说。他现在负责监督毗邻的深圳工厂的生产。“我们连着两天两夜没合眼，回邮件，回复 Twitter 上的留言，资金还在源源不断地涌入。”直到他们放倒麻木的头，3Doodler 已有 120 万美元进账了。

在接下来的日子里，资金还在以每天 50 万美元的规模流入。最后的统计数据：2.6 万多名支持者共计投了 234 万美元。“如果我们不是害怕无法供货而有意拒绝订单，”柯文说，“那我们募集的资金有可能会翻一番。”3Doodler 团队现在有一沓利润诱人的订货单、千万沉迷于社交媒体的福音传播者以及银行里的千百万美元——所有这些收入没浪费一股股权（柯文也通过专利申请引领他们一路走来）。他们唯一放弃的是他们募集资金的一部分：5% 给了 Kickstarter，5% 给了处理支付业务的亚马逊。柯文高度评价 Kickstarter 给了他们机会“跳过了四处求爷爷告奶奶筹集钱款的可怕阶段”。今天，3Doodler 已经推广到了世界各地，使用者中有教师、建筑师和艺术家。3Doodler 还用于“布莱叶快速盲文”中，可以凸起的可触摸的线条帮助视觉残障人士了解 3D 图形。

在 Kickstarter 短暂而辉煌的历史中（创立于 2009 年），3Doodler 融资额位居硬件新兴公司第四。柯文对我说：“我们无比感激支持者们。”我想他这么说并非言过其实。当然，3Doodler 的支持者们心里也有自己的小九九：其一是圣诞节前可以拿到一件好玩的产品；其二是 75 美元的价格，活动结束后就是 99 美元了。但他们首先是与许多股权投资者一样，分享着共同创始人的梦想。Kickstarter 支持者们并不当自己是纯粹的消费者，他们还参与产品面向市场前的完善过程。的确，与风投资本支持公司情况类似的是，基于奖励的众筹项目也会把全部功劳归于支持者们。这些支持者参与其中改变了世界。Indiegogo 上有部众筹的电影叫《宵禁》（*Curfew*），甚至夺得了一项奥斯卡奖（最佳现场动作短片）。那么，要是能制造电影史上的奇迹，谁又会在乎那几个小钱呢？

Kickstarter 和一群追逐者

Indiegogo 和它的主要竞争对手 Kickstarter 最大的区别是：Indiegogo 让未达募集目标的公司保留募集到的资金。这时，Indiegogo 会收取 9% 的佣金而不是 4% 的标准佣金。人们似乎更喜欢 Kickstarter“要么所有，要么没有”的模式，这也是它为什么能够稳坐奖励众筹平台头把交椅的一个理由。2013 年，该平台从 300 万人那里募得 4.8 亿美元。有些资助项目着实令人难以置信：想象一下，一架由自行车驱动的直升机，骑车人踩着踏板的时候飞机把他带离地面的情景，这个是大力神阿特拉斯；想象一下，用智能手机就可以遥控一架纸飞机的小引擎的情景，这个是上动力。Kickstarter 也创造了世界迄今为止最高级别门户的众筹项目。埃瑞克·米吉科夫斯基（Eric Migicovsky）十分艰难地为他的“智能手表”融资，这是一款能接入互联网的手表。在 Kickstarter 平台上，他的“鹅卵石”已经从 6.9 万人手里融得 1 000 万美元。Kickstarter 还启动了迄今为止最大的众筹项目：截至 2014 年 11 月，计算机游戏“星球公民”已经融得 6 100 万美元。

成功的故事也带来了激烈的竞争。RocketHub 是从 Kickstarter 后院纽约市摸进来与找它挑战的一家众筹平台。2014 年，该平台与赫斯特和迪士尼合作录制 Project Startup 节目，把它的一些众筹项目带到全国电视观众面前。RocketHub 的项目和其他众筹平台一样丰富多样。在这个平台的网站上，我可以投一家试图重新发明滑雪杆的公司，它想要在滑雪杆上嵌入摄像头，以及可在滑雪途中调整滑雪杆的螺丝刀。或者投蓝龟基因测序项目，而蓝龟是生活在死亡谷中的一种动物，没水能活一年，还会装死。奖励众筹通过它遍布全球的支持者已经走向世界，平台本身也已走向世界。总部设在墨尔本的 Pozible 正努力进军相对薄弱的新加坡和马来西亚的市场。黎巴嫩新兴企业 Zoomaal 则专注于阿拉伯世界。

其他无数众筹网站正忙着填补这个快速形成的生态链中的空白处：总部设在英国的 Spacehive 是世界上第一家为市政项目众筹的平台，个人可以通过该平台投资修复一座雕像或修整当地一个公园；Wefund 专注于艺术创作的众筹；Teespring 是一家为 T 恤衫设计与销售众筹的平台；MoolaHoop 是为女企业家服务的奖励众筹平台；Nap Time Startups 是针对 MoolaHoop 的部分群体——“妈妈企业家”，这两家都是致力于扭转不利局面。数据显示，风投资本中只有 13% 投给女性创办的公司。此外，Tilt 是一家团购众筹平台；WeDidit 为非营利性企业众筹；Ulule 为独立艺术项目众筹；Petridish 为科学实验众筹；MyEvent.com 为各种活动众筹；Pubslush 则为新书众筹。除外，还有很多其他的众筹平台。

风投资本：紧随大众的脚步

风投资本随即也都蜂拥进入奖励众筹市场。Kickstarter 得到了联邦广场风投公司和协同基金的支持。Indiegogo 仅 2014 年就吸入 4 000 万美元的风投资本，得到大批优秀风投公司的支持，还有英国古怪的亿万富翁理查德•勃兰逊（Richard Branson）的青睐。但是风投资本家不但投资平台，他们还投资平台上一些极有发展前途的公司。有远见的投资人和风投资本家现在潜伏在 AngelList 和 FundersClub 等平台里，寻找优秀的处于初始阶段的公司。一旦发现，他们会在 LinkedIn 上锁定其 CEO，打个电话问问，而后决定是否作为投资人参与其下一轮的投资活动。正如众筹资本咨询公司（Crowdfund Capital Advisors）的谢伍德•尼斯（Sherwood Neiss）在其文章中所言："投资者（不管是众筹者个人还是公共市场）都想投一个有动人故事、精美产品、有效商业模式和优秀团队的公司——所有这些特点似乎是一场成功众筹活动需要极力展现的。"

投资者喜欢的不单是这些平台上收藏的大量闪光的创意，他们还可以直接从宣传页面权衡每个创意的吸引力。与股权众筹相比，奖励众筹可以招来更大的人群。RocketHub 的布莱恩•米斯（Brian Meece）认为："众筹项目的胜算是普通项目的 10 倍，因为众筹项目拥有的群体和社会资本最终将转变为真实的资本。" Indiegogo 的丹妮•灵格曼的话甚至更大胆："未来的世界是，企业必须通过众筹平台验证其产品的可行性，否则风投资本家再也不会对其可能性投以一瞥。"福里斯特•惠特克（Forest Whitaker）借助 Indiegogo 众筹电影资金，并不是因为筹不到钱。他是想通过众筹活动测试票房需求而已。"我们正在变成世界的孵化平台，"灵格曼说道，"因为我们正在构建的是一个生态链，一种机制，让社会项目、企业和创意得以顺利地破茧而出。"

对于极具吸引力的项目，随着其风险降低到了可以忍受的范围内，风投资本家就开进来了。鹅卵石在 Kickstarter 上募得 1 000 万美元后，又从位于麻省剑桥市老牌风投公司查尔斯河风投公司募得 1 500 万美元。查尔斯河风投公司成立的目的是要将街对面麻省理工学院的科研成果商业化。Coinbase 是位居前列的比特币钱夹，在 FundersClub 上已经募得 16.5 万美元之后，又从联邦广场风投公司和安德雷森•霍洛维茨这对活宝那里募得超过 3 100 万美元的投资。Kickstarter 又一次独领风骚，甚至有了第一次以 10 亿美元成功退出的例子。3D 游戏虚拟现实头盔制造商 Oculus Rift 在 Kickstarter 上募得 240 万美元后，又从风投资本家那里募得非常可观的 9 100 万美元，而且还把行业大佬互联网浏览器 Netscape 创始人马克·安德雷森拉进他的董事会。老实说，风投资本家下的巨注最终得到了回报。4 个月后，Oculus Rift 并入 Facebook，拿回了 20 亿美元的真金白银。

对众人投资

把对新兴企业或者平台的投资往前推进一步。如果可以买人才的股份，结果将会如何？Pave 正好就是让投资者这么做的。投资者可以浏览类似“哥大毕业生”或“保健专才”这样的“人才库”，然后选择他们想要投资的个人，以便从其未来收入中分取红利。按照 Pave 与收入挂钩的独家支付协议，你每月领取一份收入，年回报利率可以达到 7%。人才分期还贷，每月向投资者支付，但是，如果他们不还钱呢？“为了防止连续赖账的情况出现，我们启动了标准化修正程序。”Pave 网站上如是说。“人才”也可摆脱合同的约束，只要以 5 倍于原贷款数额支付一笔赎金。稍好一些的有前途的学生还可以用银行卡或信用卡借钱，也可以找金融机构，利用预先发放贷款从事自己喜欢的事业。人才们不但可以拿到钱，还可以获得专业导师的指导。Pave 可以说是 21 世纪中产阶级技术迷们的赞助人。Pave 的顾问包括伦敦 GLG 合伙人的对冲基金经理们，他们是现代版的美第奇家族（一家拥有 260 亿美元的基金公司）。

Upstart 是另一家新兴企业，它让投资者直接绕过银行，因为银行要从千禧代债务人身上割去一磅肉[①]。硅谷的这家新兴企业众筹学生贷款，采取的是与 Pave 不同的方式，也就是为借贷人保密的方式。投资

① 出自莎士比亚戏剧《威尼斯商人》。商人安东尼奥为了帮助朋友找犹太人夏洛克借钱，夏洛克出于报复提出的条件是，如果安东尼奥不能按时还钱，夏洛克就要从他身上割走一磅肉。——译者注

者可以浏览每宗借贷项目，或者设定自己的风险偏好和回报标准后自动投资。由前谷歌员工创立的 Upstart 声称使用了复杂的安保模式来保护投资者的资金。该模式既分析 FICO 分值和信用报告等传统数据，又把诸如研究领域和平均成绩等学术变量纳入考察范围，以便得出借款人的赖账几率。勃兰顿•契科特斯基（Brandon Chicotsky）是我的一个朋友，他利用 Upstart 较低的费率二次融取学生贷款，创建 BaldLogo.com 网站，让商家掏钱在人们的秃顶上做广告。他不想成为公司奴隶。他曾对我说："从纽约大学毕业两年后，我还清了所有债务。我不知道我的同辈们还有谁敢这么说！坦白地讲，我喜欢我的投资人从我身上赚上一大笔钱，也算是我对得起他们对我的那份信任了。"

大资产投资

大众使用信用卡和 PayPal 账户资助演出、游戏和各种小发明。他们甚至拿出几百几千万美元来支持新兴企业。但是，总体而言，那都是小钱。P2P 模式也许最终会冲击人们在两类大型资产中的投资方式：公共市场产权和房地产。设在塞浦路斯和纽约的 eToro 是世界上最大的"社会投资平台"。用户通过 Facebook 登录后，可以在社会投资风向中看到朋友们在买什么股票。这有点像 Twitter：用户可以"跟随"他们最喜欢的交易人，看他们如何做投资。eToro 的"复制交易人"功能走得更远，让投资者一键自动复制别人的投资模式。没经验的投资者获得指导，有经验的投资者基于复制的人数获得佣金，这实际上是对他们为增加 eToro 交易量所作贡献的一种奖励。

在 eToro 的"OpenBook"平台上，175 万交易人分享着他们的交易信息和投资策略。在 eToro 平台上，所有投资均以 CFD（差价合同）形式实施，这是一种基于基础产品股票价格的衍生品。投资者还可以利用合作架构购买金融工具节省佣金。在 eToro 看来，这是一种符合詹姆斯•

苏洛韦厄奇（James Surwiecki）"群众智慧"论的投资理念。但是，不难想象，这种理念也很容易被沃伦·巴菲特等传统反向投资者利用：他认为羊群效应是制造泡沫的根源。毋庸置疑，社会媒体的力量是可以兴风作浪的。记不记得，2013 年在 Twitter 上流传的一则谣言，说白宫遭受袭击，致使道琼斯指数直接下跌 0.9%。

Fundrise 是华盛顿特区一家可让投资者直接投资当地房地产项目的平台。投资者对在他们地盘上修建的房屋既可以得到租金也有表决权。"社区发展，也是你投资的进展。" Fundrise 号召有钱也有意愿改变他们社区面貌的人们行动起来，不要让华尔街或房地产公司总部里的人们决策千里之外。"房地产绝非普通的'资产类别'，能够统计为数字并呈现在纸上，" Fundrise 网站上接着写道，"每一个社区，每一个乡镇，每一个城市都是独一无二的……机构基金经理与他们投资的这些地方没有联系，根本不会在乎建设项目是否合适。"与股权众筹一样，我们相信这种新模式正在使传统产业变得越来越透明。"说它是个黑匣子一点也不为过。" Fundrise 的共同创始人丹·米勒（Dan Miller）在描述房地产行业现行模式时这么对我说道。

Fundrise 的工作原理是什么？投资者买入房屋股份，收取房租作为股息。投资者也可以查看针对他们本地投资组合业绩的分析报告，加入"投资人网络之家"，这是一个类似于 AngelList 把投资者联合起来做大生意的辛迪加。Fundrise 为那些希望投资具体开发项目的人大大地降低了准入门槛。只要 100 美元，投资者就可以买到费城一个由电站改装的中转站的股份。的确，中转站本身就是共享经济的缩影：合二为一的空间，共同工作共同零售，零售商每月只需支付 45 美元就可以租到货架。Fundrise 的租户还能得到更多好处：一群富裕且社会关系广泛的当地人选择了他们，成为了他们部分最好的顾客和宣传员。

房地产共享投资不仅限于城市。正如 Fundrise 推动城市黄金区开发投资民主化一样，Fquare 也在推动昂贵的农用地投资民主化。2012 年成立的 Fquare 在农用地投资方面采用的是平分产权模式。具体做法是销售与售后租回：农夫把土地卖给有资格的投资人，新的“农场主—农夫”可望得到每年 3% ~ 6% 的回报。租期将于农夫认为方便的某个时间到期失效——通常为其退休年龄——此时土地卖出，资金返还投资者。Fquare 这个怪名字的意思是每股代表 1 平方英尺的农用地。其创始人查尔斯 • 波朗科（Charles Polanco）十分看好农用地的投资价值。他指出，艾奥瓦州农用地自 1990 年以来已经升值了 600%，而同期的标准普尔 500 综合指数涨幅仅为 270%。和 Fundrise 一样，Fquare 希望把经济利益同社会效益结合起来。它首先倡议，买农场捐粮食，为解决世界饥饿问题作贡献。

风险警示

共享经济有些投资风险也不容小觑。例如，几乎所有 P2P 借贷都是无担保的。美国 P2P 借贷也是无担保，投资者除了要冒损失资金和流动性的风险，还不受 FDIC 的保护。FDIC 是一家为银行存款提供保险服务的美国联邦政府机构。在英国，P2P 金融平台上的投资也不受“英国金融服务赔偿计划”的保护。“英国金融服务赔偿计划”类似于政府保险，只管银行存款和住房互助协会，可以提供高达 8.5 万英镑的损失赔偿。我有些积蓄在 Funding Circle 上，如果向我借钱的人要赖账，这钱就算完了。共享经济里发生的 Quakle 的故事，需要我们引以为戒。Quakle 是一家小型 P2P 借贷公司，于 2011 年破产了。由于信誉度基本依赖评论系统，出借人纷纷用自己亲身经历控诉（哭诉）负债累累的借款人。Quakle 的债务违约率接近 100%。

幸运的是，今天的主要玩家们更大了，也更成熟了，他们邀请保险商、信用评级机构、统计分析师一起把资金分给数以百计的借款人。如今，Lending Club 的违约率是 3.0%，这 3.0% 是指每个投资组合每年因借款人赖账而造成损失的平均值，而不是指赖账人的百分比。Prosper的违约率更高一些，达到了8.6%，主要原因是他们的贷款利率一向比Lending Club高，因而风险也比Lending Club高。在英国，RateSetter实施“准备基金”制度，至本书写作时止，已经成功地保护了1.7万出借人，未让他们因为有人赖账而损失一个便士。不过，高回报必然带来高风险，尤其是在未来几年里，守信借款人人数并不会随着资本流入而增加。

说到投资新兴企业，风险就更高了。哈佛大学商学院的研究表明，即便是专业投资人也经常出错：风投资本看好的所谓有前途的公司中，失败率是75%。通过Seedrs等平台投资的业余投资者就只好自己承担风险了。4年时间里，所有新兴企业中有一半已经关门大吉。至于科技创新企业，则风险更高。科技创新企业孵化器把最好的几根苗子纳入自己的培养计划中：世界上这几个有理想的天才企业家最后还要经过层层筛选。这些新兴企业中约90%会以失败告终。如果失败率比天高，那么价格也会如此。估值掺水是常事，不仅体现在共享经济新兴企业中，也体现在其他“热门”领域里，像软件即服务（SaaS），使新兴企业投资常常变成一连串昂贵的错误。祝你走运发现下一个谷歌。

在奖励众筹平台上，存在风险的金额显然要小得多，但是这里的投资也是危机重重。Kickstarter收费毫不含糊，可却不能保证所有的项目都能上马。许多项目一拖就是几个月。“雾件”（Vaporware）这个名词是指永远都不会面世的硬件项目，因为这些硬件在现实中就不可能生产出来。为了降低这种风险，Kickstarter制定了新规则，禁止使用华而不实的视频和对“将来的各种可能性”的模拟进行宣传。对于真正流产的项目，Kickstarter不会返现，因为资金并不在它手里：一个项目一旦获得投资，资金就会从投资人的信用卡直接流向项目研发人在亚马逊的账户上。如此一来，投资人就只好完全依靠项目研发人返还他们的现金了。可怕的事件少但也并非没有。2013年，埃瑞克·切瓦利亚（Erik Chevalier）在Kickstarter上融资12.2万美元，以开发某种棋类新游戏。新游戏从未问世，许多投资人损失惨重。正如协同基金的夏皮罗所言："众筹是蛮荒的西部。"他本人也曾是受害者：他手下基金就有笔 ProFounder 的呆账，Profounder 是个流产的众筹平台。

"购买—共享"模式

我们已经看到，风投资本家还有个人是如何投资共享平台以及平台上那些前景美好的新兴企业的。但是，在所有资产种类中最大的莫过于那份最终将被放上主要平台的财产清单。"投资点亮共享经济的网络，如 Airbnb、Lyft、Sidecar 等，看起来显然是个不错的主意，"弗雷德·威尔逊在他的博客 AVC.com 上写道，"他们目前所做的一切也许会再有利可图的……会在有成为大型资本资产类别可能性的有形资产方面，开拓出一个巨大而崭新的投资市场。"优步就走在了我称之为"购买—共享"模式的前列：购买资产的唯一目的就是为了在线上平台上把它们租出去，以便在最短时间内获取利润。2014 年，优步安排了 25 亿美元资金帮助它的司机购买新的通用和丰田汽车，为其平台服务。如果汽车不在优步上使用，利率就会直线上升。但是如果在优步上使用，出租车司机就会得到便宜的车贷，优步也可获得充足的营运司机。

通过众筹，业余的 P2P 投资者正在冲击专业的投资人。现在，专业的投资人正通过"购买—共享"模式冲击业余投资者。P2P 汽车共享表面上是普通人把自己不用的汽车租出去。但是，据 RelayRides 的谢尔比·克拉克称，平台上许多高级用户购买汽车仅仅是为了把它们租出去。有人说，有些车主在出租的头一年里不但收回了购车成本，而且还有盈余，无异于免费得到一辆汽车，以及此后还有源源不断的收入。这种风潮在 Airbnb、HouseTrip 等房屋出租网站上达到了顶点。贪婪的专业投资人——可不像普通投资者那样容易满足——现在在这些肥腻的市场里翻云覆雨。一篇刊载于美国科技博客 PandoDaily 上的文章《不存在的人》（*The Man Who Does Not Exist*），揭露了Airbnb不愿对他人讲的一个故事——Airbnb的一个“房主”，在自己的投资人支持下，在纽约曼哈顿买了许多公寓，专门用来出租，租金是每晚500美元。

如果这种“购买—共享”模式渐成气候，会带给我们哪些启示呢？我们将会看到，在平台和城市之间，龃龉逐渐显露出来。城市在向专业投资人发放特许牌照时原本就不是那么情愿。顺着线索往前，群体内部也有可能发生分裂，有人拥抱平台是基于社会和环保的理由，而有人却是不折不扣的经济机会主义者。顺着线索往前再走一步，“购买—共享”房主和房东对高回报资产日益增长的需求甚至可能抬高资产价格。这种情况可以说已经在一些城市中心发生了，短租房变得十分抢手，租金是水涨船高。这种价格的上涨对数以百万人的财产来说很可能就是釜底抽薪。正如共享经济律师珍妮尔•奥尔西（Janelle Orsi）所言：“本可以从中获取最大利益的人却无法得到需要的资本。”

的确，“购买—共享”模式可能会导致资产利用率的下降，这是很有讽刺意味的事情。美国著名网络杂志Slate记者瑞秋•门罗（Rachel Monroe）简明扼要地说：

> 共享经济标榜的好处之一，是可以让人们更有效地利用他们手中的资源。可是，越来越多事例表明结果是相反的——房产所有者受经济利益驱使，宁愿让他们的房屋长时间空着。

一度一年365天，天天满客的公寓，如今淡季时空出，用来接待一波又一波匆匆的游客。门罗注意到自己家乡得州的马尔法已受影响。“房产所有人并不住在这里，于是出现了多少有些滑稽的情况——从波特兰来的游客通过Airbnb租住的房屋，其屋主本人很可能就是波特兰人。”我们可以相信市场会着手解决这些问题，至于效果如何还有待验证：如果利用率下降太厉害，“购买—共享”模式投资者就会自动退出市场。

然而，不管怎样，至少时至今日，共享经济里的绝大多数企业都是在充分利用现有的产能。如果有房东为了追求更高利润通知房客腾房，Airbnb 及其对手们都会大力帮忙，替大多数人付房租，此外，也会帮助自住业主偿还他们的抵押贷款。与此同时，利用资产的新方式也促使人们少买房产和汽车——家庭中花费最多的两笔投资。最终，这也意味着银行抵押债务少了，全球经济系统风险也降低了。共享现有产能还能够减缓资源消费，减少浪费。但是，如果我们都用旧的不买新，也并不能让人人都高兴起来。这么一来，世界上的大公司该靠什么生存下去呢？

一个身着朴素的灰色西服的男人严肃地盯着我们的护照看了很久，然后他把护照锁了起来并打电话为我们放行。在德国慕尼黑的宝马汽车公司研究实验室中，他们做事力求万全。2011 年，宝马公司已经投资了车位分享平台 JustPark，也就是此前著名的新兴公司 ParkatmyHouse.com。此次合作开启了两家公司间非凡的合作生涯，而起初这家新兴公司仅有一个老板和一名员工，但这并不是重点。

在紧锁的实验室内，我看到还未发布的宝马汽车模型被旋转的油画布掩盖住了身形，以防止被摄像师的快门拍下。我和安东尼穿过迷宫一般的大楼，走到充满回音的长廊。最后，我们终于找到了那个房间，它的名字由一串数字和 Z 组成，就像某种战时的密码。我们到这儿是来讨论一个绝对机密的合作：一个可用于智能手机的第三方停车应用程序，它可以在宝马旗下汽车品牌 MINI 的卫星导航上运行。这是史上第一次，驾驶员可以使用车内的卫星导航来进行泊车预约和付款，当然还有停车服务。这也是我们首次将电子商务运用到汽车上。

为什么宝马需要我们？即使有着丰富资源的宝马公司也知道，像它这样的大公司，由于工艺流程和公司组织密不可分，所以无法以一个新兴公司的速度创新。像特斯拉汽车公司这种的精益新贵可以用更快的速度发展。比它小的公司甚至会发展得更快。新兴公司也能够聘用合适的创业人员来进行创新。JustPark 中的每一个人员都是创业者，甚至像厨师朱莉也管理着自己的预算并享有优先股票权。最后，创新还需要冒险精神。一家大公司的品牌既是它最大的优势也是它的要害。尽管它能给公司带来高额利润率，但其珍贵的品牌也极需公司的呵护。通过投资新兴公司，宝马公司可以让这些小公司成为代替它承担风险的“替罪羊”——根据数据，他们对这些小公司的成功并没有报多大希望。

图 5—1 JustPark 和宝马公司合作的车内 APP 示意图

注：这是世界上第一款允许司机通过他们的汽车预定停车位的车载应用。

当然，宝马公司这样做是正确的，因为大公司无法轻易变成新兴公司。当苹果公司前零售主管罗恩·约翰逊（Ron Johnson）离开苹果掌管美国大型百货连锁公司杰西彭尼（JC Penney）时，他试图将其变成一家新兴公司，快速迭代其产品。结果杰西彭尼在 18 个月的时间内损失了 40 亿美元，而约翰逊也因此丢了饭碗。宝马公司很清楚自己同样无法完成这种转型，但是它可以收购新兴公司的股份。宝马公司同样也知道，随着所有权模式的变化，它的眼光必须放长远，而不仅仅局限于销售汽车。于是 2011 年，宝马公司成立了总值 1 亿美元的“i Ventures”基金。该基金的运营始于曼哈顿西村（West village）一处现代的孵化器空间。该基金的职责是：选择那些改变人们出行方式的新兴公司，给他们投资，而且投资并不局限于汽车。计划很简单：新兴公司获得一个可信任的全球品牌的信用，而宝马公司则获得新兴技术。宝马公司从董事会层面对 JustPark 进行了讨论，因为如果宝马公司想在这个电子世界而非机械世界、这个 App 盛行的世界而非交换机的世界取得成功的话，就必须依赖我们的帮助。我们微不足道的力量不仅成为宝马公司更成为整个汽车行业未来蓝图的一部分。

每家公司最大的恐惧：无关紧要

大多数全球最大的公司现在都深知新技术给消费者行为带来的改变远比广告牌和电视广告深远。在发达的“我们—经济”模式中可以看到许多这样的转变。例如，取款人和借款人之间不再通过汇丰银行，使用像 Lending Club 这样的美国 P2P 借贷平台就可以从彼此挣得利息、获得信用；在国外旅行，不用入住希尔顿酒店，通过 Airbnb 这样的旅游租房网站就可以实现房主和游客间的房屋租赁；雇主也不再需要埃森哲（Accenture）这样的专业服务公司来提供海外劳工，通过 oDesk 这样的工作在线外包平台就可以和工人进行在线会晤。

“如果不建立价值循环，”经济学家乌玛尔•哈克（Umair Haque）说道，“人就会自我组织并被商品化……某些产业需要调整自身，否则将被时间的流沙吞噬。”无数坐拥数百亿美元资本的上市公司现在都处于脱媒的风险（即金融非中介化）。“公司美国[①]（Corporate America）需要密切关注这种新的模式，”纽约大学的阿伦•桑达拉贾在书中这样写道，“合作消费和共享经济这两个词更能使人想起嬉皮文化而不是戈登•盖柯[②]，但他们所体现的商业威胁十分真切……如果你的企业所依赖的消费模式并不能有效地服务于消费者，那么很可能已经有一种新的共享经济市场应运而生，期待给顾客带来更高效的消费模式。”

① 指美国现代经济体系中崛起的、在国家经济中发挥关键作用的大型企业群体。——译者注
② 戈登•盖柯（Gordon Gekko）为电影《华尔街：金钱永不眠》中的角色，股市大亨。——译者注

由于公司一直在严密地监控着传统竞争者，所以现有的威胁主要来自消费者，因为总有一天，这些消费者将不再需要公司。这对于那些自认为不可或缺的公司来说是很可怕的。更可怕的是，这些新近参与者在和完全不同的商业模式竞争。这就要求公司对已有活动进行大刀阔斧的改变，这种改变光是想想就很复杂、可怕。这就好比让一个开往悬崖的卡车司机在到达悬崖边的那一刹那将卡车变成飞机逃生。最糟糕的是，一旦顾客可以用更好的方式获得产品或服务，他们将永远抛弃旧的行为方式。这就意味着顾客打车时不再给当地的出租车公司打电话，而是直接电子呼叫私家车搭乘服务应用SideCar；也意味着顾客不再去布鲁明代尔买衣服穿，而是通过服装租赁网站 Rent the Runway 租衣服穿。一旦市场被干涉，它们就回天乏力了。

因此，许多大公司都在警惕地监视着小型新兴公司，生怕他们引起的行为方式转变会威胁到自己，这一点也不奇怪。许多公司聘请咨询公司来帮他们时刻关注趋势。Trendwatching 就是这样一家独立的有自主观点的趋势研究咨询公司，它为大概 4 000 个品牌提供了未来趋势的分析，其中也包括对共享经济趋势的分析。不同公司面对威胁所作出的反应也大相径庭。有些公司比如宝马公司，试图改变自身，并从眼前的巨变中获益。我们将发现，共享经济下，这样的例子随处可见：许多大公司本着“没法打败对手，那就与他合作”的精神和小型创业者进行合作。但也有些公司正跃跃欲试要与这些经济结构变化进行殊死搏斗。然而在这场搏斗中，大部分人注定会失败。再过十年，如同库伯勒-罗丝模型（Kübler-Ross model）① 描述的那样，许多大型上市公司将经历绝症病人必经的 5 个阶段：否认、愤怒、讨价还价、抑郁直到最终接受。

① 库伯勒-罗丝模型是由库伯勒•罗丝提出，并在其著作《论死亡与临终》中描述了人对待哀伤与灾难的 5 个独立阶段。——译者注

音乐产业：传统商人的教训

过去 30 年，音乐产业和技术进行了一场血腥的必败之仗。20 世纪 80 年代早期，音乐产业反对模拟录音带。我还记得当时英国唱片产业所进行的一次资金充足的运动——“家庭录音（Home Taping）正在杀死音乐”。一些骇人的广告上模拟录音带被做成骷髅的样子，录音带的线管被做成了眼窝。当 20 世纪 80 年代后期出现数字录音磁带时，音乐产业又一次故技重施。这一次，它比以往更加卖力地反对，因为此时人们可以复制音乐又不损失音乐质量。在美国，数百万美元的游说促使国会在 1992 年通过了《录音录像法案》（*Audio Home Recording Act*）。它批准了对数字录音设备的版权保护，从而阻止人们进行复制。同时该法案还对数字式录音磁带（Digital audiotape，DAT）进行征税。

20 世纪 90 年代初，音乐产业又遇到了新的敌人——MP3s。这种新的格式只需要 DAT 磁带十分之一的电脑容量就能存储歌曲，这一突破使得歌曲能被下载了。之后美国唱片业协会（RIAA）在法庭起诉了生产数字音乐播放器的帝盟公司（Diamond），因为这家公司制造了第一款成功的商业 MP3 播放器 Rio。那时，MP3 播放器价格昂贵，销量很低。然而，随着音乐文件在网上极其容易地被传播，音乐产业的诸多问题如雨后春笋般爆发。此后 RIAA 关闭了 NAPSTER 这个由西恩·帕克（Sean Parker）创立的免费文件共享服务器。创作出《猎犬》（*Hound Dog*）、《监狱摇滚》（*Jailhouse Rock*）等歌曲的打击乐歌曲作家迈克·斯托勒（Mike Stoller）当时说道：“今天，我对那个 17 岁的歌曲作者忧心忡忡，他期待在音乐业有所建树。然而如果 Napster 及其盗窃行为没有被制止，那么那位年轻人未来的谋生之道只能成为一个兴趣爱好，如果这样，那么我保证，能够投身发扬美国传统音乐的有才华的音乐人将会越来越少。”

如今在美国，唱片业死气沉沉，而音乐界依然生机勃勃。如果说它的结局能给我们什么启示，那就是：要么进化，要么死亡。消费者最终达成所愿。唱片业没能领导这次改革，而它抵制的后果则是被技术业占领市场，如苹果公司的数字媒体播放应用程序 itunes，谷歌旗下全球最大的视频网站 YouTube，以及最近出现的全球最大的正版流媒体音乐服务平台 Spotify 和美国最流行的在线音乐服务软件 Pandora。的确如《福布斯》杂志所言，音乐业的收入在不断上升是因为“消费者的便利大过版权侵害”，电视和电影产业也是如此。技术巨头将瓜分这些胜利果实。我不禁想起 1996 年学校放假的时候，当时我在音乐产业的巨头索尼音乐娱乐公司实习。那时，每个周五午后，有人会推着放满香槟酒的手推车从办公室穿过。据说公司老板每年都会购置一辆保时捷。然而现在这家公司已不见当年的雄风了。音乐产业的这些巨头们没能跟上创新步伐，于是就没落了。这也算是咎由自取吧。

汽车产业：引路人

《创意设计共享》在线杂志的共同创始人尼尔•高伦佛（Neal Gorenflo）说道：“汽车产业也正在经历 Napster 的困难时期，但是它在积极作出回应。”JustPark 并不是唯一一个宝马公司所进行的共享经济尝试。在与德国汽车租赁巨头 Sixt 的合资企业中，宝马公司运营着其汽车共享计划——DriveNow，这是一个在美国旧金山市和德国 5 个城市都非常成功的共享经济例子。这项服务使得 2 000 多辆宝马和 MINI 汽车在 31 个城市的道路上运营，它的租金在德国是每分钟 31 美分起，费用包含了公路税、保险和燃料。如果汽车在预约期间泊车，车辆的 GPS 全球定位系统将获得信息，并降低费用。我们可以预见再过 50 年，生产和销售高质量的私人车辆会产生巨大的经济价值，特别是在新兴市场。然而除了所有权外，宝马公司还想从按需使用的趋势中获益。汽车制造商的商业模式即将发生巨大改变，而 DriveNow 则是一个开端。DriveNow 的官网甚至高歌这种服务“比拥有一辆车还酷”。

宝马公司的劲敌、全球最大的商用车制造商戴姆勒公司投资的共享模式更多。它的汽车共享服务平台 Car2Go 比 DriveNow 运营的时间还要长，并且在北美和欧洲的 16 个城市运营。DriveNow 和 Car2Go 比网上租车公司 Zipcar 更大的优势在于：其车辆在预约到期后不必非得停到它们指定的停车场。而世界著名的德国汽车品牌梅赛德斯 - 奔驰也创建了一款叫作 Moovel 的全能移动 App（这是戴姆勒公司 2012 年推出的手机应用，属于一种车联网尝试）。Moovel 目前仅在德国适用，它通过拼车网络平台 Carpooling.Com 和 nextbike 这类公共自行车服务以及公共交通数据将 Car2Go 这个长距离搭车服务应用于各种车辆。Moovel 的项目经理迈克尔 • 库恩（Michael Kuhn）代表东家对时下流行的共享经济侃侃而谈，他说道："这些例子都说明使用权赢过了所有权。"2014 年，戴姆勒公司又获得了一款移动交通智能手机 App，其类似于美国企业 RideScout 所开发的 App，帮助消费者找到前往目的地的最佳方式，它将所有移动选择包括自行车和汽车共享整合到一起。

然而宝马公司并不是唯一拥有创业基金的汽车公司。美国通用汽车公司拥有 GM 风险基金，它在 P2P 汽车共享新兴公司 RelayRides 中拥有少量股份。"看到我们正在做的这件小事能够获得世界最大汽车制造商的关注，这对人是很大是鼓舞，"RelayRides 公司的谢尔比 • 克拉克这样跟我说道，"通用汽车公司本会受到新兴共享汽车带来的威胁，但它却愿意支持我们。"二者的合作旨在利用通用公司的 OnStar 系统①，让 RelayRides 的用户通过移动 App，安全地解锁 1 500 多万辆通用的汽车。如果我们能借邻居的车开，那新车销售量肯定会有所下降。然而这项合作的目的就是要保证新销售出去的汽车都是通用公司的车辆。通过 OnStar 系统，通用公司把数百万潜在的买家吸引到了自己的汽车市场，开辟了一种新的自我安排式的试驾方式，这比通过媒体或者代理商网络进行宣传所花费的成本要低得多。

① OnStar 系统，即安吉星，是通用汽车旗下知名汽车安全信息通信系统服务商。——译者注

在十年交替之际，法国汽车产业在移动服务方面也进行了类似的尝试。法国标致的子品牌 Mu 将自己的产品范围扩大到了极致。会员可以获得定制的标致车辆的使用权，包括遍布欧洲 100 多个城市的汽车、电摩、自行车和货车。“在欧洲最大的城市，我们发现人们正逐渐放弃汽车的所有权而转向使用权，”来自标致移动策略项目组的纳德吉·福尔（Nadege Faul）这样说，“我们要么采取行动、认清新的市场，要么永远失去这些顾客。”法国雪铁龙的多城市出行方案在线平台 Multicity 是基于汽车和电动汽车租赁而构建。Multicity 主要专注于法国市场，它和法国新兴公司 OuiCar 和法国拼车网站 BlaBlaCar 合作，提供了 P2P 汽车租赁和车道共享服务。

日本的丰田公司也不甘示弱，它发明了小型电动概念车 i-Road 。这个所谓的“个人移动车辆”有三个车轮，其平衡通过电脑芯片和回转仪来处理。丰田公司计划将 i-Road 应用于城市，对于那些不想骑自行车让自己满头大汗的人来说这是个更安全更快捷的选择。

汽车制造商的反应是明智的，同时汽车共享也显现出了巨大的经济潜能。加州大学伯克利分校的一项研究发现，平均每共享一辆汽车，道路上就会少 9 到 13 辆车。接受共享服务的汽车制造商正在迈入一个新的经济模式，协同经济顾问杰瑞米亚·欧阳将这种模式称为“公司用来服务”模式，即公司将其资产通过即付即开或提前预定的方式进行出租。虽然汽车租赁并不新鲜，但这种租赁的灵活性和重要性却很新颖。现在宝马公司和丰田公司都允许直接从代理商处租汽车，这种服务类似于福特公司的汽车共享项目 Ford2Go，该项目在德国戴姆勒公司附近开展，并且挑衅般地使用了和戴姆勒品牌 Car2Go 相似的品牌名 Ford2Go。美国克莱斯勒公司的道奇甚至实验过群体集资购车项目。有望成为车主的人邀请亲戚朋友来给车的某个部分付款。这和结婚礼品单非常相似，只不过结婚礼品单上列的都是盘子、被单，而这里被邀请的人要为汽车的一个轮胎或者变速箱买单。

当然，没人愿意看到汽车制造商在一直努力，而汽车租赁巨头们却等闲视之。2013 年，美国一家经营汽车租赁的大型跨国集团——艾维士巴吉集团（Avis Budget Group）给 Zipcar 支付了 5 亿美元。尽管两者间有明确的协同机制，但 Avis Budget 向这家白手起家的企业给出的价格表明传统商人对共享移动空间既害怕又心存贪念。Avis Budget 的首席执行官罗恩•尼尔森（Ron Nelson）说过去他对汽车共享这种模式是蔑视的，但之后他发现给“更加年轻古怪的顾客”提供按小时租赁汽车的服务具有巨大的经济潜力，于是他改变了看法。Enterprise 是美国最大的汽车租赁公司，它正在经历同样的过程。该公司合并了芝加哥汽车共享服务 IGO CarSharing、纽约和波士顿的汽车共享服务 Mint Cars 以及费城汽车共享服务 PhillyCarShare。Enterprise 同时还收购了远距离搭车软件 Zimride 来扩大自己的服务基础：该软件经营理念类似于 BlaBlaCar。同时在英国，由于没有合适的收购目标，汽车租赁公司 easyCar 扩大了自己的 P2P 汽车共享服务 easyCar Club。该公司是由廉价航空公司——易捷航空公司的创始人斯特里奥斯（Stelios Haji-loannou）资助的。

然而，假如说有哪位企业家身上能代表汽车行业不断进取的领导精神的话，这个人非比尔•福特（Bill Ford）莫属。他是福特公司的首席执行官和亨利•福特（Henry Ford）的曾孙。然而他并不是我们常见的那种汽车城执行官，他同时还是跆拳道黑带选手、素食主义者以及电子汽车和新兴公司的爱好者。2009 年，他曾说道：“未来的交通将是网上租车公司 Zipcar、公共交通和个人汽车所有权等诸多元素的混合物。对此我并不害怕，相反我认为这是个很好的机会，我们可以借此参与汽车所有权性质的改变过程。”同年，他创建并以个人身份支援了总部位于底特律的创业基金 Fontinalis Partners（福特汽车风险投资），并投资了“下一代移动项目”（Next-Generation Mobility）。Fontinalis 旗下有 RelayRides、大学自行车共享平台 Zagster 以及各种公司和酒店。早在 20 世纪 90 年代，福特汽车公司就获得了几十亿美元的利润，其中一部分是通过销售耗油但利润率高的越野车获得的。世界在进步，比尔•福特也在进步。

酒店业

汽车行业大公司的进步与酒店业并不相同。酒店企业未能迅速改变自己的商业模式来适应消费者习惯的改变，其原因有三：第一，在之后的章节我们会看到，较之汽车共享，酒店短期租赁所运营的监管环境并不确定，这给酒店开拓市场增加了风险；第二，酒店没有汽车制造商那么多的技术人员和开发人员，因此将新的在线商品投入市场存在技术缺口；第三，酒店去适应商业模式的变化需要的成本更高，难度更大。其原因在于瓦解现有商业模式的不是一种新的获取商品的方法，而是出现了完全不同的商品，即私人住所而非酒店房间。但这也并不是不可能的。例如，希尔顿酒店可以启动“Hilton Homes”计划，即提供离酒店设施较近的豪华房产。这样，公司经理们不用只订一个单人间，他们可以多花点钱预定一套豪华的房屋，把商务旅行变成全家度假。为了减少资金支出并降低风险，Hilton Homes 计划不能将这些个人住所出租或占有，它只是将其可信赖的品牌投入策划市场，通过其酒店团队对这些就近的房产进行管理和服务。

如今短期豪华公寓租赁市场已被豪宅短租平台 onefinestay 占领，这个共享经济公司有朝一日可能被酒店巨头收购。酒店企业也可以投资 P2P 住宿平台。另外，他们也可以共同出资开创自己的市场，例如领先的英国房地产经纪人创立了英国租房网站 Rightmove，现在已市值 22 亿英镑。正如我们在音乐产业所见，如果传统商人不认真对待，技术公司将抢了他们的饭碗——例如旅游评论网站 TripAdvisor 在 2008 年收购了类似 Airbnb 的度假租赁服务 FlipKey。

目前酒店行业的共享经济创新主要集中在协同工作。据市场调研公司国际数据公司（International Data Corporation，IDC）的数据表明，2015 年末全球“移动工作者”（没有固定办公场所的工作者）的数量将达到 13 亿人。万豪国际酒店的品牌副总裁保罗•卡希尔（Paul Cahill）指出："人们的工作方式正在变化，我们也要与时俱进。"办公室出租平台 LiquidSpace 可以让移动工作者按照小时或天数来租赁办公场所，通过与它的合作，万豪按需工作区（Workspace On Demand by Marriott）可以让人们预订其酒店内 430 多个房间作为办公场所。万豪酒店也免费开放一些工作区，因为他们很清楚即使不这样，这些房间也是空闲的，另外他们也希望借此能吸引一些财大气粗的企业分部入驻酒店，在餐饮方面有所消费。W Hotels 是喜达屋旗下的酒店，它也和 LiquidSpace 的竞争者办公室出租服务商 Desks Near Me 有类似的合作。一些连锁酒店如洲际酒店和金普顿酒店也在增加酒店设施的共享。"Hyatt has it"项目已经在凯悦酒店的房内安置了寄物柜，里面有供客人共享的物件，从手机充电器到瑜伽垫不等。

对于酒店行业来说，问题并不是非常严重。2014 年，波士顿大学的学者就 Airbnb 对酒店业的影响进行了首次深入细致的研究。他们以得克萨斯州的一个当地市场为例，计算出 Airbnb 目录上每增加 1% 的数量，仅导致酒店季度收入下降 0.05%。Airbnb 不但不会吞掉酒店的收入，反而会给当地带来新的游客。他们发现这小小的降幅主要集中在经济型酒店和家庭宾馆，而不是上市的酒店公司。但讽刺的是，那些极力反对 Airbnb 的大型酒店老板受到共享模式的威胁远远小于革新的汽车制造商所受的威胁。事实上，与 Airbnb 及其同行相比，酒店巨头的规模更加巨大。2012 年，Airbnb 庆祝其全球入驻超过 1 400 万次。这个数据听上去很大，但根据调研公司 STR 的数据，仅美国酒店业一年的入驻次数就超过 10 亿次。商务旅行者对酒店的需求是长久的，特别是那些豪华酒店。

然而，虽然其影响目前看来可能不大，但是这场潮流将很快就会与酒店企业有所冲突。2014 年，Airbnb 超越希尔顿酒店成为了世界上最大的酒店巨头，在世界范围内拥有 60 万个床位，尽管实际上它连个枕套都没有。对于酒店来说，他们担心的不是现在的 Airbnb，而是几年之后的 Airbnb。Airbnb 几乎花了 4 年时间才迎来第一百万个顾客。如今，该平台每个月都有 100 多万的顾客。在很多城市，如果 Airbnb 在主流旅游行业继续保持这种强劲增长势头的话，那酒店企业将会发现他们的重要指标“房间平均收入”会有所下降。新兴公司西岸甚至通过集成费用管理软件并提供精选的商业适用房产目录对商务旅游市场乘胜追击。

同时，越来越多的预定渠道正在向 P2P 住宿开放。例如，酒店和航班搜索引擎 Hipmunk 在其酒店搜索中会显示公寓目录；在线旅游公司 Expedia 和假日房屋租赁网站 HomeAway 进行合作，其搜索结果中会显示出后者的房屋数量。假以时日，如果房间和公寓这种资产类别的短期租赁受到合适的监管，那么酒店企业将面临更加富有竞争力的对手——私人房间，在这种“购买—共享”的模式下，投资者也能放心大胆地抢购房产。这些民宅库存最终会在价格和空间上超越许多酒店房间。同时它们给顾客留下的是难忘又“有的说”的经历，这比很多酒店要更胜一筹。因为共享会一如既往地像病毒般地疯传，没人愿意在他的社交服务网站 Facebook 上分享道：“我们住的万豪酒店很干净。”但是假如你在上面贴出一张漂亮、体面的照片，上面是你们住过的一顶帐篷、一个城堡，或者是搭乘的一艘游艇、经过的一个灯塔，又或是一间树屋呢？那情况就完全不同了。实际上，这里蕴藏的无数个故事，你可以一遍遍向人讲起。

银行业

在金融业，共享经济模式下的新兴公司和传统商人间的规模差异远比酒店业大得多。然而在金融业中，银行巨头反而害怕看似弱小的新兴公司，如同圣经中的巨人歌利亚（Goliath）害怕年轻的勇士大卫一样。《金融时报》上报道过这个新闻：美国富国银行竟然禁止自己的员工使用美国 P2P 借贷平台 Lending Club 和 Prosper。被曝光的公司备忘录上赫然写着：“P2P 借贷是一项会造成利益冲突的竞争活动。”《金融时报》是这样解释这条禁令的：“银行和 P2P 平台之间的矛盾愈演愈烈，主要是因为

P2P 模式取代了传统贷款机构（即银行），而直接将资金配置给借款人。”为了正确看待这个禁令，我们可以比较一下：富国银行在 2013 年第 3 季度的收入是 2 230 亿美元，而 Lending Club 这个 P2P 借贷平台的先锋，同期记录仅有 1.8 亿美元。借贷行情和新闻网站 LendingMemo 的 P2P 银行业务专家西蒙 • 坎宁安（Simon Cunniingham）指出：“对比一下 GDP 就知道，这就好比美国对毛里求斯岛国颁布贸易禁运一样。”

然而，Lending Club 的创始人雷诺 • 拉普朗什（Renaud Laplanche）阐述了三个原因，证明银行的恐惧是不无道理的：第一，他指出 P2P 借贷的高效率：Lending Club 的运营费用率低于 2% 而且趋于更低，而银行的运营费率通常为 5% 到 7%。“我们 5% 的成本优势可以转嫁给顾客”，Laplanche 说道，“所以很难想象银行如何跟我们竞争。”第二，新的 P2P 出借人使用先进的定制技术，而银行使用的是经过多年归并的陈旧的系统；第三，新兴公司具有文化优势。“来 Lending Club 工作的人，”他说道，“是那些有志于改变银行业的人。”这三个相同的规则——低廉的运营成本、全新开始的技术优势以及文化——延伸到了受共享经济影响的每一个领域。

我们可以给 Laplanche 说的三个原因再补充第四个：一直以来大银行由于信贷紧缩造成的不信任。实际上还有第五个原因：专注。最成功的 App 通常都是只专注于做一件事，并把它做到极致。最成功的 P2P 金融公司也不例外。安迪 • 威斯曼（Andy Weissman）是联合广场创投的合作人，也是 Lending Club、德国的 P2P 借贷平台 Auxmoney 以及英国的 P2P 借贷平台 Funding Circle 的投资人。他指出：

> 银行和金融机构通常会集中各种资金、能力、信用、保险以及风险评估等……在过去的 20 年里，已经出现了很多综合金融机构和所谓的“金融超市”，在理论上，它们可以在一个机构下提供所有可能的金融服务。但是，假如这些能力分散到各处并脱离核心机构

后被运用得更好，那么它们之后提供的服务会更好吗？会更快、更便宜吗？

威斯曼接着举了几个快速成长的商机玩家如英国网络小额贷款平台 Wonga 以及在线和移动支付服务 Dwolla 的例子。目前，这些新近参与者的关注点很明确——Lending Club 正在对消费者信用卡债务进行再融资。但大部分公司渴望建立一套又一套颠覆性的产品。Lending Club 不久将提供小规模商业贷款，开辟零售业务银行的第二战场。

基于以上原因，P2P 金融业的增长率充满了戏剧性。Porsper 和 Lending Club 这两家美国大公司合起来已经贷出了 100 多亿美元，而在英国 P2P 借贷数字是 20 多亿美元。考虑到高利息率的吸引力，如此稳健的增长率毫不为奇。除去费用和坏账，英国 P2P 借贷市场领头人 Funding Circle 和 Zopa 给投资者提供的平均收益分别为 6.1% 和 5.1%，他们也不可能耗尽资产。除非受到监管限制或因丑闻出名，世界各地的 P2P 借贷机构将会吸引大笔养老基金以及保险公司，他们也像普通人一样被高利息率所吸引，并希望借机获利。毫无疑问，把现金存入 Prosper 的风险要高于存入汇丰银行。但我们如果向前追踪这些趋势发展，LendingMemo 所推测的以下内容也并不是荒唐的："今天我们的国家，也可以说是世界历史上最强大的经济力量，将被几百个人和一个服务器群打败。"

如果说哪个行业不幸被打败了，那应该就是金融业。银行将如何反击呢？在金融业以及受到共享经济影响的大部分领域，并不是每一个传统商人都会把新兴公司当成敌人。泰坦银行（Titan Bank）和国会银行（Congressional Bank）是美国的两家社区银行，他们从 Lending Club 手里收购贷款。因为贷款数额极低，没有类似大零售银行的规模经济，以致无法通过平台自身的运营而盈利。桑坦德银行（Santander）和 Funding Circle 已经开始给彼此推荐生意。世界最大的资产经理公司黑岩集团继收购巴克莱全球投资公司之后，又投资 Prosper，从两面下注以防损失。华尔街某些最具影响力、最具人脉的银行家也正在进行此举。摩根士丹利金融服务公司的前首席执行官约翰·麦克（John Mack）入主了 Lending Club 董事会，前花旗银行首席执行官克拉姆·潘迪特（Vikram Pandit）也资助了P2P借贷平台Orchard，这家公司正在建立P2P债务的二级市场。在这里，技术公司也嗅到了机会。2013 年，谷歌风险基金向 Lending Club 投资了 1.25 亿美元。

应对策略

面对这些巨变，公司巨头们要做些什么？银行采取的一些策略对金融业来说并不罕见。以下是四种主要的应对策略，损失最惨重的公司可以一并采用。

投资

如今，每家典型的公司巨头都有自己的风投基金。一些医药公司如美国礼来制药公司（Eli Lilly）、兰素史克药品公司以及罗氏健康医疗公司（Roche）都成立了自己的基金。花旗银行创立了花旗基金，进行金融服务投资。西门子公司拥有工程和保健投资基金。全球石油化工企业道达尔（Total）、法国电信运营商 Orange 和法国国有列车运营商 SNCF 共同合作投资了总部位于巴黎的 Ecomobilite 基金，投资可持续移动。最重要的是，对于任何一个技术巨头来说，基金都是最为需要的，不管它经营的是线上广告、硬件、软件，抑或是硅谷公司。例如，谷歌风投基金（Google Ventures）、美国在线风投基金（AOL Ventures）、微软风投基金（Microsoft Ventures）、英特尔风投基金（Intel Ventures）、高通风投基金（Qualcomm Ventures）、戴尔风投基金（Dell Ventures）等，这些公司进行投资主要是为了获得丰厚的金融回报，这与丰田的红杉风投或是红点风险投资公司（Accel Partners）的机构货币是完全不同的。

创立基金并不仅仅是将多余的 1 亿美元放到财务的闲置资金上，它为公司提供了一个席位，可以和未来可能变成竞争者的新兴公司坐在同一张桌前谈判。在宝马公司投资 JustPark 的例子中，的确是给 JustPark 在董事会议上提供了一个“席位”。基于此优势，一家大公司可以看到其产业所发生的变化，跟进其内部共享模式的步伐并影响它们的变化轨迹。设立这样的基金是有好处的，而对于宝马公司这种规模的公司来说，这只是一个微小的变化而已。JustPark 并不是唯一一个拥有强大公司伙伴的共享经济型企业。微软公司和商业房地产集团 CBRE 在资助办公桌租赁公司 LiquidSpace；宠物零售商 Petco 在资助 P2P 狗类寄养公司 Rover.com.。除了 Lending Club 之外，谷歌公司还给优步投资了 2.58 亿美元。

有时，一家大公司会收购整个企业。2013 年，美国团购网站高朋收购了生活技能知识分享平台 SideTour，这是一个由当地人提供旅行体验的市场。第二年，旅游评论网站 TripAdvisor 收购了一个类似的体验分享公司 Tripbod。我曾与 Tripbod 的创始人莎莉 • 戴维(Sally Davey)共享过一间办公室。她告诉我：“在 Tripbod，我们创建了一个当地居民参与的社区，他们在合适的时间给需要的人提供正确的建议，这会使游客获得更好的旅行体验。事实证明，我们小规模在做的这件事正巧和 TripAdvisor 的长期目标所吻合。”然而，除了美国几家主要的汽车租赁公司进行收购外，共享经济企业被收购的例子非常稀少。这主要是由于市场趋于二元化，所以值得收购的企业非常少。但是，那些希望促成收购的企业则想一路杀到公共市场。

合作

正如宝马对 JustPark 的投资，公司的投资总是伴随着战略伙伴关系。通用电气公司投资了 Quirky，这是一个以众包形式进行发明的平台。Quirky 让人们提交一些大部分人只会偶尔想到但绝不会付诸行动的发明创意。如果在 Quirky 的万能社区里有足够数量的人想要将一个提交的创意变成现实的话，那公司就会通过自己的设计团队、工程师、专利代理人和品牌专家将其实现。每周在其官网 ww.quirky.com/live 上会有一场现场直播的创意评估活动“Eval”，它对这一周排名最靠前的创意进行盛大的头脑风暴式的集体研讨。有次我与 9.4 万名观众一起观看并为我最喜爱的创意进行了投票——那是一个可以给智能手机感应充电的碗。Quirky 的投资者和任何一个给它贡献了资金的人都可以从其销售额中获得佣金。该公司最畅销的产品是“枢纽电源”：一个可以进行调整的蛇形电源板，该产品已销售了 70 万个，而它 24 岁的发明者杰克•锡安（Jake Zien）也因此成为了百万富翁。

通用公司是如何参与其中的呢？通用公司对 Quirky 的发明者开放了一个包含其 1 000 个专利的图书馆。使用了其专利的任何产品的销售都会给 Quirky、发明者和通用带来收入。基于这个 2009 年建立的平台，很多有抱负的发明者帮助这个创立于 19 世纪的大企业从专利中获得了利润，不然这些专利也只会呆在角落积灰。Quirky 也顺势和其他大公司进行了合作。Quirky 在中国工厂开发和生产产品，然后将产品分配到电子零售商如 Fab、亚马逊以及一些实体店如美国零售商塔吉特公司和家用电器以及电子产品零售集团百思买集团。Quirky 帮助他们储备新颖的产品库存。Quirky 设立的 Series C 投资领导人、基金资本家斯科特•韦斯（Scott Weiss）拜访其批发客户时发现，从 Quirky 的协同模式投入市场的产品使人们充满惊奇。塔吉特公司的消费者告诉韦斯：“没人能赶上 Quirky 创新的速度。”

其他线下零售商看到，与潜在的共享经济竞争者合作是非常明智的。线上公司中成长速度最快的一个是总部位于布鲁克林的手工产品市场 Etsy。通过其批发项目，家居连锁商 West Elm 和 Nordstorm 在其商店以特许权销售 Etsy 的产品。橱窗里展示着当地生产商制作的新颖又不断变化的产品，使得这两个品牌都积攒了大量人气。同时，Etsy 能够在 West Elm 和 Nordstrom 商店进行线下销售，不需要付出巨大的资金成本以及租赁、产品补给、人员配置和经营零售店的费用。West Elm 和 Nordstrom 曾经可能会对技术娴熟的 Etsy 非常恐惧，而现在他们正在实现合作互利。

大公司正在把消费者纳入自己的商业模式。这可以通过基于社区的客户支持实现。瑞士电信供应商 Swisscom 和总部位于苏黎世的跑腿服务平台 Mila 进行了合作，启动了“Swisscom 好邻居”项目（Swisscom Neighborhood）。Swisscom 利用 Mila 平台来保障 P2P 顾客服务。Swisscom 的顾客不用再找高薪工程师，而是可以召唤一个 Mila 任务提供者。英国低成本移动网络 GiffGaff 让其顾客相互解答客户支持的问题，并给效率最高者提供赠品。有时传统商人指望利用新兴企业来补充自己的需求供给。全球职业介绍所 Kelly Services（全球排名前五的人力资源解决方案服务公司）使用工作在线外包平台 oDesk，利用其 450 万自由职业者来满足其客户短期设计工作的需求。微软公司在其 Office 2013 软件中加入了 LiquidSpace，用户可以直接从办公软件 Outlook 的电子邮件客户端预定该公司灵活的办公空间。

JustPark 在欧洲最大的四个泊车公司和世界最大的酒店集团都接受预定。移动行业还有很多共享经济新兴公司和企业在进行合作。Zipcar 和伦敦上市的办公服务提供商 Regus 进行了合作，推广了按需付费的小企业理念，例如，按需租用汽车或办公室。Zipcar 的商务成员每年可以获得 Regus 的会员身份，而 Regus 的顾客可以从 Zipcar 获得现金。合作在搭车共享领域更是常见。宜家家居通过其合作伙伴法国拼车城际软件 BlaBlaCar 鼓励拼车到其法国商店。总部位于英国的汽车共享平台 Liftshare 给很多大公司如大东电报公司（Cable&Wireless）和天空电视台（SkyTV）提供白标① 汽车共享平台。Liftshare 在全球三大零售企业之一的乐购的计划涉及乐购遍布英国 15 个地方的 2 000 名员工。它的计划给汽车共享提供了额外激励，其中包括给共享汽车预定泊车地点。

然而最有效的共享经济公司的合作也许源于谷歌公司在 Uber 的投资。今天用户可以通过谷歌地图软件预定优步的汽车。有一天，这些汽车会被谷歌公司研发变成无人驾驶汽车。事实上，由于谷歌公司能根据

① 白标指一家公司提供 IT 服务，另一家公司以自己公司商标名义面向客户进行销售。——译者注

你的日程表掌握你的目的地和出发时间，它可以替你叫车。因为通过收购众包地图应用 Waze，其接载和下车时间也将极其精确，谷歌公司可以知道路上的实时交通状况。谷歌公司也并不仅仅是运送乘客。优步志在成为城市物流巨头，在城市运送任何东西。它已和家居建材用品零售商家得宝合作测试了在情人节和圣诞节派送红玫瑰。如果计划顺利的话，通过与的合作，谷歌公司将超越亚马逊，到时顾客和公司只需轻轻点击 App，就能通过谷歌获得任何所需。

扩张

为什么要合作并且要共享好处呢？大公司管理的态度通常是如果有个机会相当有趣，他们就要参与这个生意。毕竟他们有着很强的品牌意识，能够影响顾客。尽管他们已经给共享经济企业投资了数十亿美元，但仍然能够胜过这些渴望者。扩张可以使一家公司进入相邻行业获得自己完全掌握的顾客。毫无疑问，这些顾客是值得拥有的。Crowd 咨询公司进行了一项研究，调查对象超过 9 万人，其结果显示，共享服务的用户都很富裕。35% 左右收入超过 10 万美元的美国人就是所谓的“neo-sharers”，即那些使用新的共享服务如 Zopa 或者资金众筹平台 Kickstarter 的用户，而非使用易趣这种旧服务的用户。这一点都不足为怪。因为中产阶级在历史上就善于接纳新想法，特别是那些能被高质量媒体报道的想法而不是小报新闻上的想法。

家得宝公司现在损失惨重，因为对机械钻和梯子这种偶尔才用得上的东西，人们更愿意共享而不是去买个新的。家得宝公司效仿了 P2P 工具租赁市场 1000tools，为顾客提供工具和货车租赁服务，并在其一半的门店里实施（总门店有 2 000 个）。迈克·琼斯（Michael Jones）是公司的工具租赁主管，他强调把租赁工具保持在最佳状态是超越 P2P 竞争者的主要优势。有些公司进一步超越了自己的业务舒适区。意大利石油天然气企业 Eni 公司在米兰运营了一个名为 Enjoy Eni 的汽车共享计划，其车队拥有 400 多辆菲亚特汽车。德国企业软件巨头 SAP 公司有一个车道共享平台 TwoGo。这原本是由公司两名工程师为其员工开发的一款企业车道共享 App，旨在帮助员工可持续、低成本地工作。该软件只允许用户通过公司电子邮箱账户来注册，保证了其使用的安全性。

接下来就是配送问题。世界连锁零售企业沃尔玛公司采用了纽约一家主打同城当天送达的物流服务平台 Zipments 的 P2P 运输网络策略。它准备测试一个激进的策略：让实体店内的顾客递送线上顾客购买的产品，作为回报，他们可以获得折扣。每周都有数以百万的美国人光临店内，而他们回家时车的行李箱并没有塞满。配送机遇非常诱人。Walmart.com 的首席执行官乔尔 • 安德森（Joel Anderson）说道："我看到一种解决配送的方法，就是凭借群策群力。"谷歌公司也正在致力于配送，它清楚如果不提供配送，消费者将会干预市场。谷歌购物快递服务（Google Shopping Express）目前只活跃在美国 7 个大都市，它给当地零售商提供当天运达服务。最重要的是，谷歌公司清楚如果不提供配送，它将败给电子商务领域毫无争议的老大亚马逊。

的确，说到举债经营以及使用权大于所有权，亚马逊首屈一指。在其 "Marketplace"，人们可以像在易趣那样开自己的网店。亚马逊的众包劳力服务——亚马逊土耳其机器人（Mechanical Turk，是一个 Web 服务应用程序接口）从 2005 年经营至今，它有一个十分有趣的口号："人工的人工智能。"它提供了成千上万个小任务，每个往往只值几美分，但任何有网络连接的人都能完成。50 万所谓的"点击工作者"（clickworkers）通常来自发展中国家，他们通过这个平台来赚钱。还有电子书阅读器以及软件平台 Kindle，自从 2007 年被推出，它几乎第一时间将旧的书籍所有权模式转变为书籍使用模式。到 2010 年，亚马逊卖出的电子书比平装书还多。正如 Kindle 的成功是使用权胜过所有权，音乐和电影销售也是如此。此外，亚马逊在二次买卖领域还拥有亚马逊 Trade-in（以旧换新）：把你的旧电子产品和书籍寄给亚马逊，你就会获得亚马逊礼品卡。

时装零售商也有自己的以旧换新服务。英国高街的忠实拥护者玛莎百货（Mark&Spencer）拥有“Shwopping”，顾客可以将任何牌子的旧衣物放在商店现金柜旁的大盒子“Shwop Drop”里。这项计划为具有国际影响力的发展和救援组织的联盟——乐施会（Oxfam）收集了 5 500 吨衣物。瑞典服装零售商 H&M 在其店内提供回收设施，同样回收任何牌子的衣物。作为回报，它给顾客 5 英镑的收据，可以抵扣新买物品的价格。英国上市时装零售商 ASOS 拥有 ASOS Marketplace，个人和时装店可以在上面出售二手服装。ASOS 对所有出售的衣物抽取 5% 的佣金，其中一部分捐给慈善机构。高端户外服装品牌 Patagonia 拥有自己的易趣网页，供顾客出售或者捐赠他们穿旧的 Patagonia 服装。以上只是一部分例子，还有很多公司让人们可以轻松地腾出衣柜空间来放置新的衣物，并且让他们在重新塞满衣柜时不至于心生愧疚，因为他们知道有一个二级市场可以处理他们购置的衣物。

除了时装业，移动经营商如 T-Mobile 和美国电话电报公司也经营着二手手机交易业务。英国百货零售商 Argos 也有二手玩具交易项目。父母将孩子们的旧玩具送到当地商店，作为回报，可以获得 5 英镑的收据来抵扣新买物品的价格。二手交易一直受到 DVD 和计算机游戏商如塔吉特和百思买的欢迎。2014 年 3 月，世界最大零售商沃尔玛也加入其中。游戏玩家返还游戏，由此获得的信用可以用于购置任何新的商品。沃尔玛在其商店内给二手游戏贴上标签，注明“被使用过”的字样。二次交易现象并不仅仅在西方国家常见，二手市场通常在欠发达国家更发达。大品牌将不遗余力迎合这些文化规范。例如，阿迪达斯公司在菲律宾设有分部，进行旧跑鞋的二手交易。如同其他所有公司，它认为如果太多物品被闲置，将会浪费巨大资本。

然而，所有公司最重要的扩张在于保持平衡。2013 年 6 月时，有消息称谷歌公司正计划促进商品共享。“Google Mine”在谷歌公司产品小组进行了内部测试，它被外接到社交网络 Google+ 上。据泄露的员工复印件称：“Google Mine 可以让你和朋友共享财物，并且实时更新你的朋友要进行共享的东西。”谷歌公司的许多项目都停止了。但如果继续，这个搜索巨头将进驻人们家中，按照其任务将屋内的财物进行编目，以此“组织世界信息，使其在全球范围被获得、使用。”你有一个榨汁机？或是几个可折叠椅？谷歌贵公司需要用结构化的表格获得这些信息。也许谷歌公司会担心，如果把公众选择的物品和网站要销售的新产品放到一起展示，那么购买了其网上广告的公司将作出怎样的反应？我们拭目以待。但有一件事可以肯定：如果谷歌或者 Facebook 决定这样做，共享经济进程将在一夜间发生翻天覆地的变化。

品牌抛光

除了扩张来产生新的收益外，公司也在采用共享服务来提高品牌认知。共享服务使一家公司看起来不再那么贪婪，因为他们总是积极地影响着社会企业所谓的“三重底线”——消费者、星球和利润。让我们来看看英国维珍大西洋航空公司的免费服务 Taxi。大家都会发现机场出租车很不合理，因为它开进城时并未满载而且车上经常只有一个乘客。维珍航空公司的 Taxi 服务能将机场的乘客进行配对，让乘客从他们的目的地机场开始共享一辆出租车。这个服务不是专有服务，因此任何航线的乘客都可以使用从而节省花费并减少污染。“在 Kickstarter 上支持新艺术家的或在美国加州酿酒企业 Crushpad 上酿酒的电子嬉皮士们觉得自己无比聪明，处在新风尚的前沿。他们觉得这样很酷。”丽莎•甘斯基写道。“拥有什么并不会让人觉得酷，”全球互联网行业年度盛会 LeWeb 技术大会（LeWeb conference）的共同创始人卢瓦克•勒默尔（Loic Le Meur）说道，“借别人的车开才更酷。”公司也可以利用这种“酷”。

赞助共享服务能让公司稳固自己的品牌，使其变得很“酷炫”。办法很简单，开张支票去支持——不过一般来说这张支票的面额不会小。例如，英国巴克莱银行给伦敦的自行车共享计划赞助了 5 000 万英镑；花旗银行给纽约的自行车共享计划 Citi Bike 赞助了 4 100 万美元。现在该公司的标志遍布纽约大街小巷成千上万个移动的自行车广告上。另外，9.8 万名纽约居民都是该计划的成员，与该品牌有着紧密的联系。对于花旗银行来说，它的投资已经获益。数据表明，在自行车共享项目启动后，对这个银行“印象不错”的人数增加了17%。移动电话营办商沃达丰公司三年来仅投入400万欧元用于赞助巴塞罗那的自行车共享计划，这个举动对公司来说微不足道，但却给它带来了超过650亿美元的收入。

大型装饰建材零售商B&Q是英国版的家得宝，它赞助了自己的共享服务——“街头俱乐部”（Streetclub）。目前该服务只在英国运行，它提供的工具可以用来建立并经营“街头俱乐部”：城市当地的社交网络使邻居们通过共享工具、时间或者专业技能来互相帮助。这个在21世纪进行的尝试想要重建20年代“美好的旧时光”才会有的紧密联系的社区。英国已有1 700多个街头俱乐部。在B&Q的老板翠丰集团（Kingfisher）看来，这个项目会增加人们自己动手做的费用，因为很多街头俱乐部最重要的动力来自于公民的自豪感。“街头俱乐部”的老板给我描述了该平台上一个典型的项目：威尔士小镇上的一个社区从一片废弃地被改造成花园，如今已成为这个社区的中心。正如对自行车共享的赞助，“街头俱乐部”正在通过改善人们的生活来提高自己母品牌的认知度。

大品牌正在和共享经济公司进行交叉推广，其目的更多的是为了提高品牌知名度而不是为了获得经济利益。例如，美国百事公司和跑腿网站TaskRabbit合作来推广自己的新饮品百事Next。通过“额外1小时”项目（The Extra Hour Project），百事Next饮用者可以获得1小时的免费服务，让TaskRabbit为其跑腿或者做个家务。百事Next需要接触新兴公司，而TaskRabbit具有良好的信誉和市场营销，据称这项推广在Facebook获得了9 300多万印象数（impression）。另一个例子是美国的大型媒体集团NBC环球和赠与平台yerdle的合作。作为NBC环境主题项目“Earth Week”的一部分，NBC的分享与告知项目（Share and Tell）倡议鼓励住户和邻居相互借用闲置的物品。仅仅一周，就有2 400名美国人在yerdle上将自己的财物赠给了陌生人。

共享经济公司扩张时会引起脱销吗

当 JustPark 还只是 ParkatmyHouse.com 时，它只是一个纯粹的 P2P 平台，提供私有房屋内的泊车服务。这种经济模式只有一个小问题：市中心没有停车车道，而那里却是泊车需求最高的地方。如今 JustPark 作为最大的泊车公司为国际连锁酒店如希尔顿酒店、喜来登酒店和假日酒店等提供泊车预定。驾驶员可以预定郊区停车车道，也可以预定市中心停车场地。和跨国公司合作是否会让共享经济公司与其 P2P 服务的初衷背道而驰？这取决于公司扩张对社区产生的影响。JustPark 扩张中并没有放弃私人房产屋主，因为车道和停车场很少会形成直接竞争。并且，通过在各个城市提供泊车，我们吸引了更多的司机，这正有利于私人房屋主出租自己的车道。

也许 JustPark 的社区从 P2P 模式扩张为 B2C 模式是适合的，但其他共享经济公司需要慎重对待。例如，Etsy 只在其网站销售手工商品。2013 年，它将“手工”这个重要词语的范围扩大了。如今，一旦 Etsy 批准了一个卖家，它就可以雇用工人在外部车间大规模生产商品。对一些 Etsy 卖家，这个变化意味着过去阻碍他们公司发展的迂腐规则被打破了。然而对另外一些卖家来说，尤其是对自豪的小型工匠来说，这最终背叛了网站的初衷。他们认为 Etsy 打开了防洪闸，让廉价的、工厂制造的产品带来了不公平的竞争。无法避免扩张需求的新兴公司指望和有能力扩张的公司一起合作。这次 Etsy 做的决定大致正确：在允许小企业主从自己案桌上发展生意的同时，对它进行严密的控制。

尽管在那里有太多的约束，但有些共享经济型初创企业最终大胆地调转了方向，将精力集中在已经具有较大规模的传统经济和机构上。Lending Club 现在获得的大部分基金都来自对冲基金这样的机构而非大众。我希望它在扩张的同时，不会损害到通过其平台进行投资的普通人的利益。Zaarly 刚开始是一个任务市场，它允许用户从相近的人群获得所需。此后它专注于提供家庭服务如园艺、清洁等，这些服务大部分是由一些小企业提供的。如果这些新兴公司转变成企业平台，同时继续利用共享经济来提高其公关形象、装饰门面的话，那么他们就不再是 Lyft 那样真正纯粹的 P2P 服务了。

当个人发展成公司

如果一家企业拥有大量办公室和数百位员工，我们就知道这是一家大公司。但是就布兰妮·贝德福特这个例子而言，我们很难区分小企业和个人卖家或者“产消者”。随着平台上个人的专业化越来越强，这个模糊的界线也正在消失。卖家被激励后表现得更加卖力，例如，那些获得五星好评的卖家认为自己的收入潜力远大于排名较低的卖家。事实上，与大多数从事传统全职工作的人相比，共享经济市场中的卖家更容易受到激励，取得更好的成就，因为他们的努力会更直接地以现金形式表现出来。久而久之，这些聪明的共享经济卖家变身成为了伪企业。重视这个事业的卖家正在成为新的“专业卖家”，他们大部分收入都是依赖一个或多个共享经济平台获得的。

这些新的专业卖家正在改变企业间的对立分歧局面：一方是我们依赖的所谓运营良好的公司，另一方是一群不知所措的蠢货。Airbnb 上的户主艾莉森（Alison）和戴夫·沙特尔沃思（Dave Shuttleworth）完全不同。他们用 45 分钟时间给顾客介绍城市和房屋情况，并且每天早上提供热乎乎的早餐。“Airbnb 现在几乎成了我的全职工作，”艾莉森在《金融时报》这样说道，“我和戴夫现在做家政、保安、看门、导游的工作。我们是五星企业。”新兴公司积极支持专业化：如果共享经济把财产变成服务，那么新兴公司的目的是让这些服务尽可能娴熟。有些公司提供的服务相当于专业培训。P2P 独特旅游体验平台 Vayable 甚至有慕课课程，内容是关于如何成为出色的导游或者“知情人”。

服务提供商总是需要所有能够获得的帮助，尤其是因为人们在付出自己辛苦挣来的钱时不会懈怠。“人们期望获得和三星一样的客户服务，”由 Kickstarter 资助的 3 Doodler 项目共同创始人丹尼尔·克文这样告诉我：“实际上，他们几乎期望得到更多。”有些卖家觉得这些期望势不可挡，甚至还有些卖家依赖于此。如《经济学家》杂志指出的：“易趣正在被专业的‘超级卖家’（power sellers）所主导，他们中的很多人刚开始只是普通的易趣用户。共享经济也会如此。”的确，专业卖家具有巨大的影响。据旅游网站 Skift 的数据，Airbnb 上有 12% 的用户不只有一处公寓，但多出的公寓数量却达到了所有公寓数量的 30%。更多的收入来自于专业卖家。对易趣来说，市场不断地两极化为专业卖家和业余卖家，这将使市场持续增长。

据租车服务网站 Kayak 前执行官德鲁·帕特森（Drew Patterson）说，对这些专业化的平台，我们可以理解为他们允许“大规模特许经营”，每一个企业家担当着个体经营者的角色。如同麦当劳的经营者，个人通过品牌来谋生计，而品牌集中创造需求。共享经济新兴公司也遵循特许经营的资本效率模式，因为每一个企业家都将自己的财物放到平台，不论是租给邻居的一辆车，还是租给游客的一间公寓。与传统经营相同的是，平台拒绝将大部分数据透露给企业家，只允许在交易对交易的基础上给他们控制顾客的权利。帕特森推测，为了保护自己的品牌，共享经济平台将在未来几年对小企业者进行更严密的控制。

时间将证明，共享经济品牌是否能像麦当劳那样变成主流，是否能在标准化的同时不丧失人情味。正如宝马汽车公司一样，他们的品牌一定会十分宝贵，那时他们也需要面对外包风险。但在这之前，他们还有很多仗要打。

THE BUSINESS OF SHARING

Making It in the New Sharing Economy

第6章 政府：共享经济中的监管者

我站在一间金碧辉煌的接待室里俯瞰位于唐宁街10号的首相官邸花园。这时，英国首相戴维·卡梅伦的特别顾问、温和的丹尼尔·库尔斯基（Daneil Korski）俯身对我说道："写一下你在巴黎时，他们试图禁止共享经济商业的情景，还有在伦敦，我们邀请你来唐宁街的事实。"

我经常走过唐宁街的转角，高高的铁门和皇家警察将街道完全封锁。我曾想，是否有机会走在这条著名的街道上，一直走到街道的另一头呢？现在我做到了，可奇怪的是，我并没有太强烈的感觉。也许是因为经常在电视上看见而太过熟悉，又或许是因为唐宁街朴实、亲切。停在其耀眼的黑色门前，轻轻抚摸唐宁街的那只虎斑猫，这一切都再自然不过。几分钟后，通过皇家警察的安检，我发现自己已踏上10号楼的石阶。淡黄色的墙上陈列着一排英国从几个世纪前直到今天的诸位首相们的照片。

我到这里是为了参加一次有关共享经济的圆桌会议。我马上就认出来自我们这个小世界的一些熟悉的面孔，例如，英国网上租车公司Zipcar的总经理马克·沃克（Mark Walker），来自共享经济网站The People Who Share的贝妮塔·马图夫斯卡（Benita Matofska）。用过有茶点的早餐后，英国第二个最有权力的人——财政大臣，在柱厅开始发言："共享经济完全有潜力彻底改变产业，"他低沉的声音在大厅回响，"告诉我们，我们能做什么可以帮助你们扫清障碍。"我凝视着大理石壁炉上有着400年历史的伊丽莎白一世的画像，心中好奇这位财政大臣是否也对联合利华集团和英国石油公司的首席执行官说过相同的话呢？"好的创意，"财政大臣许诺说，"只要在这个研讨会上提出来，将会变成政府的法律。”我认为时间会说明一切的。

我们分成了几个讨论小组。我被分在“住宿和空间”组，组员有网络度假换房平台爱家交换、豪宅短租平台 onefinestay 和假日房屋租赁网 HouseTrip 的首席执行官们，他们代表住宿业务，而办公桌和会议空间租赁初创企业 NearDesk 代表共享办公空间业务。英国商铺短租平台 Appear Here 是一家在空闲的主干道区域放置弹出式商店的新兴公司，它代表零售业务。我们彼此分享轶事，讨论对各自业务有所影响的监管问题。来自 onefinestay 的格雷格 • 马什（Greg Marsh）探讨了一个问题，该问题在他们主要的市场——伦敦对所有家庭租赁公司产生了影响。根据 1973 年的《伦敦议会法案》，房屋租出 90 天内属于“改变用途”，需要得到建筑许可。“1973 年的法案强调了这一点。”Airbnb 的欧洲公共政策主管帕特里克 • 罗宾逊（Patrick Robinson）重复道。在这个问题上，政府正在采取措施。5 个月后，正如我文中所写，《放松管制法案》通过议会成形了。一旦得到批准，伦敦居民出租自家房屋 90 天内就不算是违反规划法了。

然而，那天会议的重点是需要修改另一条过时的法规。1992 年以来，“租个房子”的救济令使英国私有房屋主通过出租房屋获得了 4 250 英镑的免税收入。如今互联网已开创了其他空间的租赁市场，如车道出租和阁楼出租，因此拓展这项救济令以反映这些新的行为方式是不无道理的。通过鼓励人们出租自己的车道，政府就可以更多地满足人们在主干道上低价泊车的需求，同时还能重新吸引那些因为泊车既贵又难而放弃在主街道购物的人。最后，我们团结一致，希望政府带头鼓励共享行为，不光是在唐宁街内部私下进行，而且要公开大声地推广。“这与在场诸位的创业无关，”我说道，受到财政大臣的激励后，我俨然成了一个巧舌如簧的政治家，“这是在推动数百万人的创业。”

处于困境……走出困境

车位分享平台 JustPark 的监管冲突也来自过时的规划法。多年来，英国许多市政当局或“委员会”一直认为，如果一个家庭出租自家的车道，他们的房屋就变成了停车场，这种使用变化是需要建筑许可的。但是我们平台上的很多家庭并没有铺平前院，因为那属于建筑工程，肯定需要获得建筑许可的，同时这种情况在我们运营 JustPark 时并未发现。然而，委员会反对将已有的停车空间用于停车，对此，我们几乎无法应付。我们的许多业主收到来信，被威胁如果继续出租自己的车道，将面临高达 2 万英镑的罚款。这则新闻使许多英国国内报纸尤其是伦敦的《标准晚报》（*Evening Standard*）大获成功。但一切都无法让我们对接下来发生的事情做好准备。

在一个周五的晚上，我接到英国 BBC 广播公司打来的电话，他们邀请我参加一档节目，与社区秘书兼英国内阁大臣埃里克•皮克尔斯（Eric Pickles）一起就市政当局试图通过 2 万英镑罚款的威胁推行不正当税收的行为进行讨论。《泰晤士报》在其头版刊登了皮克尔斯对车道租赁的推广，而 BBC 也想让我做客其旗舰节目《今日》（*Today*）。第二天早上，在我横穿伦敦去往天空电视台做现场访谈节目前，埃文•戴维斯（Evan Davis）对我进行了采访。同时，JustPark 的创建人安东尼穿梭在其他电台进行电视直播。那个周六，我们整个团队将 BBC 办公室对面的一个小餐馆变成了临时媒体中心。我们同心协力，争相回应媒体接踵而至的电台访谈请求和激起千层浪的 Twitter 信息。

这一切预示了我们的结局。议员和政务委员们从无数会议上听闻 3 万个家庭使用 JustPark 让陌生人在自己物业上停车的新闻后，我们终于达成所愿。2014 年 3 月，英国政府出台了有利的政府指导意见，允许私房屋主没有建筑许可也能出租自己的停车空间。我还记得一年前来自议会执行干事的一封电子邮件，上面写道：“我们定期监控你的网站，以查看是否有可疑停车。”当时我很好奇他们将纳税人出资的时间还花到了什么地方。监控乐购的官方网站以查看是否有可疑烘豆？如今，政府指导意见允许家庭通过自己辛苦获得的物业来挣得额外收入。JustPark 正在行动。很少有其他共享经济公司做得这么好。

专属共享新兴公司的词汇：颠覆

新兴公司如同任何一种亚文化也有属于自己的词汇，其中最主要的一个就是“颠覆”：即将现有产业用更好的待遇重新塑形的过程。投资者们热情谈论着“颠覆式创新”。企业家们一面炫耀着在“演示日”上展出他们的新创公司，一面宣布“我们正在颠覆多少亿的什么什么产业”。全球最大的科技博客——技术新闻网站领头羊 TechCrunch 甚至召开了数个叫作“颠覆”的会议。我们这些技术员人渴望去颠覆那些已经无法创新的行业。JustPark 颠覆了泊车行业，给人们提供了分配的空间，享受了贵宾 VIP 的待遇，同时也比沿街停车便宜。但是新兴公司并不满足于只是颠覆传统商业，他们也在相互颠覆。沙发客平台颠覆了青年旅社市场，它告诉旅客们为什么要花钱？免费住在当地人家里。Airbnb 又颠覆了沙发客，它告诉房主们，为什么不收费？你可以挣到现金。总有一天，有人也会用同样的办法颠覆 Airbnb，他的想法也会显而易见。

创业者们普遍认为，如果你的事业不能颠覆某人，并且坦率地说会激怒某人，那么它的潜能就不大。在后记中，我们会看到 P2P 模式是如何颠覆有着高薪聘请的执行官和数千名雇员的大企业的。我们会观察这些传统企业将采取怎样的策略来回应这些威胁。此时，我们会看到某些传统企业使用自己的武器即律师和说客进行反击时，会产生怎样的后果。作为反击手段，他们的论据是，这些新兴公司的精益模式是非法的、不安全的。同时，新兴公司正在激怒更加危险的一类对手，他们的商业模式在现有的法律法规的夹缝中发展。颠覆式创新吸引了规则制定者即立法者和政府加入讨论。最终，他们要么执行规则，要么更新规则，但这并不是容易的事。这些当权者被传统企业和新兴公司来回拉扯，因此他们必须监管并立法，不仅为了不断变化的当今，也为了不确定的未来。

对共享经济公司来说，什么样的法规才是合适的呢？共享经济律师珍妮•奥尔西用防护罩举例说明了在二者间达成平衡有多困难。美国法律要求餐馆必须在柜台上安装一个防护罩，而本土美食在线预约平台 EatWith 上、在自家给陌生人做饭的主人们却没有被这样要求。如果 EatWith 模式形成规模，餐馆将会游说政府制定和城市一样的家庭烹饪法规，因为他们的顾客已经被精明的商业模式抢夺了。同样地，如果政府当局给 EatWith 这样的新兴公司施加法律压力，他们将背负扼杀创业者的罪名，这不仅涉及新兴公司，还涉及利用公司平台赚钱的个人。并且如果有人因为食用了未被当局监管的家庭企业烹制的食物而患重病，受害者可能会利用律师来起诉政府。对政客而言，风险很高：这些线上公司有潜力改变线下世界。美国第 35 任总统约翰•肯尼迪面对不同意识形态冲突时的话来说：“最大的危险就是坐以待毙。”这句话也同样适用于这里。

人们想要什么，就给他们什么

古罗马时期，百科全书式的作家老普林尼（Pliny the Elder）曾记录了一个发明家的故事。这个发明家给他的观众、罗马帝国的第二位皇帝台比留（Emperor Tiberius）献上并展示了一个奇妙的发明：一面打不破的玻璃。发明家将玻璃故意在国王面前摔掉，但它弹了起来。发明家拿着一把小锤，小心翼翼地敲打着凹陷的玻璃并将其变回了原样。“还有谁知道这个发明？”国王问道。“只有您一人。”发明家回答。

台比留担心这个新发明会让自己收藏的金银都黯然失色，于是下令将发明家斩首。结果，这种“柔韧的玻璃”失传了 2 000 年，直到由纽交所上市的玻璃制造公司康宁公司（Corning）重新发现。台比留已然是世界上最强大富有的人，但他推测这个价值不可估测的发明会让他得不偿失。因此，用权利阻止了这项发明达千年之久。通常来说，只有当权者才有兴趣维持现状，毕竟现状让他们受益最多。然而创新不会总是被扼杀在摇篮中。

1 500多年以后，在17世纪的法国，商人们开始从印度卡利卡特进口一种廉价的印花布料。由于成本比国内制造的染色布料低廉很多，它立即成功地获得了顾客的青睐。但是法国的手工艺人却竭力反对，他们没有顺应变化去制造印花布料，而是游说政府禁止印花布的进口。1683年，法国政府禁止了印花棉布的进口、生产和使用。使用新技术的欣欣向荣的企业——这也是当时的新兴公司——被宣布不合法，数百万的顾客拒绝使用这种便宜的布料。在长达70年的印花布禁令期间，估计有1.6万民众死于武装起义和政府对违法人员的处决。法国没能帮上自己。伦敦政经学院（London School of Economics）的研究员乔治•列略（Giorgio Riello）设想道，如果没有印花布禁令，法国也许早已跻身为欧洲棉纺织品的领导者。

如今，经济富裕、政治强大的当权者更难践踏创新，剥夺人们想要的一切。如果打不破的玻璃在今天被一个孤独的天才发明，发明者可能已在众筹平台Kickstarter上筹集了数百万美元，玻璃在地板和墙壁上反弹的视频也可能已在全球最大的视频网站YouTube上疯传。或者想象一下，印花布纺织商和数百万想使用他们产品的人将如何为他们的事业而战：他们将会在美国社交网络服务网站Facebook和Twitter上用#号标示出类似“#我爱印花布”“#不要谋杀印花布”之类的主题。今天，随着时间的推进，给社会带来诸多益处的创新更难被阻止。决策者必须保证自己能青史留名，而不是像台比留和17世纪的法国政治精英们一样。现在，他们才是冒着会丢掉脑袋风险的人。

一则关于颠覆的故事：当出租车糟透时

说起出租车，我们在英国有众多选择。小型出租车公司通常廉价、可靠。现在已收归私募股权巨头 Carlyle 公司旗下的伦敦出租车公司 Addison Lee 就是一个高效模式，其“自动分配器”（Auto Allocator）每天提供 2 万个工作；其次还有世界著名的黑色出租车（伦敦的出租车为黑色，除了英国几乎很难在别处看到），黑色出租车必须通过名为“知识”（the Knowledge）的考试：这是一个关于伦敦地形的测试，要求记住 2 .5 万条街道。这个测试非常极端，神经系统科学家曾跟踪它对司机大脑造成的组织变化。这个测试的结果是，出租车对每条道路和能避开交通的小巷了如指掌。伦敦和英国其他城市的黑色出租车司机是一帮诚实的家伙，脾气稍显急躁，但又精气神十足。对于出租车本身，它们也许并未创造任何路上的速度记录，但比起纽约的黄色出租车，它们干净、宽敞。与大多地方相比，我们做得不错。

然而具有讽刺意义的是，在美国这个比任何人都着迷于客户服务的国家，出租车行业却并不是这么回事。我想起在波士顿遇到的那个可怕的俄罗斯出租车司机，仅仅因为跟他交谈两句就几乎要对我动手。我想起那辆预定并确认好去旧金山市机场的出租车，它根本没有出现，害得我差点错过飞往伦敦的航班。我还想到那个曼哈顿的出租车司机，他似乎从未听说过布鲁克林这个地方。“我爱旧金山市，我非常爱它，”私家车共享服务网站 RelayRides 的创始人谢尔比 • 克拉克对我说道，“那里没有冬天——谁喜欢冬天？人都很好，那儿简直是新兴公司的朝圣地。我对旧金山市最大的不满就是出租车。出租车糟透了。不适合出行选择。”技术新闻记者兼前《华盛顿邮报》的忠实拥护者洛布 • 佩格拉诺（Rob Pegoraro）也向我抱怨华盛顿的出租车。出租车分区制意味着在离目的地还很远时，他就要从出租车上匆忙下车，避免由于驶入另外一个区产生高额费用。如果说有哪个行业需要被颠覆的话，那应该就是出租车行业。

2008年，打车应用优步的两位创始人加勒特•坎普（Garrett Camp）和特拉维斯•卡兰尼克（Travis Kalanick）参加了巴黎LeWeb技术会议。来自加拿大的加勒特•坎普是个30岁的年轻创业者，他创建了网站推荐服务StumbleUpon，并以7 500万美元将其卖给了全球最大的国际贸易电子商务平台易趣。卡兰尼克也从一个名为Red Swoosh的P2P文件共享服务功成身退，而且他仍在一家"持续10年之久的新创公司充电。如同每一个创业者，他们痴迷于将事情做得更好，有时这也意味着不断抱怨事物。"充满想法并大声说出下一步举动正是创业者们所要做的事情，"卡兰尼克说道，"我和加勒特听着音乐，喝着酒，讨论各种想法直到凌晨5点。加勒特的妙策是解决旧金山市糟糕的出租车问题。"人们生活节奏非常快，为何要忍受糟糕的出租车？我们必须要有更好的出路。结果证明的确有更好的出路。

2010年1月，这两人创建了UberCab App（打车应用Uber前身）。三辆豪华的黑色出租车每晚在纽约办公区和切尔西地区的街道上漫游。最初只有几个早期应用者使用App来叫黑色出租车去想去的地方。第二次加勒特和卡兰尼克在他们的家乡旧金山市发布了软件。如同许多成功的新兴公司，它最初有着非常明确的用户群来帮助创始团队不断改进产品。"软件刚开始运营时，"卡兰尼克说道，"它真是非常时尚。我和几百个朋友按下一个按钮，就能像球童那样在旧金山市随意游走。"然而麻烦也正在酝酿，这种通过智能手机电子打车的新商业模式如此完美，势必会让那些被它颠覆的人——过时的持证出租车队——震惊。

优步所面临的全球冲突

如今，优步在150个城市运营。它的扩张更像是新兴公司——假如你还能把价值400亿美元的公司叫作新兴公司的话——和所运营城市当局之间的一场战争。除了豪华黑色轿车的按需租用，优步同时还扩张了自己的业务，提供廉价的“UberX”服务（低成本叫车服务，车型便宜，费用较低），这成了它发展的主力军。作为优步更加共享化的业务组成，UberX 使个人通过观看视频、上传保险和许可文件以及通过车辆检查将自己的轿车变成出租车。城市当局经常遭遇老式出租车司机的抱怨，他们恐惧、愤怒，只能眼睁睁看着优步灵活的智能手机软件抢了自己的饭碗。他们已无可能给顾客提供更好的服务并将新来者赶出这个行业，于是他们唯一的希望就寄托在当局身上了。

作为消费者电子协会（the Consumer Electronics Association）国家政策执行副总裁，迈克尔 • 彼得里科内（Michael Petricone）代表了包括优步在内的 2 000 家技术公司。彼得里科内在这些争夺中占据了有利地位。“如果你的商业模式让你获利不少，”他告诉我，“这时有人将一种更好的商业模式带入市场，他的模式对顾客更有吸引、更有益。此时如果你有经验，并和监管者建立了良好的关系，从而有机会减缓他发展的速度并让他最终停止的话，那么传统商人都会放手一试的。”具体来说，这些出租车司机要求优步司机在许可证和保险方面能够遵循同样的游戏规则。在美国和其他一些地方，很多人花了数十万美元才获得出租车执照，结果优步司机完全不需要。优步及其同行们争辩说旧的规则对他们不适用。他们声明自己不是出租车公司，而是搭车 App。

这种争论在旧金山市和加州并没有停止：优步刚刚发布就收到了“停止并终止”的命令。在公司接受采访时，卡兰尼克推测出租车行业中会有人打电话要求“这伙人停工”，甚至伦敦完善的出租车市场也没能躲过优步的影响。2014 年 6 月，伦敦的黑色出租车抗议优步司机在没有计价器许可证的条件下载客。问题变成了优步的服务是否是“计价收费的”。由于车内没有传统的计价器，车费是 App 通过路程距离和时间来计算的。在这次抗议中，5 000 辆黑色出租车将伦敦最大的特拉法尔加广场（Trafalgar Square）和市政府邸的白厅围得水泄不通，造成交通瘫痪。结果呢？优步的注册用户增加了 850%。同一天，优步的抗议者也堵塞了其他城市如巴黎、马德里、巴塞罗那、柏林、米兰和罗马。

监管环境在一周内改变了，但直到2014年年底，斗争仍在进行。正如我写道的，多伦多市强烈要求禁止优步，因其违反了36项法规；在柏林，法院对优步颁发了禁令，原因是其本该归类于汽车租赁业务；在布鲁塞尔，如果优步司机通过App载客将可能被罚款1万欧元；在巴塞罗那，优步司机可能被罚款达6 000欧元，并被扣押车辆；在法国，他们受到一条奇特的《15分钟法》（*15-minute law*）的管制，该法要求顾客预订后要等待15分钟才能搭载。面对这些阻碍，优步置之不理，继续运行——在巴黎禁令期间，我使用优步预定的车辆在5分钟内就赶到了。甚至在优步被明令禁止的一些城市如马德里，用户们仍然能呼叫优步车辆。在马德里以及优步及其同行被禁止的其他城市，使用搭车App已经变成了一种奇特的、雅皮士似的温和抵抗（见图6—1）。

然而，种种迹象表明搭车早已有之。这种商业模式已经形成了一段时期。打车应用Lyft早期的自愿票价（voluntary fares，票价按平均标准自愿付出）被称为“捐赠”，因此钻了监管的漏洞。美国几个城市和一些州正在扩充法规，意图将搭车纳入监管框架。科罗拉多州已经通过一项法律，要求进行背景调查、车辆检查和强制优步司机上保险；在华盛顿州，理事会成员以12比1的投票批准了新的搭车法规；尤其是加州通过了美国第一项拼车法规，因为加州不同于其他地方，它拥有全国出租车监管机构。加州公用事业委员会（The California Public Utilities Commission）发布了一项法规，其中包括28条要求，强令新兴公司对司机进行犯罪背景调查，并对每位司机投保100万美元的责任险。作为回报，优步、Lyft和Sidecar获得了“交通网络公司”（transportation network companies）的身份。法规只在加州适用，其他地方正在密切观望。

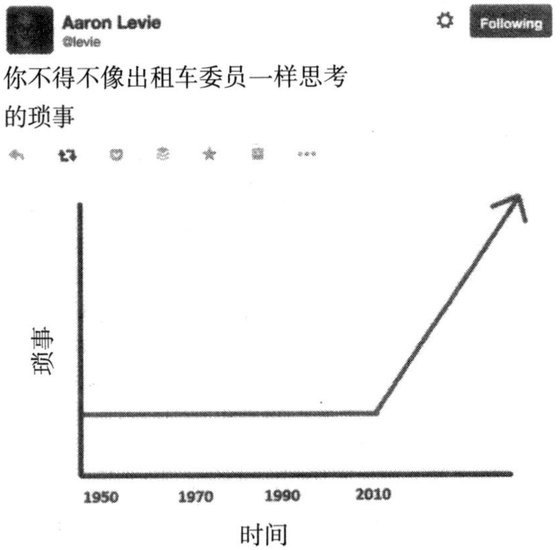

图 6—1　云存储公司 Box 创始人兼 CEO 亚伦 • 李维（Aaron Levie）的推文

共享交通服务中更多的冲突

优步也许是深陷监管泥潭却最高调的交通公司，但绝不是唯一的一个。2013 年，纽约州金融服务部（New York State' s Department of Financial Services）因为 RelayRides 不服从保险法而将其传讯。最后因其没能提供纽约州裁定的合法保险总额而被要求停止并终止，这意味着在我撰写本文时，P2P 汽车共享服务在纽约仍被暂停。RelayRides 必须付出 20 万美元作为违反保险法的惩罚。考虑到其巨大的规模，它违反某些州的法规也不足为奇。因为 RelayRides 在 2 300 个城市运行，合规守法情况对任何一家公司来说都极其复杂，更不用说是对一个年轻的新兴公司。正如 RelayRides 的首席执行官安德里 • 海达德（Andre Haddad）在其公司博客中写到的一样："创新，从其本质来说并不适合于现有体系。"

RelayRides 和另一家共享新兴公司 FlightCar 共同竞争机场租赁业

务。这家美国 P2P 租车公司遭遇了更严厉的监管反对。FlightCar 可以让人们将自己的汽车出租给飞往相同机场的旅行者，从而免费在机场停车。2013 年，FlightCar 因在没有所要求的机场许可证的情况下运营了一家汽车租赁公司，而被旧金山起诉。机场想获得其 10% 的收入，并且想从每辆“出租的”汽车从汽车租赁公司赚取的费用中抽取 20 美元。问题又一次变成旧的定义：Flightcar 是汽车租赁公司吗？ Flightcar 自称为汽车共享公司，并认为它不应承受机场费用，因为不同于汽车租赁公司，它的汽车停在机场几公里之外的地方。它将顾客在机场来回运输，同时和本身给机场付费的受监管的豪车公司进行合作。这项诉讼仍未裁定。

书和汉堡包

大型文档泄露及分析网站维基解密（Wikileaks）向世界说明政府对公开分享的内容何其恐惧。但对于毫无敏感度的共享内容，政府又能严格执行。亚伦•斯沃茨（Aaron Swartz）是个天赋异禀的程序员和政治“黑客行动主义者”。他年仅 14 岁时就协同开发了 RSS 规定（共享新闻和网页内容的数据交换规定）。有一次，当他在麻省理工学院做研究时，他从学术论文数据库 JSTOR 下载了数千篇文章并将其在网上发布。虽然后来 JSTOR 不再追究斯沃茨的责任，但联邦政府检察官对他并没有心慈手软，并对他提出了一系列控告，可能使他面临 50 年的牢狱之灾。2013 年 1 月 11 日，在斯沃茨提出的上诉被驳回，坐牢看似不可避免后，他上吊自杀了，他的尸体在其布鲁克林的公寓里被发现，年仅 26 岁。其父罗伯特•斯沃茨（Robert Swartz）在儿子的丧礼上发表讲话，他说道：“他是被政府害死的。”即使现在来看——更不用说在以后——对斯沃茨的死，我们深感耻辱，而陈旧、严厉的立法难辞其咎。

斯沃茨知道自己没有法律权利共享 JSTOR 的内容。但是说到共享我们认为自己“拥有”的固定资产时，我们同样颇受限制。在芬兰，监管者禁止了无害的芬兰书籍租赁服务 Bookabooka。由于所谓的侵犯版权，Bookabooka 被版权游说团体贴上了“盗版课本的海湾”的标签，但实际上它甚至没有数字式内容。它仅仅提供了一个网址帮助学生们把自己的课本以蜗牛一样慢的速度邮寄给同学。2013 年，Bookabooka 共同创建者关闭了网站，因为违反知识产权法可能使他们面临两年的刑期。更具讽刺的是，当他们的公司被立法击败时，同年教科书租赁公司 Chegg 在美国上市了。

但这并不是说美国就是开明立法的乌托邦，尤其说到食物时。在很多州，是不允许没有餐厅许可证的家庭烹制的食物收费的，并且出售自家烹制的食物也是非法的。家庭烹制新兴公司如美国本土美食在线预约平台 EatWith 可以争论说这些法律过时了，但他们很难跳出这个结论，即他们总是在非法运营。总部位于纽约的食物分享平台 Mealku 正试图通过避免付款来回避这个监管纠纷。Mealku 是一个食物分享服务，其合作理念相当激进。数千名会员轮流为彼此烹制，其中仅有“ku”经过“易手”分享食物，它指的是通过烹制获得和通过享用而花掉的信用。一个单位的“ku”价值稍小于 1 美元。Mealku 的信用系统故意将其设置成无法简单转化成美元，以此来阻挠监管者。“如果我们不能经营，”Mealku 的创建人泰德 • 德克鲁兹 • 杨（Ted D’Cruz-Young）说道，“那么所有的烘焙销售都要完蛋。烘焙销售将无法存在。很简单。我们要干掉所有的奶奶，因为她们的烘焙不安全。”

遗憾的是，即使没有涉及金钱，法规仍能对其造成影响。剩饭分享应用 LeftoverSwap 是一个总部位于西雅图的移动新兴公司。人们将自己吃剩的食物发到一个简单的 App 界面，肚子饿的人就可以来拿走享用。卫生官员迅速谴责该公司，认为它允许人们提供状况不佳的食物会将公众健康置于危险境地。官员们同时关心的问题是，假如爆发疾病，将很难追踪到污染源。当该 App 发布时，旧金山市卫生部的环境监管项目领导理查德 • 李（Richard Lee）说道：“吃剩的食物是传播疾病和瘟疫的重要来源。”而对于 LeftoverSwap 的创建人来说，他们迫切需要解决的一个日常问题是，每年大约有 40% 的食物都被扔到垃圾桶了。

P2P 金融监管：快速突破

P2P 金融行业也收到了停止和终止禁令。2008 年，证券交易委员会（The Securities and Exchange Commission，SEC）对美国 P2P 在线借贷平台 Prosper 颁布了一项禁令，因为其违约率在 20% 这个指标上下变化，这是很危险的。然而，说到 P2P 金融，平台和监管者之间的关系相对乐观。这有着非常重大的意义：债务融资将削弱零售银行对贷款市场的掌控，而股权众筹可以促进数千个有效的小型首次公开募股（initial public offerings，IPO）。

笼统地讲，为什么金融行业对新的 P2P 模式反应如此迅速呢？这在一定程度上反映出大部分国家对现有金融机构的不满，并普遍青睐新的选择，但主要还是因为金融行业已有成熟的监管机构，可以设立最新的规则。

英国以及其金融监管机构——金融管理局（the Financial Conduct Authority，FCA）主导着对债务融资和股权众筹的监管。从 2014 年起，英国 P2P 借贷者要受到 FCA 的监管。除了其他要求外，他们需要维持最低资产水平并准备好应急计划以防平台出现故障。英国财政部也允许对 P2P 借贷机构的投资成为个人 1.5 万英镑的“NISA”私人投资补贴的一部分。股权众筹从 2000 年起就受到监管，在 2014 年被更新，它反映出英国股权众筹平台 Seedrs 和 Crowdcube 的发展趋势。新的法规保护了投资者，将投资者一年内的“网络可投资资产”比例限制在 10% 以内。在欧洲其他地方，如法国金融机构也紧随其后。

在美国，债务融资受到监管而股权众筹也正在加紧监管的脚步。撰写本文时，萧条时代的法律仍在限制未被正式许可的投资者，阻止他们投资新兴公司。但是随着美国 JOBs 法案（Jumpstart Our Business Startups

Act，促进创业企业融资法）的出炉，股权众筹的情况将会完全改变。一旦该法生效，在引发上市公司更多要求前，私人公司将被允许拥有更多的股东。关键的是，该法还将解除对私人筹款广告的禁令。奥巴马称其“改变了游戏规则”。对股权众筹平台 AngeLlist 和 FundersClub 来说的确如此。此外，对那些从众筹资金获益的创业者来说更是如此。如今，风险投资青睐位于硅谷、纽约和波士顿的常春藤大学校友联盟并聚焦于少数几家公司：在美国每年仅有 4 000 家。未来将有更多来自不同背景的资金投资给更多的创业者。

Airbnb 的窘境：纽约传票和反击

共享经济与政府之间的对决牵涉到其重要领头人——Airbnb。随着该公司发展遍布全球 190 个国家和 3.4 万座城市，它也遇到了像优步公司那样的扩张问题，并且深受监管的困扰。一定程度上，城市当局对遗漏酒店税收很是不满。Airbnb 承认应该征税、纳税——只要大家想出如何征税、纳税的办法。在几个少数城市如旧金山市，市税收员乔斯•西斯内罗斯（Jose Cisneros）强行通过立法认为“瞬时占用”应该从属于城市 14% 的酒店税收，此后 Airbnb 会自动为户主扣除付方税款。但大部分情况下，收入仅应缴纳所得税。Airbnb 逃避酒店税使人们想起了亚马逊逃避营业税。在法令关闭亚马逊网时，它的市值已经高达 1 750 亿美元。

然而，Airbnb 与城市最大的冲突不在税收，而在于它对当地限制短期出租的规划法的蔑视，其中包括魁北克、柏林、迈阿密、阿姆斯特丹等城市。甚至就算这些争论火苗被熄灭，Airbnb 还是将会面临更大的挑战，也就是如何解决许多房客在 Airbnb 上转租的问题：几乎所有的租约都包含反对转租的协议。Airbnb 对未经授权的转租熟视无睹的行为不仅激怒了许多房东，同时也激怒了租户群体，他们指责 Airbnb 的无为导致租金不断上涨。在 Airbnb 的创建地旧金山市，它和旧金山市租户联盟

（Tenants Union）间的争论不断，最终导致通过了“Airbnb 法”，即规定每年短期出租整间公寓最多不得超过 90 天。Aribnb 的房东也被要求投保 50 万美元的责任险，并且登记地址，这一举动阻止了非法转租特别是房租管制公寓的转租（rent-controlled apartment），即房租收费标准由相关部门规定，房东不能任意调高。

在所有这些全球冲突中，Airbnb 在纽约有一场决定性的战役。Airbnb 的房东们发现自己违反了纽约的一项法律，即禁止出租整间公寓超过 30 天。该法律初衷是为了取缔恶劣房东非法经营酒店，Airbnb 一直否认自己的房东与其有任何关联。但纽约市和他们进行了一场争斗。

第一回合是在 2013 年 5 月。纽约监管机构威胁 Airbnb 的一个房东奈杰尔•沃伦（Nigel Warren）因违反细则而要缴纳 7 000 美元罚款。害怕此事在房东间传播恐慌，进而威胁其最大的市场，Airbnb 没有兜圈子，而是直接指出：“我们有个通用的协定，即像奈杰尔•沃伦这样临时的房东并不是 2010 年法律监管的对象，但是这项协定并没有给他们提供便利，反而使他们成为过分热情的执法官员的攻击目标。”沃伦之后输了官司。此后 Airbnb 为沃伦支付了法律费用进行上诉，最终罚款被撤销了。第一回合 Airbnb 胜出。

第二回合是在 2013 年 9 月。纽约司法部长埃里克•施奈德曼（Eric Schneiderman）传唤 Airbnb 提交纽约市 1.5 万个房东的所有数据。“我们要逮捕所有非法经营酒店的人。”施奈德曼宣布道。他要求提供所有房东的真实地址和电子邮件、他们的预约记录以及每个房东获得的收入情况。Airbnb 在纽约有 50% 的房东对整间公寓而非单个房间进行预约，这项传唤让这些人面临危险，但其威胁远不止此，因为纽约市的判决有可能成为一个先例，美国和世界各国的其他城市都有可能效仿。很多与其利益无关的旁观者认为司法部长是在留意该州遗漏的房间占有率和营业税，关心该市 3 万名加入工会的酒店工人的生计，此举是正确的。但是一个涵盖了从消息灵通人士到自由论者的批评家联盟指责施奈德曼是在迎合酒店的游说团。

Aribnb 最后提供了数据，但不是施奈德曼要求的那种。据首席执行官布莱恩 • 切斯基说，超过 62% 的房东依赖 Airbnb 进行抵押或者租金的付款。Airbnb 同时发布了一项调查，详述了其对纽约经济作出的贡献。这项调查显示，Airbnb 2012 年给纽约带来了 6.32 亿美元的收入，并帮助其他区域创造了 950 份工作。此报告对纽约周边区域黑人区和阿斯托利亚皇后区进行了个案研究，不遗余力地强调纽约很多区域都从中获得了收益，而在 Airbnb 之前，它们几乎没有任何旅游业收入。Airbnb 还删去了其平台目录中最惊人的专业酒店老板，如名为“纽约带家具租赁”的老板，他的名下就有上东区和中城的 80 处房地产。同时，Airbnb 的律师也赶紧在纽约最高法院对施奈德曼提出了诉讼。

但最重要的是，Airbnb 作出回应的同时还联系了其社区。不久就有 500 个 Airbnb 的房东在市政厅挥舞着海报进行示威。这个运动也在网上迅速展开。Airbnb 的全球社区主任道格拉斯 • 阿特金（Douglas Atkin）给几十万顾客或者说是他们的“投票人”（如政客称呼他们一样）发了电子邮件。他的邮件使用了挑起战争的语言：“我代表 Airbnb 的房东给您写信……因为我们的社区正在被官员和特别利益团体进行攻击。”它呼吁用户在网络请愿书上签上姓名，捍卫 Airbnb。在我撰写本文时，这项请愿书已经收集了 23 万个签名。施奈德曼的传唤就像是暴风雨来临前的乌云笼罩在 Airbnb 的上空，直到 2014 年 5 月，一个州级法官以比例失调为由废除了这项传唤。此后施奈德曼又一次回击并提出了新的传唤，最终他们达成了妥协：Airbnb 必须分享其目录上的公寓数量和地址，但其中可识别的个人信息被去除了。

之后，2014 年 10 月，正当此书快要出版时，施奈德曼又一次通过一份基于匿名数据的报告进行了反击。其中他争论道，Airbnb 目录上 72% 的房主可能是非法的，并且该公司仅在纽约就逃避了高达 3 300 万美元的酒店税。

谁能够做什么？这场竞争仍然在世界上最大的房地产商之间继续，而人们却都看好 Airbnb。

不要招惹火蚁

非洲萨凡纳的大象重达 1.5 万磅。它们习惯践踏大片土地，直到将其荒废。植物怎样才能保护自己免受这种庞大动物的伤害呢？研究者们注意到，大象会避开一种豆科灌木。这些特别的灌木是成千上万火蚁的家园。蚂蚁们为它们的寄生树组成了井然有序的保护网。如果大象触碰到灌木，火蚁会爬上象鼻，用下颚叮咬其敏感的内部血管，使大象无法忍受。作为回报，灌木的树叶会挤出花蜜来慰劳火蚁。于是大象学会了避开这些灌木。相同的是，共享经济商业也被它所供养的成千上万个顾客捍卫着。

网络上也爬满了火蚁。他们的下颚就是社会媒体：它使得网络游说在过去的 5 年里被人们广泛认可。网络社区联合起来反对《禁止网络盗版法案》（*the Stop Online Privacy Act*，*SOPA*）及其先驱《保护知识产权法》（*the Protect IP Act*，*PIPA*），这是一个决定性的时刻，因为此时网络社区意识到自己拥有巨大的政治力量。这些法案本要求谷歌公司和其他搜索引擎阻止访问侵犯版权的网站。从耐克到欧莱雅、维亚康姆以及麦克米兰出版公司（Macmillan）等许多大公司都支持《禁止网络盗版法案》。但是某些极客以及某些公司包括谷歌、Facebook、Mozilla[①] 和 Yahoo！一起对此进行了反击。对他们而言，给网络强加界限并不是政府所应承担的角色。反对 SOPA 的联盟担心立法有可能限制博客作家以及任何在社会媒体上发布用户生成内容的人的自由。

2012 年 1 月 18 日，维基百科使用 PHP 语言开发的博客平台 WordPress、

① 是一家致力于在互联网领域提供多样化选择和创新的公益组织。——译者注

目前全球最大的轻博客网站 Tumblr 以及其他主要网站对 SOPA 和 PIPA 进行了管制以示抗议。同一天，Twitter 用户通过 220 万用 # 号标识的“#sopa”话题炮轰了 Twitter 上支持 SOPA 的政客和公司账户。网络插件程序进行了 800 万次尝试来呼叫参议员，有 1 000 万人在电子请愿书上签了名字。仅仅一周内，该法案就流产了。“颠覆性竞争”项目旨在使新兴公司在华盛顿获得发言权。该项目的负责人丹尼尔•奥康纳（Daniel O’Connor）称这是“网络社区取得的第一个网络公共政策的胜利”。当技术员们吹嘘网络自由时，这项法案的提案人、来自佛罗蒙特民主党的帕特里克•莱希（Patrick Leahy）发表声明说：“如今在很多不尊重美国知识产权的国家，那些以兜售假冒伪劣产品、剽窃美国知识产权为业的不法分子正饶有兴趣地观望美国参议院将如何做出决定，阻止（他们）榨干我们经济的办法甚至都不值得一驳。”

说到共享经济游说，火蚁们采取了相同的策略。在第 1 章中，我在解释新兴公司时提到，新兴公司部分程度上是由通过一系列共同价值观联合在一起的社区用户决定的。当平台遭到威胁时，这个社区会调动各种价值观。例如在华盛顿，优步一直以来遭到出租车委员会的强烈反对。出租车司机曾一度占据上风。议会成员玛丽•切（Mary Cheh）提出了所谓的“优步修正案”，要求廉价 UberX 汽车收取最低费用，这将完全消除其竞争优势。因此优步向其用户发送电子邮件：“我们很难相信一个被人民选举出的人会人为地将交通服务价格调高，而其目的本质上是为了保护出租车行业，因为该行业的重要经历会影响到当地的政客。”最后优步没忘记在信里附上相关议会成员的电子邮件地址和办公室电话号码。仅仅几天之后，“Uber 修正案”就被搁置了。

运动团体

共享平台也联手加强他们的游说能力。2012 年举办了一个由共享经济的火蚁们举行的活动——Peers。这项活动起源于旧金山市，此后扩大到就“如何找到并处理自己的工作和税费”等问题为共享经济的工人们提供切实的建议。最初它邀请人们发表“Peers 承诺”，其内容是这样的：“我相信，通过建立使人人受益的经济，共享经济将成为 21 世纪最大的经济运动。我保证成为其中一员，努力发展并保护共享经济，无论任何时候，只要我有能力。”这个誓言如同侦查员在搜查共享经济是否受到了既定利益组织或政府的攻击。Peers 允许其成员就共享经济问题开展运动，例如，反对施奈德曼对 Airbnb 纽约房东传唤的运动。

然而技术博客作者汤姆•斯利（Tom Slee）对 Peers 是否真如它所言，采取自下而上的方法保持怀疑。“作为一个草根组织，”他嘲笑道，“与 40 家公司进行着合作（JustPark 是其中之一），有着巨大但未明确的资产，被一些高调的‘思想领袖’领导，无地方分会，草根们完全无所作为，却在成立第一天就有个执行理事。”他说的执行理事就是 Peers 的共同创建人娜塔莉•福斯特（Natalie Foster），她是奥巴马“效力美国”数字团队的前任领导。福斯特是一个福音布道牧师的女儿，她热爱用技术来扩大运动。到 2014 年 9 月，RelayRides 的创建人克拉克•谢尔比接管了她和米丽森特•约翰逊（Milicent Johnson）共同经营的 Peers，而她自己还是旧金山市另一个共享经济运动 BayShare 的发起人 。

我向福斯特和约翰逊提到斯利的批评。福斯特这样回应道：“我们不会雇用游说家进行内部游戏。”我们坐在蓝瓶咖啡馆里，这是一家奥克兰连锁咖啡馆，在西海岸广阔的领域已经募集到了 4 500 万美元的投资。“斯利最大的担心是，”福斯特继续说道，“我们支持的活动会涉及到金钱，这是个根本的区别。Peers 是一个成员驱动型组织，它所做的是节省人们费用的事，例如，建立社区工具棚和种子库。我们同时为人们提供信息，比如什么地方能够挣钱。”福斯特跟我强调 Peers 是为了普通人而设的，而不是为了拥有百万资产的投资者而设，并且向我描述了她期待的场景：Peers 的成员对市长说道：“嗨，我特别想在我们镇上共享自行车，我们这里也发展吧！”福斯特说：“共享是自下而上策略的终极目标。我们想给大家提供工具，并为此努力。”

我问她所面临的最大挑战是什么，她回答说是如何让人们在无法直接获益的情况下代表平台进行活动。“共享经济”和“协同消费”在绝大多数顾客脑中海仍然很抽象，而且很可能一直如此。在 JustPark 上出租自家车道的家庭很少能看出自己和在手工工艺品网络商店平台 Etsy 上出售陶器，或者停工期在外包项目交易站点 Freelancer.com 上设计标志的人有何共同之处。“Peers 的作用就是，”福斯特回复道，“让他们意识到彼此之间的共同之处：他们都有家庭，他们都在做一些基本的事情。这些不同形式的行为都有着共同的价值观。他们都相信当地经济。都相信大众互动是新的经济模式重要的组成部分。”

随着其他组织如纽约的 co:NYC 和荷兰的 shareNL 在世界各地盛行，又出现了一个新的问题，即这些新兴公司是否需要活动团体来支持。假如共享经济的新兴公司已经拥有极具危险的能力呢？如保罗·卡尔（Paul Carr）在专注于互联网创业的科技博客 PandoDaily 上所言：“对颠覆的热爱本质上可以归结为‘让我们做自己想做的事，否则我们将在网上恐吓你直到你同意。’”然而事实上，只有少数几家新兴公司强大到可以恐吓别人。

如何击败监管：迅速发展强大

“一种商业发展强大，”风险投资基金的安德森·霍洛维茨（Andreessen Horowitz）说，“有两个原因：第一，因为它的收入在增加；第二，因为这种商业具有政治影响力。”创业家的经历使乔登知道，扩大规模的商业能够随心所欲。当他还是 PayPal 的总裁时，那些从未想到钱可以通过电子邮件送出的州级监管者试图强迫公司得到银行许可；在他做易趣总经理时，那些从未想到数百万人可以进行网上拍卖的州级监管者要求每一位卖家都要有拍卖许可证；现在作为 Airbnb 的董事会成员，他看到那些从未想到数百万人可以住到别人家里的监管者要求 Airbnb 的房东具有酒店许可证。我问乔登在新兴公司经历了不断克服困难将公司发展成价值数十亿美元的大公司后，为什么他依然对 Airbnb 能否克服这些问题持乐观态度。他回答道："在硅谷工作让我成了一个乐观主义者。"在硅谷，成功的创业者被认为可以改变世界。

说到如何赢得之后的监管战役，联合广场创投基金的创始人弗雷德·威尔逊给创业者提出了相同的建议。"尽可能、尽快地发展强大，"他告诉我说，"这样让你停工就会很难。"Airbnb 的共同创始人乔·杰比亚将自己的公司和汽车进行了比较，看它们如何能提高人们的生活。"1908 年汽车被生产后，人们体验了比马和手推车更有效的工具，但是城市试图将其宣布为不合法。当然，法律最后改变了，其余的都成了历史。政策调整自身以满足人们的需求。"杰比亚说道。Airbnb 在巴黎的登记目录比在其他城市还要多，Airbnb 的流行导致了《法国房屋短租法律》（*Bill ALUR*）的实施。2014 年 3 月，最新的住房法规现已允许个人出租单个房间或整座房屋，不需要得到市政厅的许可。如果能避免引起流言蜚语的话，具有影响力的新兴公司可以将大多数市场上那些阻塞性的法律和法规当做前进途中的小磕绊。

对于成功的新兴公司而言，即使需要花费好几年的时间才能使自己具有坚固的监管基础，他们也最终能克服和监管者之间的冲突。但是小型的、有争议的新兴公司在发展成规模之前就会被打垮。罗马的公共停车位转售服务新兴公司 MonkeyParking 和旧金山市的停车位共享软件 Sweetch 发布了苹果 App 应用，司机可以通过软件将街头已被占用的停车位卖给需要停车的车辆。共享自己的车道是一回事，拍卖城市的公共停车空间是另一回事。旧金山市律师威胁道，如果这些厚颜无耻的灵长类动物（就 monkey 而言）不把他们的应用从苹果商店撤出的话，就将起诉 MonkeyParking。"技术创造了很多令人称赞的发明，改变了我们的生活和工作，"旧金山市律师说道，"而 MonkeyParking 不属于这样的发明，它是非法的……它给公共停车空间带来了一个掠夺性的私人市场，旧金山市绝对不允许这样的事情发生。”此后 MonkeyParking 撤回了 App。在此案例中，城市反应迅速，保证了自己不用去对付一个 800 磅重的大猩猩（即在该 App 发展成大公司前就将其打垮）。

透明世界需要轻度监管

1838 年在英国的一个煤矿，一场暴风雨让神灵武士煤矿边的河流河水漫延，冲上岸边，致使煤矿的一个通风井被淹没。正在煤矿工作的 26 个孩子被淹死了，其中有的只有 8 岁。举国震惊，维多利亚女王下令调查。公众对沙夫茨伯里伯爵（Earl Shaftesbury）的调查结果感到异常愤怒，尤其是得知有些贫困的女孩在地底下光着上半身工作。4 年以后,《矿山法》出台，禁止所有 10 岁以下的女性和男性在煤矿底下工作。曾经煤矿底下黑漆漆一片，人们什么都看不见，现在上流社会的人第一次踏上这片土地，整理政府报告，虽然监管速度缓慢，但的确是为了保护最弱势的群体不被剥削。

然而，很多共享经济的创业者并不认为监管是保护弱者的工具。据他们所言，监管现在保护的是已有的强大利益群体。同时，他们认为监管已无太大的必要了。虽然人类互相剥削的习性并没有任何长进，但我们还是取得了一些进步，提高了社会能见度。我们的世界变得比以往更加透明，因为很多工具比如多媒体、全球定位系统以及网络搜索引擎使我们获得了更多的数据。从人类文明开始直到 2003 年，我们创造了大概 5 艾字节（exabytes，2 的 16 次方）的数据。到 2012 年，世界每 48 个小时创造的数据比其还多。数据导致世界的透明度——而且这种透明度不仅来自上面，也来自下面。网络是每个人都能使用的传播工具，迫使我们形成全新、透明的生活和工作方式。

随着新的透明度而来的还有安全度的提高。在共享平台上，参与者通过在线文件透露自己的真实身份，此文件经常和社会媒体整合。交易有时间和地理标记。评论也能提供额外的能见度，认出潜在的订约方。“我搭乘 Uber 时感觉更安全，”消费者电子协会的迈克尔·彼得里科内说道，“你可以查看司机的具体情况，而且整个过程可以被全球定位系统跟踪……这不同于一般的出租车，你不知道和你坐一辆车的人是谁，要去哪里。”这种透明度保护了顾客并且使平台能够起到监管机构的作用。如果 EatWith 上的一名厨师烹饪的食物导致食物中毒爆发，负面的评论将警告 EatWith 注意公众卫生风险。EatWith 会禁止其使用平台，并且可以在官方餐厅检查员涉入前就迅速作出反应。EatWith 同时也愿意在第一时间尽心保护成员。观察到这种新的透明度后，佩切克说道：“当然，卫生和安全监管是有必要的，但是应该减小力度。”

自我监管和豁免

1979 年，西雅图市取消了出租车监管，试图减少官僚作风，创造更多工作岗位。其结果是出租车行业成了老旧产业，汽车状况维护不佳，司机对乘客漫天要价。5 年后，西雅图取消了这次尝试。然而今天以技术为中介的世界已经完全改变了。我们之所以能迈入一个监管力度小的世界，最主要是因为平台的实际用户而非公司本身起到了监管者的作用。全球最大的国际贸易电子商务平台易趣是最早的平台之一，它的在线评论、评价的信誉系统会奖励好的行为，同时也会惩罚坏的行为。这个平台展现出 P2P 模式进行自我管理和自我监督的惊人能力。

如果今天再次进行西雅图的出租车实验，每一次不好的经历都可能导致一星评价。不良司机要么离开此行业，要么好好表现。在类似打车应用 Lyft 这样的平台，客户服务通常无可挑剔。平均星级率在四星以下的司机可以被踢出，但这没什么必要，因为基于个人的自我监管几乎让每个人都受到制约。司机也可以评价乘客。如果乘客吐脏 Lyft 车的后座，他的信誉也会受损，以后别的司机搭载他的可能性就会降低。搭车 App

的自我监管也意味着对司机的筛选比一般的出租车更严格。例如，Lyft 会取缔过去三年里有过一次以上事故或者收到过两次交通罚单的司机。同时 Lyft 对司机的犯罪背景进行调查，包括调查横跨多个州的性犯罪者名单。2014 年一个下了班的优步司机袭击并杀害了一名 6 岁的小姑娘，除此之外，尽管搭车 App 迅速发展，也极少有严重情况发生。

放松管制和自我监管有很大的区别。说到后者，自我监管组织（self-regulatory organizations，SROs）也起到了重要作用。信贷紧缩强调依赖政府机构正确监管创新产品具有风险。但是阿伦 • 桑达拉贾争论道，拥有下放权力的自我监管组织通过美国医学会（American Medical Association）或者各种律师协会在不同的行业中发挥着很好的作用。共享经济新兴公司也明白这个道理。P2P 借贷平台 Zapa、Funding Circle 和 RateSetter 是英国 P2P 金融协会的创办会员。该协会要求成员遵循最低资本要求和协会的应急计划以保护投资者遭遇破产。包括股权众筹平台 Indiegogo、RocketHub 和 Wefunder 在内的美国众筹公司已经组成了集资中介监管协会（the Crowdfund Intermediary Regulatory Association）。通过减少最坏情况和降低公关灾难发生几率，自我监管组织能帮助新创公司保护新生产业的形象。同时，提供他们认为可行、适合的法规，以此对将来的法规产生影响。

说到实际政府监管，恰当性是最重要的。佩特里康说："我们当然需要安全监管了，但这是个尺度问题。如果你发现一座城市对通过 Airbnb 出租空闲卧室的人和希尔顿酒店使用同样的法规，显然是不合适的，他们很可能是在保护一些传统商人的利益。"我们应该进一步区分平台的轻度用户（light users，指对平台使用较少的用户）和重度用户（heavy users，指对平台使用频繁的用户），区分哪些人仅在度假时出租自己的房间，哪些人一年有 300 天都在出租房间。"我们已经做出了这样的区分，"艾米丽 • 巴杰（Emily badger）在《在华盛顿邮报》上这样写道，"每个开车的人都需要驾照。但是那些经常开车的人如卡车司机、公交车司机和出租车司机需要额外的培训、许可证和安全防范。"此事正在进行中。

芝加哥搭车监管对平均每周开车超过 20 个小时的司机的所属搭车公司实行了更严厉的法规。

共享经济律师珍妮·奥尔西还期望看到对小型共享行为的豁免。例如，她的一个客户想不遵守证券法而集资 100 美元的小额贷款来修建一个保健 SPA；还有一个客户想在不违反劳动法的前提下创建一个小型合作社。这类小规模、低风险的共享需要被豁免。相反，集中共享的资产会产生更多的风险事件，需要更加严厉的监管。更大的收益也会让用户有更大的动机去跳跃监管的铁环，例如，出租财产需要的电器测试，或者进行这种测试的兼职电工的保险等。政府应免除轻度用户的税务，同时对重度用户加倍征税，因为他们的资金总额更大，并且其商业行为带来的是更加稳健的收益，需要首先被征税。由于工作模式和资金流动变得更加复杂，因此豁免不仅仅是共识，还将成为实际规则。

监管 2.0

风险投资家弗雷德·威尔逊在一篇博客文章中提倡纽约州进行监管改革，以允许短期租赁，当时很多读者对此事的反应让他大吃一惊：他们并不愿意陌生人从他们邻居的公寓里进进出出。这是可以理解的，作为 Airbnb 房东的邻居，他们并未得到任何经济好处，同时他们楼房的安全隐患还在增加。威尔逊认为，接下来正确的办法不是让 Airbnb 变成非法，而是明确 Airbnb 的合法性，并要求交易链中的每个人都完全透明。威尔逊提倡每栋楼房都设立一套规则，要么允许短期租赁，要么禁止。他说道："总有人愿意花费更多，住在能偶尔自由出租自己房屋的公寓里。"威尔逊继续说道：

> 如果将 Airbnb 变成非法，那就是强迫所有人进入一个灰色市场，大家都极力掩盖行动……最大的问题不在于监管或者政治，而是人

们不愿意采取新的监管框架，也就是我们说的监管 2.0 版本（即监管升级）。这个监管框架更加宽容，但是相应地也更加透明。

威尔逊指出比特币的出现鼓舞了这种彻底的透明度。使用比特币时，每一个交易都被公布在一个公共分类账上即大家所知的“在线比特币钱包”（blockchain）。目前，威尔逊的展望仍障碍重重。就 Airbnb 来说，其障碍是很难确定便于短期租赁的楼房，以及在为 Airbnb 大楼筹资时将遇到的挑战。

但在未来，监管 2.0 将把共享经济纳入城市管理框架。它的透明度使大多数不愿在监视下经营的顾客感到舒适。它将使公司对税收立法闭嘴。它将使公共市场更有信心持有股份并允许投资者给“购买—共享”的投资风险定价。最终它将帮助企业知道自己的执行风险并规避风险，这是像美国这样的诉讼市场的关键。如果一个被定罪为暴力犯罪的 Airbnb 房东谋杀了他 / 她的顾客，那么 Airbnb 负有责任吗？假如这次租赁和房主已经成为了符合特定监管框架的公共记录，那么 Airbnb 当然可以为自己辩护。当然，更大的透明度将帮助 Airbnb 在第一时间就将风险房东踢出平台。

建设性接触

在美国，共享经济目前还未纳入总统的议程表。它一直是内务委员会的议题，但可能并没有联邦立法。然而，当局和新兴公司正在城市层面进行了建设性的接触。2013 年，包括旧金山市市长李孟贤（Edwin M. Lee）和纽约市市长布隆伯格（Bloomberg）在内的 15 个美国市长签定了一项决议，以支持“可共享城市”。该决议提倡创建工作小组来辨认出阻碍共享经济公司发展的法规，并提倡适当的公有财产可以通过“被证实的共享机制”获得。决议序言指出：“将未充分利用的资产货币化，并投入共享经济市场，让市民可以提供发现新的方法来提供工作、住房、交通、食物以及改善的生活方式。”

一如所料，旧金山市对共享极其热情。除了认可搭车公司，李市长甚至宣布将一天定为“Lyft 日”。该市还试图通过“共享经济工作组”将共享服务纳入政府决策中。例如，当旧金山海湾大桥需要封闭进行维修时，该市的都市交通委员会推荐市民使用爱尔兰拼车软件 Carma 以缓解交通拥堵。位于俄勒冈州北部 1 000 公里外的波特兰市对共享的热情有过之而无不及。该市给 P2P 汽车租赁服务 Getaround 赞助了 170 万美元，并且通过市长黑尔斯（Hales）的支持，该市现已成为继奥斯汀市之后美国第二大赞成短期租赁的城市。它的监管的确宽松。它进行初始检查并要求具有 180 美元的许可证。家庭或复式住宅居民一年至少有 9 个月要居住。北美总部位于波特兰市的 Airbnb 也代表该市收集并扣除税款。

在欧洲，欧盟层面对此的支持迅速加强。作为欧盟委员会的咨询机构，欧洲经济社会委员会（The European Economic and Social Committee，EESC）发布了一项关于共享经济的报告。EESC 的成员伯纳多·赫尔南德斯·巴塔列尔（Bernardo Hernandez Bataller）说道：“协同消费可以在没有商业利益的情况下满足社会需求，并且作为一项营利行为能帮助创造更多的工作岗位。”欧盟委员会副总裁内莉·克勒斯（Neelie Kroes）极大支持共享经济的颠覆性行为。“我们不能通过忽视、游行反对或者试图禁止并淘汰这些创新的方式来应对挑战……我们无法为公众定罪，也不能为了保护少数认为能免除互联网革命影响的产业，而把游客从需要资金的地方赶走。”

在英国，共享经济与首相对于“大社会”的设想不谋而合。2010 年，在保守党领袖卡梅伦的大选宣言中，有一条主打政策——“大社会”，该计划旨在通过共享经济的关键主题即创业、地方主义和公开的数据来改善社区。由于没有银行给小企业贷款，失望之余，英国政府给 Funding Circle 投入了 4 000 万英镑，这是史上第一次政府使用债务为新兴公司融资。英国议会也给 Funding Circle 投资，以此将资金分散到当地企业以及和 Zipcar、CityCarClub 等汽车共享公司进行合作的企业。2014 年末，英国政府甚至成立了一个共享经济的独立审评会，由爱家交换的首席执行官黛比 • 沃思科（Debbie Wosskow）担任董事。欧洲另一个令人瞩目的国家——荷兰对共享经济也十分认可。阿姆斯特丹通过了世界第一个短期租赁法。在新的“私人租赁”的住宿种类下，房东可以出租自己的房屋一年最长两个月，一次最多租给 4 个人。荷兰也有自己的 Peers 版本—— shareNL。此外，它还是欧洲最能接纳共享服务的国家，如快速发展的荷兰商品借用软件 Peerby 和汽车共享软件 SnapCar。

然而，世界首屈一指的共享城市既不在美国也不在欧洲，而是韩国首都首尔。具有革新精神的首尔市长朴元淳是有着 30 年工作经验的人权活动家和律师。他曾因示威抗议韩国前总统朴正熙而入狱，有些尴尬的是，此人正是韩国现任总统朴槿惠的父亲。朴元淳深知首尔需要进行共享，因为住房昂贵，全职工作岗位紧缺，并且环境污染极具威胁。我采访朴的代表时，她提到了首尔“棘手的社会问题”，例如自杀率是经合组织（Organization for Economic Cooperation and Development，OECD）平均值的两倍，是过去十年内独居老人数量的三倍。但是首尔的条件如此：它是世界上人口密度最大的城市之一，70% 的居民拥有一台智能手机。首尔现在正在执行一项为期 5 年的“可共享城市计划”，涉及的问题种类繁多，包括从城市规划和管理到共享平台的资助扶持。韩国租房网站 Kozaza 就是他们自己的 Airbnb，劳力平台 Wishket 是他们的 oDesk，而儿童二手衣物平台 Kiple 则是他们的 thredUP。

使用技术自由化

政府不应担心权利从他们手中转到民众手中，扬帆远航有利于长期利益。他们应该明白如果不能在新的透明世界中实施自由化，将会遭遇被火蚁攻击的危险。监管者也需要自由化。如果不这样，相同的火蚁将质问他们存在的全部理由。现在政府当局还有机会收回势头。这就意味着创建出宽松的有实际豁免的监管框架，而实际豁免由新兴公司和传统商人磋商获得。关键在于，自由化能使监管者随着新兴公司而扩大规模，这是非常重要的，因为他们将会面临新的紧迫工作。纽约大学极具洞察力的阿伦•桑达拉贾指出，政府需要“扩大其最后依托”，即网络支持和基础设施，这样，即使人们遭遇了重大的平台故障也能使情况逆转。

如果说一个世纪以来客户监管最大的变化是什么，那应该是监管者需要借用一些新兴公司的技巧并掌握技术和数据。所谓的“算法规则”能使监管者采用更加顺其自然的方法，直到数据告诉他们需要行动了。例如，美国最大点评网站 Yelp 上的评论可以提醒市政当局注意食物中毒的爆发，这是因为因食用某个餐馆食物而患病的人更可能在 Yelp 上做出评论而不是向当地监管者投诉。实际上，密苏里州的圣路易斯政府已经采用了 Yelp 上的数据来削减对餐馆监管所花费的时间和金钱。正确的数据经过正确分析后，一方面可以使监管者减少对传统商人下发的红头文件，以此拉平竞争，同时也能监管新兴公司。“算法规则”这个趋势在未来将更加流行，特别是当我们害怕小地方的政府想要扩大计税基础的设想会让社会被程序员和计算机编码控制时。

监管者也需要利用其他的技术如网络传感器以及桑达拉贾推荐的可在每个拼车车辆内放置的监控摄像机。监管者自身也可以利用 P2P 网，比如，使用外包劳务市场和通过类似英国的向市政部门报告社区问题的网站 Fixmystreet.com 的群策解决来降低成本。Fixmystreet.com 是由独立开发者创建的第三方工具，它被全英国的地方政府所使用。我非常乐意给我的委员会做一些琐碎的无偿工作，所以我用过几次该软件来举报种族主义涂鸦。城市当局也可以通过共享资产来补充计税基数。艾普丽尔•莱尼（April Rinne）就如何确定共享经济的发展方向给城市当局和决策者提出了建议：“城市拥有各种资产——从楼房到车队——如果进行共享，它们就可以产生额外的收入或者节约成本（或二者兼有）。”过度监管也会将经济活动推向国外。假如有一个国家禁止了 Etsy 或者 Airbnb，那么这些花在全球市场的费用也只会转移到别的地方。

关键时刻方显共享经济的英雄本色

尽管对已有产业会造成短期痛苦的影响，地方和国家政府最终会看到这种颠覆性创新所带来的经济利益，它至少也是历史进程中结构改革所产生的利益。一款拼车软件可能会将当地的小出租车公司挤出市场，但是绝大多数司机迟早能够做出改变，并且由于居民可以用低成本的方式进城，该软件实际也支持了实体生意。P2P 专业技能学习平台如 Skillshare 可以对失业人员进行技能升级。在有些地方，需要大过一切。罗克福德是美国伊利诺斯州的一个小镇，由于制造业下滑，其经济遭受了重创。得知 Etsy 实际是镇上最大的“雇主”后，镇长和纽约的新兴公司合作开发了一个名叫“手工艺创业”（craft entrepreneurship）的课程。现在“手工艺创业”项目已由 Etsy 在美国和英国的 6 个城市开展。这个工作不一定是正规、高薪或者高技能的，但它仍然是一份工作。

共享平台也能使城市快速进行灾后恢复。2012 年桑迪飓风来袭，数以万计的人们失去了家园，当时 1 400 个 Airbnb 房东打开家门，免费给人们提供住所（Airbnb 的工程师连夜更改代码以使房东以零佣金出租自己的房屋）。相比政府的所有资源，Airbnb 可以更快行动。当英国遭遇严重洪水时，任务市场网站 Taskhub 在 5 个小时内公布了新的网站名为 FloodVolunteers。此外就是人为的压力。2013 年美国政府关闭期间，我正在华盛顿。当时在家待岗和无偿工作的公共部门员工都投身于共享经济。我搭了好几辆 Lyft 车辆，他们的司机都是刚刚开始通过这个软件开车，以此维持生计。在伦敦地铁罢工当天，人们创造了用共享自行车出行高达 24 442 次的记录。美国内布拉斯加州的奥马哈市共有 1 万间酒店房间，却要在巴菲特的伯克希尔哈撒韦公司的年度股东大会期间接待 3.8 万访问者。为此巴菲特联系了 Airbnb，并找到了解决办法。

自我监管，做到合理谨慎

监管不会消失，也不应该消失。支持自由市场的《经济学人》杂志评论道："如果顾客想获得更便宜又更少受监管的服务，我们应该允许。"认为顾客了解所有风险的想法是幼稚的。在 Knok 这样的房屋交换网站上贴出的照片不会告诉你这个房产是否安全。共享经济公司不同于纯粹处理数字资产的技术公司，它会导致现实世界最严重的风险。来自美国科技博客 PandoDaily 的萨拉·莱西（Sarah Lacy）这样向我解释：

> Facebook 最糟糕的情况是我发到网上的一些东西被公开泄露给全世界了。尽管会有很多人不同意我的看法，他们会说——情况没有那么糟糕。然而共享经济最吓人的场面是我的房间住着一个危险的陌生人，抑或是我的孩子乘坐了一辆汽车，而司机的背景并没有被真正地调查过。在这样的世界，你无法"快速突破，推陈出新"（move fast and break things，Facebook 网站的座右铭）。我们有非常现实的安全问题。

在投资者的压力下，新兴公司会不惜一切代价追求发展，并且为了追求发展速度而牺牲必要的谨慎和小心。此时我们将无法依赖新兴公司进行自我监管。尽管人们认为一名被指控袭击乘客的司机已经通过了优步严格的背景调查，但仍发现其犯有毒品交易和企图伤害罪。美国 14 个州都发布了警告，提醒优步注意其保险缺陷。詹姆斯·索罗维基（James Surowiecki）在《纽约客》上说道："实际上，这些公司相信顾客们能感觉出典型的高度监管的经济是什么样的。"但是除非公共安全处于危险中，那么行业在创造经济和社会资本时，监管必须让他们自我发展。我们需要更多上市的 Chegg 而不是被禁止的 Bookabooka。

要想在所有受共享经济影响的行业内，让监管走上几乎正确的道路，还需通过更长时间的讨论，还需要委员会的努力，研究以及不断的游说。之所以说"几乎正确的道路"，是因为到那时世界可能会再次发生改变。

THE BUSINESS OF SHARING

Making It in the New Sharing Economy

后记

我们要共享未来吗

我本可以去别的地方，是日耳曼人的高效把我吸引到了德国。离开柏林市中心熙熙攘攘但井然有序的波茨坦广场，我来到万豪酒店办理入住手续。虽然以前从未在这家酒店下榻过，但奇怪的是，这里的一切让人觉得十分熟悉。我至今还记得，我推着旅行箱穿过旋转门，进入教堂般安静的接待大厅时的情景。好像是进入了一个不同的世界，一个古老的世界，在这里，时间比别的地方都走得慢。

“早上好，斯特凡尼先生。”前台小姐向我打招呼道。我甚至觉得她的微笑都是招牌式的。她帮我办完手续，祝我住宿愉快。的确，在有空调的大厅里，脚下是大理石地面，身边是松软宽大的沙发，一切都让人觉得非常惬意。可是一抬眼，当我看到偌大空旷的中庭，这种感觉顿时就消失了。在我头顶上，是10层的客房。我知道，这些客人会像我一样来去无踪影。

6个月后，在我写作本书时，我已经想不起前台小姐胸牌上写了些什么了。为什么会这样呢？但是我至今却记得两年前我访问德国时，把我迎进家门的那个老太太的名字。她叫夏洛特，有一头灰黄卷曲的头发，是一个70岁的企业家。相对于保守的巴伐利亚人来说，夏洛特有点特立独行。她是一个精力充沛的犹太女人，除了接待Airbnb客人外，还为小学生们开办了一个课后补习班。她给我讲了她终生难忘的客人，从拍过种族隔离纪录片的南非著名摄影家到慕尼黑啤酒节期间喝醉酒把她家大门踢翻的澳大利亚人（他的朋友在第二天替他支付了修理费）。“一个巴伐利亚人能有幸地见到世界上所有这些性格各异的人，”她兴奋地说道，“这真是异样的感受。我是个喜欢和人交道的人。”

我们已经听过创立和经营这些新兴公司的企业家们的故事。我们已经看到世界上最优秀的投资家和通用电气、宝马公司等企业巨头是多么想要跟他们一起赚大钱。最后，我们也已经看到政府和管理部门是如何适应这种新景象的。但是，最为重要的是，这种经济是人民的经济，也就是我们—经济（we-conomy）。

我们可以填补鸿沟吗？来自爱尔兰的启示

每种经济都需要健康的金融业的支持——这种或那种金融业。在1966—1976年的十年间，爱尔兰银行家举行了3次罢工，抗议他们认为过于沉重的管理规定。其中一次持续了6个月。每一次罢工的时候，经济学家都会预测说将有大量闲人和骚乱，政治家就害怕出现社会动荡不安的局面。而末日论者每一次都被证明是错的。虽然股市下挫，但爱尔兰经济比人们想象的要强得多。人们开始换进新货币，而酒吧的东家仿佛扮演着金融纠纷仲裁的角色，因为他们非常了解顾客的信用情况，在这方面一点也不输给任何银行经理。2008年，由于银行家毫无节操地无限放贷，致使爱尔兰陷入更加严重的经济危机之中。

当爱尔兰银行危机显示个人无组织的行为会达成何种结果时，银行在此时就显得必不可少了。今天，只有银行才能满足企业和政府复杂的金融需求。但同样明显的是，在一个全球化程度更甚于20世纪70年代的世界里，一个国家要不想自我毁灭，就得努力摆脱全球金融体系的桎梏。新的科学技术使得对等网络具有更大的伸缩性，也更加复杂。正如《对人类更好的经济学》（*Betterness：Economics for Humans*）的作者乌玛儿·哈克（Umair Haque）所言：“与其说民众需要银行，不如说银行需要民众。”改变正在发生，即便是体制内保守派也都这么认为。英格兰首席经济学家安迪·霍尔丹（Andy Haldane）说：“P2P金融将会挑战我国主要的金融体制……寡头金融文化正在退出历史舞台。”

时至 2014 年，世界上最大的 P2P 借贷平台 Lending Club 每月都在发放 2.5 亿美元贷款。这些新兴企业的效率预示着，金融业所有核心产品从抵押贷款到人寿保险，迟早都会以 P2P 方式完成交易，再也无需让爱尔兰屈服的银行经手了。我们已经看到，我们如何通过去中介化从大众而非庞大的公共或私人机构那里获得从豪华游艇到平面设计的各种商品和服务。今天，我们还不能填补鸿沟，但是这道鸿沟正在弥合之中。

更多的人，更多的共享：不管自愿还是被迫

我们在第 1 章中谈到的共享经济背后的宏观趋势并未消失。其中最主要的是人口增长。2011 年，联合国人口学家修正了他们对人口增长的预测数据。在 2011 年，他们预测世界人口在 2100 年将会超过 100 亿，而不是他们此前预计的 91 亿。城市化也非一时的风尚。在那些尚未出生的人口中，绝大部分人都会选择在人口高度密集、共享平台运行更好的超大城市居住。我们不该低估越来越大的城市给我们的行为模式所带来的影响。在权威刊物《自然》（*Nature*）上发表的一项研究表明，城市大小与人步行速度的快慢成正相关，原因无人能解。共享平台上的行为大概也是这样吧。

我们将不得不共享一切。按诺贝尔奖得主基因学家保罗•纳斯（Paul Nurse）的话说："目前，还不清楚如何让 100 亿人过上发达国家人民的那种生活，唯一已知的前进道路是经济增长，而经济增长却又与有限的地球资源发生冲突。"今天，种种研究表明，环境主义并非共享行为模式的实质性推手。也许更为极端的气候类型会促使人们有所行动。如果美国环境保护署等政府部门采取强制措施，这些共享行为模式便可以很快稳固下来。科学家的意见在某种程度上能够起到推动作用。微软研究院计算科学研究室主任史蒂芬•艾姆默特（Stephen Emmott）说："我们亟需减少消费。不是减一点，而是减很多很多。"牛津大学教授、《100

亿人口：即将到来的人口危机及其应对办法》（*10 Billion: The Coming Demographic Crisis and How To Survive it*）一书作者丹尼•道林（Danny Dorling）说："重要的不是我们有多少人，而是我们如何生活。""共享经济有多重要？"我问道林。他的回答是："如果我们不搞共享经济，那我们就玩完了。"

环境主义从来没有成为核心推动力，很大原因是我们都是懒惰的短期主义者。它的意义会逐渐显现出来的，但更多的是消费者在追求方便过程中所产生的绿色副产品。在共享经济的背景下，这意味着不用储藏、不用保险、不用养护商品，意味着一点智能手机就可以从共享平台上获得衣食住行等多数生活必需品。在过去，共享经济最强有力的推手是成本，"网络 1.0"电商之所以取得成功，就是因为它们冲击了传统商业的价格体系。现在价格依然是个关键因素。但是，今后消费者将会对满足不了他们要求的服务采取零容忍。这将使消费变得更有效率，同时也将成为许多共享经济企业 CEO 施展身手的大好机会。

新的社交网络：信任与声誉

在我写作本书的时候，Facebook 已经在市场资本化过程中超过了亚马逊，扎克伯格的净资产也已经超过了谷歌的创始人。现在看来，当初反对 Facebook 上市的人确是错了：社交媒体，如果还能称得上媒体的话，力量会变得越来越强大。它的疯长将进一步推动共享经济的发展。Facebook 的"社交图表"正在更详细地把更多人的生活绘制进去。身处共享经济里的第三方应用软件将会利用它们平台上的这些数据，在陌生人之间构建起你无法想象的信任度，成为市场行为的润滑剂。在坐进一辆共享汽车时，用户们也许可以谈谈他们都听过的一场音乐会，这种打破僵局互相了解的过程一定很奇妙。当我们感觉到和某个人联系在一起时，我们的大脑就会释放出催产素，增进彼此的信任和感情，因而"神经经济学家”保罗•扎克（Paul Zak）称之为“道德分子”。信任是有价值的：它可以松开钱袋的绳子。钱袋绳子一旦松开，大量的金币就会源源不断地滚进共享经济企业的银行账户里。

随着这些社交平台的成长，随着与我们相关的所有信息浮出水面，我们的线上声誉将变得比以往任何时候都重要。企业会挖掘这种社交数据，向我们推销服务，售卖产品，发放贷款。与此同时，我们也会坚决捍卫自己的线上声誉，因为我们知道，一个好的声誉将会是我们以低价打开商品与服务的钥匙。不止于此，一个好的线上声誉还意味着权利：贷款、租房或做生意。一个在劳动力市场有数百条真实好评的人将更容易获得抵押贷款，也理应如此。相反，一条负面评价可能比信用上的一个污点会造成更大的影响。试想一下，一个损坏屋主财产的人有一条负面评价，当他再次租房时，屋主是不是得谨慎三思呢？我希望将来会出现“信用小费”——线上公开感谢一个人的方式——通过社交网络传播到互联网上。将来我们甚至会开始依据线上声誉来选择朋友和爱人。

这是个千载难逢的机会，新兴企业正要抓住这一机会大干一场。eRated收集易趣和Etsy等市场数据，并以百分比的形式呈现在小窗口里。“我们替你保管你的声誉。”它对用户许诺说。Traity是市场领跑者，拥有450万用户和大部分资金支持。还有一家声誉集成公司专门收集信用数据，然后以门户页面形式——附评论和书面推荐信，呈现个人信誉记录。Traity的使命是“给人们创造一个相互信任的世界，使陌生人进行更多交易和互动，拥有更多社会和经济的机会。”理论上，这些新兴信用公司允许人们带着自己的声誉游走互联网世界。但问题是平台会不会放走它们的数据：你如果跳槽到竞争对手那里，它们就会让你从头再来。监管也许能挽救新兴的线上声誉行业。最终，出于竞争而非隐私的利益的考虑，Facebook将不得不放弃它对我们线上声誉的控制权。

这对我们日常生活与工作意味着什么呢？透明度的不断提高将会形成一种高度信任的文化。我们的所作所为不管好坏，将会像学校的成绩报告书一样伴随在我们左右，谁都可以看到。我们将不得不检点自己的行为。在 P2P 市场里，人们与人而不是公司做交易时，便会格外注意自己的行为举止。RelayRides 刚开始出现的时候，车主与通过智能电话开锁的租车人是没有接触的。人们视租来的汽车与从车行租来的并无两样。后来 RelayRides 施行车主与租车人面对面交接钥匙的方式，这种人与人的互动使得损坏车辆的情况骤然减少。我们早就知道，为人所知会令我们自律。犯罪学家发现，人们一般不在他们熟识的邻里作案，正所谓“兔子不吃窝边草”。随着对等网络的兴起，由于害怕自己的网络声誉受到损害，我们中的大多数人都会安分守己的。

社会价值的转变：形成和消亡

在这些对等网络的持续影响下，将会生成大量新的社会资本。举例来说，沙发客在利用从别人那里获得一块遮风挡雨的地方的同时，也把它变成了一个“分享自己的生活、经验、旅行见闻和家庭故事，甚至自己多余的一瓶杏仁油，或者美丽夕阳”的地方。自私者的个人主义共享行为最终会变成一种公益活动。正如亚当•斯密所言：“（个人）在追求私人利益的过程中，对于社会利益的不断推进比其真正打算去这么做时要有效得多。”我们将会看到，这种公共利益是会有经济效益的：共享经济是对所有人开放的一条网上丝绸之路，它通向社会公共利益，意义不亚于陆上丝绸之路。在共享经济企业中，还没有哪家的用户平台能超过 Facebook 的规模，然而平台上的交易往往发生在高度隔阂的陌生人之间，这些活动的意义远非 Facebook 所能比拟。共享经济把不同种族、不同宗教信仰和不同国籍的人们联系起来，让世界多一点情感上的沟通，甚至变得更和平一些。

有些社会价值——通常是含有经济效益的那种——正在形成的过程之中，有些社会价值将会走向消亡。共享经济把从前免费的行为标价销售，这会产生两种结果：第一，在金钱和个人利益的驱使下，会催生更多慷慨大方、热情好客、乐善好施的行为，道德不是换成金钱，就是收缩至与钱无关或有利用价值的线上声誉的匿名行为；第二，无利可图的行为本身会变得越来越少。会把能够轻易卖掉的旧衣服捐给慈善机构的家庭将越来越少。他们外出的日子里会把能够轻易变为收入的房子留给朋友居住的人会越来越少。

随着共享经济融入我们的生活，亲社会行为——出于善心为他人所做的事情会相对减少，也因此更加珍贵。以此为生的穷人和弱者会怎么办呢？行为经济学家丹•艾瑞里（Dan Ariely）表示，你一旦叫人们把行为看作是经济交换活动，也就从根本上改变了他们的行为模式。与其做一项报酬少得可怜的工作，我们更愿意无偿奉献。有人做过一个实验，给律师 30 美元，叫他们给退休老人提供必要的咨询服务，结果遭到了拒绝。但是，同样是那些律师，当人们请求他们为退休老人提供免费咨询服务时，他们大都同意了。这给我们带来的启示是，比如说，一位屋主，他有一架梯子，当他认为自己有权获得金钱回报时，他未必会借给邻居，但是如果钱少到让他看不上，这时他倒有可能把梯子借给他们。共享经济增加了有偿的伪邻居行为。但游戏到了最后，也很可能会减少真正无偿的邻居行为。

共享经济对“公地悲剧”几乎无暇顾及。公地悲剧原是指公共土地上过度放牧所带来的一系列问题，现在借指这样一种看法，即个人纯粹为一己私利的行为有可能损害集团长远的最大利益。有些公共利益，一则看起来不够酷，二则建造和维护费用高昂，如城市排水系统、水库、公路、桥梁等，共享经济让 Kickstarter 去做，它也不会去做。城市街道这块公共土地可以通过汽车和自行车共享得到改善。然而，在税收捉襟见肘的情况下，必不可少的基础设施建设很可能就会被弃之路边，无人问津。理论上，共享经济可以通过民用众筹来解决公地悲剧问题。但是众筹永远没有实力为城市预算单上一系列巨大乏味的项目提供资金支持。

经济再度繁荣时的共享行为

全球经济萧条是催生共享经济的原因之一。在西班牙和意大利，人们被称为“千欧代”，意思是许多人——有工作的幸运人靠 1 000 欧元的最低工资标准生活。在希腊，人们的运气还不如他们，只能称为“七百代”。在未来几十年里，许多国家挥霍无度的政府不顾年轻一代的利益进行债务重组，经济萧条还将持续下去。经济萧条把大量失业者和贫困者赶到自由市场中，消费者通过商务再造平台开始尝试更加便宜的消费模式。与此同时，经济萧条通过无数刺激消费者的金融宣传手段，将共享经济深深扎根于大众意识之中。我们希望全球经济现在已经拐弯了。经济再度繁荣将会对共享行为产生什么样的影响呢?

对初创企业来说，还需要等待一些时日才能见到经济繁荣的再次回归，尤其是在银行依然对消费信贷一毛不拔的时候更是如此。经济繁荣如期来临，共享经济企业不会受到影响。根据波士顿咨询集团公司全球消费者信心调查的最新数据显示：“如今人们更加看重金钱价值和产品质量，铺张浪费已经过时。”这种潮流将有益于共享经济，让人们在经济衰退中渡过难关。再说，经济上的窘迫与共享行为本来就没有什么密切关系。经济大萧条时，共享平台最受有储蓄、有可支配收入的中产阶级的欢迎。但不管怎么说，节俭是构建消费习惯养成的途径，它们之所以吸引人，原因在于它们往往像乐趣和方便那样在衡量标准上更好定性。经济向好时，平台也倒不了，消费者会在平台上寻求更优质的资产和体验。

至于共享经济平台会不会吸引超级富豪参与，还有待观察。BlackJet 在私人飞机出租业中引入共享模式，这是百万富翁们的共享经济。逻辑上没有问题：三分之一的私人飞机为它们主人在世界上穿梭时座位都是空的。可是，BlackJet 未能获得足够的流动性，最后还是关门了。富人们通常喜欢拥有自己的东西，无意与他人分享。但别的也许能做成功。JumpSeat 和 Wheels Up 已经为其他共享私人飞机的企业筹集了几千万的资金。在钱这个问题上，富人们往往都很精明，这也是他们能够致富的原因，同时也是游艇租借与共享市场兴起的原因。富人们也喜欢炫耀。当他们把自己的保时捷开出来共享时，实际上也是在宣示另一种形式的社会地位：你有很多钱，别人来借用你 15 万美元的跑车，你眼睛都不眨一下就答应了。那万一他们把它撞烂了呢？撞烂就撞烂了，不就是一辆车嘛。

为经济增长而共享

不管晴雨，共享经济正在融入经济主体当中。共享经济对经济主体有益处吗？德里克•汤普森在《大西洋月刊》上撰文说："当数以百万的人在新物上少花 10%，在旧物共享或其他复杂交易上多花 10%，会出现什么情况呢？说共享对市场效率有益倒是容易，说共享对依赖新购物者的经济增长有益就没那么容易了。"悲观主义者会说共享经济只是一个小经济而已。然而，实际情况是资本得到了重新分配。在住房、汽车、衣服方面花得少了，存进银行的钱就多了，这些钱再次作为资本注入到新兴企业中，创造工作机会，驱动经济增长的列车前进。最后，大众化消费技术随着市场规模的扩大创造出新的财富。现在，坐出租车的人更多了，Lyft 这样的应用软件使得出租车不但便宜而且触手可及。

美联储前分析师伊恩•海瑟维（Ian Hathaway）对共享网络推动经济增长充满信心。他说："用少做多正是经济保持长期持续增长的根本。"哈佛大学法学教授、《网络财富》（*The Wealth of Networks*）一书的作者约蔡•本科勒（Yochai Benkler）则更为超前，他认为协同项目代表了下一阶段经济发展的方向。在不断增长的互联网经济的巩固下，共享模式的影响力已经在我们试图评估的少有的几个场合里显现出来了。据摩根士丹利的分析师测算，2014 年第一季度，协同经济占英国 GDP 的 16%，比 2007 年的 12% 上升了 4%。这一数据，如果准确的话，那就意味着代表英国经济萎缩的官方数据以及所谓的经济衰退至少已没有多大意义了。可以说，英国经济还处在增长之中，只是我们把数据看错了而已。

从根本上看，共享经济还增进了人们之间的互信与合作，有助于整体经济发展。弗朗西斯•福山（Francis Fukuyama）曾研究过德国和日本等国信任与经济繁荣之间的关系。其他机构如英国智库列格坦研究所（the Legatum Institute）也发现了类似证据，证明信任与经济繁荣之间有着极强的正相关。与此同时，自称“理性乐观主义”作家的马特•李德利（Matt Ridley）也在研究协同如何创造经济繁荣。李德利对我解释道：“人类历史的大趋势是由自给自足（贫穷代名词）逐步向专业生产和多元消费过渡。经济增长是一项有 10 多万年历史的协作事业。”我们富裕起来，千百亿个个体而非国家层面的协作行为功不可没。我问李德利经过研究他是如何看待共享经济的。“共享是人类活动的灵魂，”他说，“人类的这种交换习惯将推动共享经济发展，是我们的未来经济走向繁荣的有力保证。”

为经济稳定而共享

“如果说经济危机给我们带来了什么教训的话，”美联储前主席本•伯南克说，“那就是，必须解决大而不倒的问题。”全球金融系统至今仍是一座由一些超级巨石建造而成的大坝。随便哪一块基石出现，哪怕是一条裂缝，都会引发大规模的警报。只要有一块基石被水冲走，整座大坝就有可能轰然崩塌。多样化并更少依赖大公司大银行的全球经济会有更强的抗风险能力。每个人都会从生产分配网络的活力中获益，如 Etsy 平台上活跃着遍布世界各地的 100 多万家小型企业。P2P 档案共享服务平台如 BitTorrent，焕发出同样的青春活力，或具有同等高度“容错性”。如果有人在发送文件时不小心把一杯咖啡洒在了笔记本电脑上，这种事故的总体影响非常有限，因为一大批分布在世界各地的笔记本电脑已经把同样的内容发送出去了。

经济活动如此布局有助于降低过去引发信用危机的另一个风险，即权力集中在少数几个人手里的风险。按照詹姆斯 • 苏洛韦厄奇在其著作《群众的智慧》里的逻辑，利用群众智慧可以做出英明的决策。共享经济里许多 P2P 平台为决策多样化创造了条件。例如，P2P 保险平台允许很多人做出大量决策，其中任何一个出错都不会造成重大的金融后果。相反，传统模式把权利交给约瑟夫 • 卡萨诺（Joseph Cassano）这类人，结果可想而知。约瑟夫 • 卡萨诺是美国国际保险集团 AIG 金融产品事务部主管，包括他在内的一个小团队发行了价值数百亿美元由次级债担保的结构性债券。这三五个人做出的风险极高的决策，最后迫使美联储不得不为 AIG 提供 850 亿美元信贷安排，这是美国有史以来政府为一家私有企业所做的最大的救助行动。

无论是在宏观还是微观层面上，共享经济都将有助于维持整体经济的平衡。开放源代码倡导者、出版商蒂姆 • 欧莱利（Tim O’ Reilly）把一种经济比作一个生态系统：“如果你放进去少，拿出来的多的话，那它们（两者）最终都会崩溃。”在信用危机中，这种“拿出来”意味着过多的债务，却包装成了各种金融衍生品。共享经济可以让人们有机会获得通常得靠贷款购买的住房、汽车等昂贵资产，从而减少了消费债务。共享经济可以减少我们力不从心的开支，在削减全球经济债务危机中发挥作用。当然，共享经济也从未忘记从赚钱机会颇多、经济收益颇丰中拿出一部分“放进去”。作为商品与服务的销售者和购买者，共享经济必将有助于我们中的许多人保持个人收支平衡。

对经济稳定有助益的东西通常——如果说不是更重要——也对政治稳定有助益。政治上的极端主义往往滋生于经济疲软之时。纳粹党随大萧条而来。今天，在欧洲，极右势力正尾随信用危机奔来。一些极右政党，如法国国民阵线、匈牙利反犹太种族主义政党约比克（Jobbik）在选举中获得了超过 20% 选民的支持。在未来日子里，尽管还很难统计，凡是共享经济覆盖范围广、市场成熟度高的国家都将从中受益：经济上不断走向繁荣，政治逐渐走向和解。

衡量共享经济的新标准

首先，我们来质疑一下国民生产总值 GDP——一个国家生产的所有产品和服务的市场价值，作为衡量其经济实力的标准是否合适。1934 年，诺贝尔经济学奖得主西蒙·库兹涅茨（Simon Kuznets）为美国国会一份报告而研究出了 GDP，GDP 从此成为了我们理解经济繁荣程度的不二工具。但是 GDP 逻辑上的缺陷却已经变得越来越明显，越来越严重了。在共享经济的背景下，GDP 的主要缺陷是无法体现现有商品的二级和三级市场。如果我在 Preloved 上出售旧衣橱或在易趣上出售旧电视，所得收入就不会算在 GDP 里。yerdle 的共同创始人安迪·鲁本这样解释道：

> 西方国家以及全球越来越多的国家都是以生产为中心。对于生产出多少双鞋子，我们可以精确到小数点第五位，至于这些鞋子有没有人穿我们却不甚了了。第二次世界大战结束后，鞋子不够，可以假定每双鞋子都有人穿，这还说得过去。如今，人们家里 80% 的东西每月使用不到一次，这就不好说了。

目前，数据统计也不支持许多共享平台一心创造的工作机会。纽约大学斯特恩商学院阿伦·桑达拉贾教授说："易趣的影响力不在于其为 eBay 创造的几千个科技工作，而在于其创造的千千万万个销售商……谷歌来了，仅创造了几百个科技工作，就这点破事竟然有人大肆宣扬。与此同时，Etsy 正在悄悄地创造大量的就业机会，而这些就业机会却不能算作工作。""它就像一个隐形的经济。"Airbnb 公共政策部主管莫利·特纳总结道。正是这种隐形的经济，在经济萧条时，英国和其他国家的经济学家都视而不见，在经济增长和就业率上升时，英国和其他国家的经济学家仍然视而不见。

什么可以用来替代 GDP 和就业数据统计呢？GDP 是过去工业时代的产物，工厂通过一个又一个的技术革新，如流水线、斗式升降机和桥式起重机，可以创造出越来越多的产品。但共享经济关心的不是生产力的增长，而是时间和已生产产品利用率的提高，这是共享经济对于增长的新观点。世界生态系统要求使用新的衡量方法——用利用率来替代 GDP 和产量。在未来几十年里，经济学家将研究出新方法，用于评价和衡量产品生命周期所创造的价值。除非等到这一天，否则，孤立地看 GDP 将会把我们彻底引向歧途。

将来我们购物时要看产品寿命，就如同我们今天购买灯泡那样。不过，与今天灯泡不同的是，产品寿命将会有一个准确数据。产品到期时，嵌入产品的传感器就会把实时定位的数据传回中央数据库。公司和当地经销商得到数据后就会把新产品卖给我们；邻居们得到这些数据可以互通有无；当地政府得到这些数据可以安排物品的自动回收与循环利用。我们研发硬件，建设基础设施，用的更少得到更多，世界终将看到 GDP 与生活水平逐步地并永久性地分离开来。

共享经济的牺牲者

对总体经济有益的事情未必对为其辛勤工作的大众有益。伤害依然存在。想想一个三流网页设计者在全球服务领域里遭遇到来自发展中国家的恶意竞争。想想一个工人正在生产线上装配汽车，二十几岁会买的年轻人却越来越少，因为他们都在使用汽车共享软件。以上岗位上的不幸者以及其他无数人的声音被淹没在共享经济的胜利大合唱中，结构调整的长远利益似乎还只是停留在理论上，对他们更是无情的嘲弄。在这些失败者中，有的人会高兴地拥抱共享平台，有的人将很不情愿地登上台去。但是，许多人将会因为年纪大或无法重新规划自己的职业生涯而沦为牺牲者。

然而，生活对平台上工作的人来说并非总是阳光灿烂。在共享的未来日子里也许更非如此。我们已经看到，共享平台是如何把普通人变成企业家的。微企业也有企业不好的一面：工作强度大，收入不稳定。毕竟，不是人人都适合搞创业当老板。市场是一个残酷的“要么沉下去，要么游上来”的地方，尤其不适合既无干劲又无能力的人，他们无法走上找事干、挣好评的良性循环的轨道上。每个人，不管他做得多么成功，挣钱都必须仰仗平台及其那套神秘的算法。在我写作本书的时候，TaskRabbit 改变了它的商业模式，把它的客户限制在狭窄的几个工作类别里，客户们只好屈就——要不就像布里特妮 • 贝德福特那样离开平台。UberX 在没有任何预警的情况下突然宣布价格砍去 25% 时，受到冲击的只有司机们。

在劳动力基础上建立的市场，市场运营者的工作就是尽可能地压低劳动力成本。著名科技网站 The Next Web 总编马丁 • 布莱恩（Martin Bryant）对我说：“对效率的疯狂追求很可能会肆意践踏工人的权益。”这种情况已经出现在 Fiverr 平台上，人们 5 美元起价（平台从中抽取 20%）提供服务。许多人为工作不顾一切，常常以远低于最低工资标准在干活。将来也许会像杰拉米 • 里夫金（Jeremy Rifkin）在其《零边际成本社会》（*The Zero Marginal Cost Society*）一书中描写的那样，基础设施一旦到位，商品和服务成本几乎没有或降为零。这对经济而言是件好事，对消费者来说也是件乐事，而对工人们却有可能是件坏事，他们最终将不得不联合起来进行斗争。作为承包商而非雇员，工人们也得不到就业的权益。平台不会为他们购买医疗保险或养老保险：当不熟练工人供过于求的时候，他们无须这样做。生病？锻炼去吧。老之将至？能在共享平台上得过且过就已经很挑战了，存够了退休用的钱算你走运。“未来的工作机会现在来了，”山姆 • 毕代尔（Sam Biddell）在美国八卦网站 Gawker 上开玩笑地说，“每个人都觉得妙，除了正在干这份工作的人外。”

没有谁在强迫任何人做任何事，平台辩解道。这话千真万确。然而，当大量劳动力流向自由职业者市场，微企业不再具有吸引力之时，问题就已经摆在了我们前面。在社会保障薄弱的国家里，自由职业化过程中损害了长期就业，让处于社会底层的人们彻底暴露在危险面前。“微而散化的工作让人们变得无比脆弱，”萨拉·霍洛维茨（Sara Horowitz）写道。她是一个为美国4 200万自由职业者争取权益的团体——自由职业者联盟的成员。她接着说道：“冲进这个高超效率市场时，我们在某些方面实际上又回到了19世纪，工人们几乎没有任何权利，也没有任何保护措施。”在未来的几十年里，平台老板们必然会和政府监管掐架，对沉下去而没有游上来的人，政府监管将不得不再一次采取保护措施。

富裕而强大的胜利者

与创始人的企业相比，小微企业也有小微好的一面。当初创企业在创业时会忽略他们身后的社区时，真正的财富依然掌握在股东手里。既然市场倾向“胜者为王”的垄断机制，那这些新兴公司就有可能变得比传统企业更强大。一旦Airbnb身上的法规绳索被松开，它就要上市。如果它和其他平台在华尔街那般投资者的压力下滥用市场权力怎么办？P2P主要市场会不会也滥用数百万用户数据呢？到那时，风投资本家按理已经退出。我谈到的众多投资者在现实中都有共享经济的道德观，但是记者安德鲁·伦纳德（Andrew Leonard）和许多人一样并不买账。他在《沙龙》（*Salon*）杂志上写道：“硅谷只有到了不再假装说共享经济不是一场杀戮时，才算开始有道德观。”

小微企业家从共享平台上赚得大部分钱，他们靠“卖力气”致富，换取有价资产，也就是跟他们差不多殷实的人家通常拿来出租的那种资产。难怪反科技狂人米罗·耶安诺普罗斯（Milo Yiannopoulos）把共享经济斥为“中产阶级游乐场”。几乎可以肯定的是，共享经济使工人阶级有能力支付商品和服务，赚取额外收入，提高生活水平。但是说到冰冷、坚硬的净资产，共享经济对缩小贫富差距所作的贡献非常有限。由于“购买—共享”模式拉高了某些资产资本成本，共享经济甚至还有可能扩大贫富差距。这个贫富差距和我们有多大关系呢？我们老想存钱以便过上富贵安详的生活。当我们可以使用不必拥有的资产，过上舒适的物质生活时，钱就变得没那么重要了。说不定哪天，净资产就成为了一个略显古怪的概念，就像强盗大亨那金碧辉煌的府邸，散发着一股荒诞的气氛。

又一波互联网公司即将出场，可以满足我们生活中的各种需求：从衣食住行到金融服务。这些公司——最大的还未出现，在统筹我们的公共福利方面，会不会比 20 世纪跨国公司做得更好呢？Etsy 和沙发客采用的 B 公司模式也许是一条走出观念与利益迷局的可行道路。所谓 B 公司，是指这样一批盈利性企业，它们在做决策时必须郑重考虑其对社会和环境的影响。B 公司每年公开发布一份效益报告，旨在形成对整体社会“积极的物质影响”。一家 B 公司一旦上市，Etsy 就很有可能在几年后上市，如何守住其道德规范还有待观察。最有可能的情况是，我们将会看到一场道德拔河：一头是创始人和大众的观念，另一头是冷酷的公共市场。

协同 2.0 版

也许会有替代方案。如果群体拥有平台，情况又将如何？在接下来的 5 年时间里，Airbnb 和 Lending Club 等这些企业将会变成传统企业，成熟到足以接受我称之为“协同 2.0 版”的冲击。存款者将会拥有自己的 P2P 借贷平台；厨师们将会拥有自己的 P2P 餐饮平台。这些平台将从众筹种子基金开始，并邀请不断壮大的群体参与未来投资季的投资。实际上，大众将会拥有他们自己的众筹平台。另一些协同 2.0 版本则是，靠薪水吃饭、出于道义而没有套现愿望的员工，将会发展壮大成为全球企业。平台的股东不像上市公司股票持有人那样，他们将会分享平台成长历程与愿景。平台用户通常也是股东，协同 2.0 版将证明其自身是具有很强的吸引力，且是抗冲击的。如果这听起来有点虚，大家可以看看维基百科和 Linux 等协同项目是如何取得成功的。参与协同 2.0 版的动机既是出于金钱也是出于道义的。

现在工人们最急迫的是需要拥有自己的劳动力市场，即便这意味着从他们第一个电子支付钱包中强制留存一部分钱款用于微投资。的确，这样的事正在发生。旧金山的 Loconomics 就是协同 2.0 版的真实写照。“Loconomics 就像 TaskRabbit，如果说 TaskRabbit 的客户拥有公司的话，”共享经济律师珍妮尔•奥西说，“那这不是一个让富人变得更富的平台，而是一个要改变这种情况的平台。”自由职业者每年拿出 100 美元就可以认购该平台一股股权。消息不胫而走。伦敦一位出租车司机告诉我，一群出租车司机现在正在开发属于他们自己的出租车应用软件。为何不呢？不超过 25 万美元的成本，发布出来将会成为优步强有力的竞争对手。优步的真正成本在于建立一个双边市场：一边是乘客，一边是司机。在向乘客推销方面，一个司机拥有的应用软件可能不及优步。但是，它的优势在于从第一天起就能锁定司机——从长远看，这是出租车市场最为重要的一面。

下一步做什么？下一步该往哪里去

下一步做什么？传统企业拥有的品牌，大都历经几十年甚至几百年的发展，往往与政治有着千丝万缕的关系，改革起来太慢了。教育就是这种情况。但是在未来十年里，我们也能看到类似 P2P 平台的出现。在美国学生债务已经超过 1 万亿美元的今天，Skillshare 和 Udemy 等新兴企业正在为学生们提供一流职业培训的条件，费用相当于哈佛大学一件连帽衫。新的更为精干的商业模式也将影响旧有的保险市场。柏林一家新兴企业 Friendsurance 就把人们联合起来设立私募保险基金，为家庭和个人消费者提供电子产品赔付服务。最终，共享经济将改变能源和医疗等其他监管严密的行业。在医疗方面，Cohealo 正在实现医院之间医疗设备的共享。全球免费 WiFi 联机 Fon 的创始人马丁•瓦萨夫斯基预言，共享经济将来甚至会挺进生殖领域：

> 长期以来，生殖领域的发展得到了分享精子和卵子的人们的帮助，但是这都是在极其有限的范围内进行的……随着人们平均生育年龄的上升，生殖领域将会发生巨大改变，因为得到坯胎、卵子、精子、代孕的能力不尽相同……人们认为生殖不是共享经济的一部分，但我认为是。

下一步该往哪里去？今天，众多公司把总部设在美国并获得美元的支持，但是在市场方面，欧洲却是共享经济的引领者。Airbnb 是在美国创办的，但它最好的会员城市大都分布在欧洲。自行车共享项目也是欧洲最多。至于长途汽车共享，BlaBlaCar 和 Carpooling 已经是替代火车旅行的常用工具，成为了铁路公司的主要竞争对手；而在美国，长途汽车共享从来就未见起色。“对陌生人，美国司机似乎不太放心，这一点不如欧洲人。”凯蒂•费伦巴切（Katie Fehrnbacher）在科技网站 Gigaom 上撰文说。不放心也许会减少其他纵向市场里的共享行为。再者，欧洲到处是古老的城市，人口密度大，资产共享更多的是基于实际的需要。欧洲人线下共享的传统由来已久，难怪他们能够如此坦然地接受线上的共享模式。

将来，不富裕的消费者甚至更习惯于共享消费与资产，经济增长将会走出发达国家。线下共享在以下这些市场里已经根深蒂固，例如，用板车拉着在巴西贫民区走街串巷的公共洗衣机房，或古巴称为 paladares 的隐藏在普通人家的 1 000 多家小饭馆。纽约大学印裔教授阿伦•桑达拉贾谈到世界上两个最大新兴市场时显得异常兴奋："中国和印度未来将会以史上任何国家从未有过的速度建造城市，"他告诉我，"共享模式将会允许这些城市里的市民们以更低的花费办更多的事。"他的预言如今化作了数据。2014 年，美国尼尔森公司调查了 3 万人，发现 44% 的欧洲人、81% 的亚太地区的人包括 94% 的中国人，会租用别人的东西。

出身贫寒可以有效激励人们成为企业家。JustPark 的财主中大部分出生于南亚次大陆，作为相当贫穷的移民来到英国生活。一般说来，这些在拥挤空间里长大的人们更容易与他人共享空间。具体说到中国，"面子"文化可以进一步催生共享行为。我在中国教英语的时候，发现这种爱炫耀或好面子的现象是人类行为多么强大的一个动机。"面子"是一种线下声誉体系，由此推断线上声誉体系也照样可以发挥作用。当然，在中国，许多人发财后并不想与他人共享财富。但是，即便在这一部分人中间，由于中国政府的反腐行动，同时又因为人们将兴趣转向古董——也就是旧货市场，从而导致奢侈品销售呈逐年下降的趋势。全球最大的共享市场将最终诞生在金砖四国：巴西、俄罗斯、印度和中国。

发展中国家的企业家和消费者们正看着西方。每个星期，本土版各大平台在新需求的刺激下雨后春笋般冒出。例如，罗兰•伯格（Roland Berger）预测，在中国，汽车共享通过 ATzuche 等应用软件年增长率可以达到 80%。应该指出，这种增长起点基数小。在必不可少的基础设施方面仍然存在许多不足：智能手机使用比例不高，派送货物的物流网络不够通畅，当然还有互联网本身问题。2013 年，麦肯锡估计，非洲的线上消费要到 2025 年才能达到英国今日的水平。但数据说的是神话而不是人话。时间上溯到 19 世纪，在英国贫民窟里，一个床位也会偶尔租给 3 个不同的人，每个人睡 8 小时。现在，最便宜的智能手机每部只卖 25 美元，而且价格还在快速下降，以这种效率走下去，本世纪无数最贫困人口可望有能力获取生存的基本所需。

共享能使我们感到幸福吗

我们都在寻找幸福。至于什么办法最好？我们意见不一。幸福经济学家认为，财富与幸福之间存在着基本关系，但当财富到达一定程度以后，幸福或福祉就不会随金钱增加而增加了。不算通胀的话，美国GDP自1970年至今飙升了15倍，然而幸福指数并没有出现相应的增长。在共享的社交活动中，有些人会找到幸福，或至少是友谊。与其他共享经济平台一样，P2P城市旅游平台Vayable真的是一家贩卖幸福的企业。Vayable网站引用了不列颠哥伦比亚大学心理学教授伊丽莎白·旦恩（Elizabeth Dunn）的两句话："幸福研究表明，物质带给我们的意义与成就感远不及经历来得长久。买新沙发不如出去度假。"共享真能使我们感到幸福吗？

企业家认为可以。"幸福的人共享东西，"Yerdle的共同创始人亚当·维巴赫说道，"参与共享，也就是参与社会，参与幸福快乐的生活。"Shareyourmeal的共同创始人玛丽可·哈特（Marieke Hart）说："共享行为本身足以让你的生活充满阳光。对家庭厨师来说，就是能够为别人做点有意义的事情。"哈特从Shareyourmeal家庭厨师吉姆写给她的一封电子邮件上引用了一句话："我每星期为邻居们做一次饭，我甚至能够预感到自己当天晚上必定会幸福地入睡。"还有，趣闻背后也能透露出一些科技信息。2014年，德国马克斯·普朗克进化人类学研究所（Max Planck Institute for Evolutionary Anthropology）的研究员们发现，野生黑猩猩共享食物后连接信任与幸福的分子水平会显著提高。可见，共享使整群黑猩猩更快乐。

如果说这些平台上的共享活动真的能够让我们感到高兴的话，那原因不外乎是在共享活动过程中，作为核心的人类交流和交换可以以各种不同形式存在。对科学产生了兴趣？那就每天与科学家拼车吧；喜欢时尚？那就和几百公里外的陌生人交换衣服和交流经验吧；只想在当地体育酒吧里一边喝酒一边看比赛？如果你和小伙伴们众筹一部大屏幕3D电视，然后一边悠闲自在地喝酒，一边想着啤酒里的部分利润正流回你的账户中，你就会感到更加高兴了。“方便、便宜也许会勾引人们进来。”雷切尔·博茨曼（Rachel Botsman）如是说。但是让用户们投身其中改变世界的是，共享平台能够提供无穷多享用产品与服务的方式。耐克和哈根达斯等品牌销售一种或两种情感。共享经济正在为每一种情感开辟一个市场。

这才是共享经济的第二天

维克多·雨果这位在法国大革命以后成长起来的法国作家写道：“你可以抵挡军队的入侵，但是无法抵挡思想的到来。”2014年，去往巴西观看世界杯的5个游客中就有1个住在Airbnb出租屋中。BlaBlaCar每个月都要运送200多万人。Lending Club看不见银行却已经贷出50亿美元。别看以上这些公司及其他公司已经具备了相当规模，实际上共享经济企业还处在发展的初级阶段。它们当中的许多企业也还只成立几年，即将迎来飞速成长的时期。它们有精干的企业模式，有顺应时代的大潮流，可以想象，这些企业将来会达到更大规模，赢得更大利润。对传统的冲击才刚刚开始。用Airbnb老板布莱恩·切斯基的话说：“这是共享经济的第二天。”

当然这并不是说现有企业巨头就要退出历史舞台。“不要幻想着把传统企业一笔勾销，”指数风投公司的罗宾·克莱恩告诫道，“在硅谷，人们可不会这样想！物种在进化。Skype公司冲击了电信市场，但传统电信公司依旧挺立在市场中。”电信、采矿等大公司通过共享行为提高效率，也在不断进化中。今天，不少航空公司在机场里共享飞机零件。P2P服务需求一旦增加，许多传统企业都会打包提供自己的版本。与此同时，至少是在现阶段，传统企业还能满足消费者的普遍要求：源源不断地供应同样的产品。可口可乐公司依旧是一家价值巨大的公司，部分原因是每一听可乐喝起来都一样。人们常说法律法规是共享经济发展壮大遇到的最大挑战，但实际上并不是这样的。共享经济发展壮大遇到的最大挑战是要给消费者一个 20 世纪的持续消费体验的预期。

为了达到这个目的，共享经济企业也需要进化。它们借鉴传统企业大规模标准化操作指南，对平台和品牌加强控制。在各自摸索最佳商业模式的过程中，不同类型的各大公司开始变得有点相似。不过，它们都会和过去那些公司大不相同。它们将执行变化中的生产与消费新规范，这些新规范将证明与工业革命产生的那些规范一样意义重大。然而，与革命不同，共享经济本质上是反革命的。科学技术不是让公司或政府而是让我们信任的人来满足我们的需求，这在几个世纪以来还是头一次。

八分好处，两分坏处

人们对于共享经济寄予了很多期望，大都是过多的期望。事实上，过多的期望到头来只会被证明是吹牛的，但即便如此，共享经济依然会对经济、社会和环境产生了巨大影响。我们已经习惯以科幻小说中的反乌托邦式观点来看待未来。然而，从共享经济的发展趋势来看，可以断定 21 世纪确实有可能比 20 世纪隔阂更少、污染更少、消费更少，经济更繁荣，社会更安定。目前看来，共享经济应该有八分好处，两分坏处。道德家、消费者、政治家或者管理者最乐观的估计也不过如此。邻居关系金钱化、对公共土地的威胁、对劳工权益的侵害——所有这些都是需要避免的问题。与此同时，还有我们没有想到的其他问题也将会出现在我们前进的道路上。共享经济就是拉姆斯菲尔德所谓的“未知的未知数。”

但这不应该成为我们裹足不前的理由。我想要一个房子够住、汽车够用的世界，一个人们可以从容地做一名企业家，抛却日复一日上班下班繁重劳作的世界；我想要一个来自世界另一头的陌生人也能成可靠朋友的世界；我想要权力能够从跨国公司和政府的掌管中交到可以满足其他人衣着、住房、工作、金融等基本需求的人们的手里；我想要社区里的人们能够再一次与他们的邻居联系起来；我想要这样一个全球经济——少一些证券交易，多一些班图语称为“乌本图”、科学家拟用一群群无人机和一队队机器人来替代的“人性”。路漫漫其修远兮，我们是时候迈向共享经济商业模式了。

THE BUSINESS OF SHARING

Making It in the New Sharing Economy

译者后记

《共享经济商业模式》的翻译是一个“痛并快乐着”的过程，偶尔觉得疲惫和劳累，但更多的是在精心准备与一番劳作之后，将一份热气腾腾营养丰富的时令大餐端到读者面前时的快乐与满足。作为译者，愿与读者朋友们共享阅读此书的一点心得。

作者亚历克斯•斯特凡尼本人就是共享商业领域里的领军人物，在他看来，共享经济对人们消费方式的影响，对经济增长的推动力，也许就是全球互联网蓬勃发展给世界带来的最深刻的变化。《共享经济商业模式》这本书正是关于这种新型经济模式以及由此所带来的社会变革的重要著作。在共享经济模式下，迎面而来的既是机遇，同时也是挑战。

本书共分 6 个章节。第 1 章主要是就“共享经济”这一经济模式的定义、表现形式及发展背景等进行了概述，随后 5 章分别从用户、创始人、投资人、大公司、政府等五个共享经济参与主体来进行详细介绍。例如，当下在中国较为流行的全球领先的即时用车软件——优步，就是共享经济的典型代表。在共享经济的平台上，仿佛生活中的一切都可以共享：房子、衣服、家具、车位……不一足论。

《共享经济商业模式》全面呈现了共享经济在各个领域的发展，并非是作者刻意为该商业模式进行片面宣传，而是客观地讨论了这一商业模式的发展及其风险。在当今世界里，共享经济如星星之火，正以燎原之势颠覆传统的商业模式，甚至重新定义未来。但是，我们却不能视之为洪水猛兽。在不久的将来，在某个风和日丽的日子里，你很可能会乘坐着优步的车出门，顺路载几个附近的乘客，认识不同的人；购买欲强烈但囊中羞涩的人，可以带着别人的购物清单去超市狂买一通；出门度假时，把空房子通过 Airbnb 平台租出去……你会惊讶地发现，自己小金库里的钱不知不觉比工资卡上的钱多了许多：无需固定的办公室，没有规定工作内容的合同，工作时间灵活，收入还相当可观。共享经济不仅在改变着人们的生活，也在改变着人们的工作观念。也许，将来我们可以找一份工作来满足自己的兴趣爱好，找另一份工作来拓展社交圈，再用第三份工作来养家糊口。到那时候，人们可以根据自己的日程来选择工作，而不是让工作来安排自己的日程，想想该是多么地美妙啊！

不管我们愿不愿意，共享经济时代已经来临了。希望阅读此书的朋友们，能够了解互联网时代共享经济将会如何影响大家的生活，并从中获益。在此，感谢杜俊煜在翻译中给予的帮助。

北京阅想时代文化发展有限责任公司为中国人民大学出版社有限公司下属的商业新知事业部，致力于经管类优秀出版物（外版书为主）的策划及出版，主要涉及经济管理、金融、投资理财、心理学、成功励志、生活等出版领域，下设“阅想·商业”、“阅想·财富”、“阅想·新知”、“阅想·心理”、“阅想·生活”以及“阅想·人文”等多条产品线。致力于为国内商业人士提供涵盖先进、前沿的管理理念和思想的专业类图书和趋势类图书，同时也为满足商业人士的内心诉求，打造一系列提倡心理和生活健康的心理学图书和生活管理类图书。

阅想·商业

阅想·商业

《指尖上的场景革命：打造移动终端的极致体验感》

- 中国移动研究院徐荣博士领衔翻译；
- 第一本打造移动终端场景体验感的权威落地书；
- 全景诠释追求极致体验感的发展思路，助力企业实现移动场景时代的战略转型。

《德国制造：国家品牌战略启示录》

- 赛迪研究院专家组倾情翻译，工业 4.0 研究院院长兼首席经济学家胡权、工业 4.0 俱乐部秘书长杜玉河、工信部国际经济技术合作中心电子商务研究所所长王喜文联袂推荐；
- 从冠军品牌、超级明星品牌再到隐形冠军品牌，以广阔而迷人的视角，深度解析德国制造究竟好在哪里。

《大数据经济新常态：如何在数据生态圈中实现共赢》（“商业与大数据”系列）

- 一本发展中国特色的经济新常态的实践指南；
- 客户关系管理和市场情报领域的专家、埃默里大学教授倾情撰写；
- 本书适合分析师，企业高管、市场营销专家、咨询顾问以及所有对大数据感兴趣的人阅读。

《大数据供应链：构建工业 4.0 时代智能物流新模式》

（“商业与大数据”系列）

- I 一本大数据供应链落地之道的著作；
- 国际供应链管理专家娜达·桑德斯博士聚焦传统供应链模式向大数据转型，助力工业 4.0 时代智能供应链构建；
- 未来的竞争的核心将是争夺数据源、分析数据能力的竞争，而未来的供应链管理将赢在大数据。

《大数据产业革命：重构 DT 时代的企业数据解决方案》（“商业与大数据”系列）

- IBM 集团副总裁、大数据业务掌门人亲自执笔的大数据产业宏篇巨著；
- 倾注了 IT 百年企业 IBM 对数据的精准认识与深刻洞悉；
- 助力企业从 IT 时代向 DT 时代成功升级转型；
- 互联网专家、大数据领域专业人士联袂推荐。

《碎片化时代：重新定义互联网 + 商业新常态》

- 《碎片化时代》就是关于技术革命的企业生存指南；
- 本书作者史蒂夫·萨马蒂诺被公认为是科技和商业领域思想领袖，他能帮助企业摆脱工业时代的思维，获得互联网时代所需要的观念和流程；
- 智囊传媒总裁傅强倾情作序，经济学者何帆、心理管理学家、互联网商业研究专家陈禹安联袂推荐。

《鲜活的故事：一本书学会可视化演讲设计》

（“商业与可视化”系列）

- 这是一本教你如何将复杂的事务简化为简单易懂的故事，并以可视化的方式呈现的书；
- 微软及多家世界知名企业都在推行的内部演讲培训方法；
- 以通俗易懂的语言、用可视化场景讲述能引起听众强烈共鸣的故事，将你心中想法的价值传递给他人。

THE BUSINESS OF SHARING

Making It in the New Sharing Economy

友情链接

回家吃饭

“回家吃饭”是全国最大的家庭厨房共享平台，是一个基于地理定位、共享身边美食的 O2O 平台。它致力于在社区里发掘有时间、愿分享的民间厨艺达人，以配送、上门自取等多种方式，通过为白领和御宅族提供安心的日常用餐，解决对健康饮食的需求与富余生产力的对接问题。

PP 租车

PP 租车（www.ppzuche.com）是亚洲领先的 P2P 在线租车平台，是一个基于互联网技术的便捷的汽车共享经济平台，为乐于共享爱车的车主提供通过出租爱车带来的可观收益，让爱车的闲置时间变成可变现的服务。同时，PP 租车为有租车需求的用户提供便捷、低价的就近租车服务。这一商业模式在美国最类似的共享经济实践企业为 RelayRides。

住百家

住百家是一个面向国内旅客的海外短租品牌，拥有覆盖全球 60 多个热门城市及地区的数百万精选房源，帮助中国出境自由行群体入住海外的短租公寓、民宿或度假别墅。作为中国本土改良版“分享经济”的代表，由于其健康、快速的业务发展，丰富、独特的海外短租资源及优质的服务能力，受到越来越多国人的喜欢与信赖，同样也受到了海内外资本的热情追捧。

The Business of Sharing: Making it in the New Sharing Economy by Alex Stephany.

ISBN: 978-1-137-37617-6